정당과 정당체계의 변화
접근과 해석

PARTY SYSTEM CHANGE:
Approaches and Interpretations
by Peter Mair

Copyright © by Peter Mair 1997
"**Party System Change** was *originally published in English in 1997. This translation is published by arrangement with Oxford University Press.*"

The moral rights of the author have been asserted
Database rights Oxford University Press (maker)
Reprinted 2002

이 책의 한국어판 저작권은 에릭양 에이전시를 통한 저작권자와의 독점 계약으로 도서출판 오름에 있습니다. 신저작권법에 의해 한국 내에서 보호를 받는 저작물이므로 무단 전재 및 무단 복제를 금합니다.

이 도서의 국립중앙도서관 출판시도서목록(CIP)은 e-CIP홈페이지(http://www.nl.go.kr/ecip)와 국가자료공동목록시스템(http://www.nl.go.kr/kolisnet)에서 이용하실 수 있습니다. (CIP제어번호: CIP2011004568)

정당과 정당체계의 변화
접근과 해석

피터 메이어 지음
김일영·이정진·함규진 옮김

故 김일영 교수님을 추모하며

옮긴이 서문

피터 메이어(Peter Mair)는 '포괄정당'을 주장한 키르크하이머(Kirchheimer), '선거전문가정당'론을 제기했던 파네비안코(Panebianco)의 뒤를 이어 '카르텔정당'론을 주장하면서 정당정치연구의 중요한 학자로 부상했다. 『정당과 정당체계의 변화: 접근과 해석(Party System Change: Approaches and Interpretations)』은 그의 기존 연구들을 정리한 책으로 서구 정당정치가 어떻게 발달되어 왔는지를 이론과 실제의 양 측면에서 보여주고 있다. 메이어는 원래 아일랜드 정당 연구자로 출발해서 유럽 전역에 대한 연구로 지평을 넓힌 학자로서 정당연구에 대한 일반론뿐 아니라 서유럽 정당의 구체적인 현실과 변화과정에 대해서도 깊은 이해를 보여주고 있다. 이처럼 현실 정치에 대한 이해를 바탕으로 저자는 정당체계의 변화를 강조하는 다른 정당 연구자들과 달리 실제 서구의 정당발전사에서 변화된 것보다는 변화되지 않은 부분이 더 많음을 강조하고 있다. 즉 "정당체계의 변화"라는 저서의 원 제목은 실상 저자의 의도된 역설인 것이다.

1990년대까지만 하더라도 한국정치에서 정당은 크게 주목을 받는 주제는 아니었다. 한국정치의 발전과정에서 중요한 화두는 "민주화"였고, 그 과정에서 중요한 역할을 수행한 것은 정당이라기보다 김대중과 김영삼으로 대표되는 개별 정치 지도자였다. 1987년 민주화 이후 한국정치의 주된 과제는 "민주주의 이행"의 문제였으며, 그 이후에는 시민사회의 발전과 국가와 시민사회의 관계가 중요한 주제로 부상했다. 정치학자들이나 일반 시민들에게 정당이 중요한 대상으로 인식되기 시작한 것은 선거를 통한 정권교체가 현실화되면서이다. 정당이 정권교체의 주역으로 부상하면서 정당에 대한 관심도 증가한 것이다. 최근 서울시장 보궐선거에서 무소속 박원순 후보가 승리하면서 정당정치의 위기를 지적하는 목소리가 높다. 하지만 대의민주주의 체제에서 정당의 역할은 여전히 중요하며, 시민사회가 이를 대체할 수는 없다. 정당정치의 역동성과 지속성을 보여주는 이 책은 다양한 사회변화에도 불구하고 정당이 어떻게 살아남았는지를 보여준다.

이처럼 정당연구는 현실정치와 불가분의 관계에 있다. 이 책의 서문에서 저자는 정당에 대한 연구가 시류를 타는 경향이 있음을 지적하고 있으며, 얼마 전까지 소위 '정당의 위기'를 주장하던 학자들이 이제는 정당의 중요성을 설파하고 있음을 보여준다. 서구에서 정당연구가 중요하게 인식된 계기는 1990년대 이루어진 전 세계적인 민주화의 물결, 탈공산주의 국가의 민주화 이후 새로운 정당의 형성과 소멸 등 역동적인 정치상황에서 정당이 주된 행위자로 등장했기 때문이다. 특히 서유럽에서 녹색당 등장 등으로 인한 정당체계의 변화와 동유럽의 새로운 정치 환경에서 등장한 다양한 정당과 새로운 정당체계의 생성은 정당 연구자들에게는 새로운 신세계의 발견이나 다름없었다. 비록 이 책에서는 다루고 있지 않지만 최근 아랍 지역에서의 민주화운동의 성공 또한 정당 연구자들에게 새로운 연구 대상을 제공할 것이다.

메이어는 이 책에서 국가와 시민사회의 관계를 통해 정당의 변화를 설명하면서 '간부정당', '대중정당', '포괄정당', '선거전문가정당'과 같은 정당개념의 발전을 체계적으로 설명하고 있을 뿐 아니라 현대정당을 설명하는 유용한 개념인 '카르텔정당'을 제안하고 있다. 일반 대중과의 연결고리가 약화되고 정당의 물적 기반을 국고 보조금에 의존하는 카르텔정당 개념은 오늘날 한국 정당들의 성격을 이해하는데도 도움이 될 것으로 보인다. 민주노동당이나 진보신당과 같은 예외적인 경우도 있지만 대부분 정당들이 진성당원의 수가 적어 당비로 정당운영이 불가능한 것이 한국의 실정이다. 이러한 현실은 과거 정치자금의 모금과 운영을 둘러싼 정경유착이나 부패의 원인이 되기도 하였으며, 2004년 정치관계법 개정의 배경이 되었다. 따라서 정당들의 국고 보조금에 대한 의존은 점차 높아지고 있으며, 이는 메이어가 분석한 현대 정당들의 딜레마와 일치한다고 볼 수 있다.

나는 이 책을 대학원에서 처음 접했고 박사학위논문을 쓰면서 여러 차례 완독하게 되었다. 한국 정당체계의 변화를 주제로 논문을 쓰고 있던 역자에게 서구에서 발전되어 온 정당과 정당체계의 발달과정을 소상히 보여주는 메이어의 책은 이론적 체계를 세우는 데 큰 도움이 되었다. 그 과정에서 이 책을 번역하면 좋겠다는 생각이 들었다. 정당을 연구하는 연구자로서, 그리고 정치학을 가르치는 선생으로서 정당을 이해하고 서구에서의 정당정치 발전에 대해 풀이한 적절한 정당정치 교과서를 찾기 어려웠기 때문이다. 이 책이 정당과 정당체계에 대한 독자들의 기본적인 이해를 넓히는 데 도움이 될 것으로 믿는다.

처음 책의 번역을 제안한 것은 역자였으나 실제 출판사를 알아보고 번역을 추진했던 분은 이제는 고인이 되신 김일영 선생님이셨다. 2009년 갑작스런 병마로 선생님께서 돌아가신 후 번역을 마치고 출간하는 일은 빠르게 진행되지 않았다. 결국 역자가 마무리작업을 맡아 번역본을 출간하게 되었지만, 본 책의 출간은 어디까지나 선생님의 의지로 인해 가능했다. 2010년 초 선생님의 학자적 역량과 인품을 존경했던 동료, 선후배 학자들이 모여 조직한 "김일영 유고집 간행위원회"는 생전에 선생님께서 준비하시던 저술 가운데 마무리되지 못한 것을 정리하고 고인의 글들을 모아 출판하기로 했다. 이 번역서 역시 그 일환으로 추진되었으며, 그 과정에서 명지대 강규형 교수를 비롯한 여러 분들의 격려가 큰 도움이 되었다. 이런 상황으로 인해 예상보다 오랜 기간이 소요되었음에도 그 지루한 과정을 묵묵히 지켜보고 지원해주신 오름 출판사 부성옥 대표께 이 자리를 빌어 감사의 마음을 전한다.

2011년 10월
역자들을 대표해서 이정진

지은이 서문

정당과 정당체계는 비교정치학에서 흔히 다뤄지는 주제다. 비교정치학자라면 누구나 최소한 한 번쯤은 이 주제를 놓고 글을 쓰게 된다. 하지만 그 글은 '한 번쯤 써 본' 글로 그치는 경우가 많다. 비교정치학자들은 대개 다른 주제나 문제로 관심을 돌리기 마련이다(나는 그중 예외겠지만). 정당과 정당체계에 대한 연구는 유행을 타는 경향도 있다. 1960년대와 1970년대에는 정당론이 성행했으며, 지금은 고전이 된 저작들이 많이 나왔다. 그러나 1980년대부터 정치적 이해관계를 대표하거나 중개하는 대안적인 방식들이 주목받기 시작하면서 정당과 정당체계 연구는 빛을 잃었다. 보다 최근에는 1990년대에 활발하게 진행된 민주화의 "제3의 물결" 속에서 정당의 역할이 돋보이는 등 여러 가지 이유로, 정당 연구가 다시 활발해지고 있으며, 특히 유럽에서 그런 추세가 두드러진다. 예를 들어, 1995년에는 정당과 정당체계의 비교 연구를 전문으로 하는 『정당 정치(*Party Politics*)』라는 학술지가 맨체스터 대학교에서 창간되었는데, 이는 최초의 정당 전문학술지였다. 1996년에 오슬로에서 열린 전(全) 유럽 정치학 연구 컨소시엄 연차 학술대회에서는 23개 워크숍 가운데 5개가 정당만을 다루는 것이었다. 10여 년 전만 해도 정당 연구자는 "한물 간" 연구를 한다는 눈총을 받는 처지였으나, 이제는 활기와 가능성이 넘치는 연구를 하는 사람이라는 대접을 받을 수 있게 되었다.

이러한 정당 연구의 부흥 움직임은 특히 나처럼 오랫동안 이 주제에만 천착해 온 사람에게는 반가운 일이 아닐 수 없다. 나는 1970년대 중반부터 정당을 연구하기 시작했다. 처음에는 아일랜드의 사례에만 중점을 두다가, 서유럽 전체로 비교의 시각을 넓히게 되고, 때로는 그 이상으로 넓히기도 했다. 이 책은 바로 그렇게 최근의, 그리고 더 폭넓어진 관심을 반영한다. 어떻게 보면, 20여 년간 거의 동일한 주제만을 연구했다는 것은 한계가 될 수도 있겠다. 일정한 전문성은 가질 수 있어도, 안목이 좁아진다. 하지만 한편으로는 관심의 영역을 무한히 확대하도록 요구하는 게 이 분야이기도 하다. 정치문화에서 투표행태까지, 경쟁이론에서 연합형성 연구에까지, 정책분석에서 정치실태분석까지…. 정당론에서 살펴야 할 대상은 한이 없다. 제도의 운영에 대해, 가치의 개발에 대해, 이념의 형성에 대해 웬만큼 확실한 안목을 갖지 못했다면, 정당론을 제대로 연구할 수가 없다. 그리고 아마도 그것이야말로 그처럼 많은 정치학자들이 정당과 정당체계 연구에 이끌리는 이유가 아닐까? 정당론이 아직 인기 있는 연구 주제로 남아 있다면, 그 이유의 최소한 일부분은 정당론이 전통 정치학의 실제 핵심을 그토록 많이 포괄하고 있기 때문일 것이다.

하지만 이 책은 그런 식으로 정당과 정당체계에 접근하지 않는다. 그보다는 정당과 정당체계의 "변화(change)"에 대한 책이며, 그 변화에 대해 어떻게 접근하고, 어떻게 해석할지를 주된 주제로 삼는다. 또한 그런 의미에서, 이 책은 정당과 정당체계의 "안정성(stability)"에 대한 책이라고도 볼 수 있으며, 그 내용이 더 많은 부분을 차지하고 있기도 하다. 우리 세대의 정당연구자들이 대개 그렇듯, 나 역시 위기와 변혁의 기운이 휘몰아치던 시대, 낡은 질서가 뒤흔들리던 시대에 연구를 발전시켜 왔다. '1968년 이후' 솟아난 다양한 대안 정치운동들, 그리고 1970년대에 정당체계를 강타한 여러 가지 충격들에 휩쓸린 나머지, 정당과 정당체계, 그리고 선거 행태에 대한 대부분의 흥미로운 연구들은 당시의 변화가 얼마나 폭넓게 이루어지는지, 그리고 얼마나 많은 전통이 철폐되는지에 중점을 두게 되었다.

그러한 생각들은 이 책에서도 앞부분 일부를 채우고 있다. 하지만 이 책의 보다 일반적이고 일관된 초점은 정당 현상에 있어서의 지속적인 것, 오래 살아남는 것에 맞추어져 있다. 정당의 지속과 생존, 그리고 오래 살아남아 지속되고 있는 정당체계가 이 책의 일차적 관심 대상이다. 새로운 패턴의 돋보임에도 불구하고, 결국에는 오랫동안 이어져 온 전통적 패턴이 현대 정당구도에서 아직 주류를 차지하고 있기 때문이다. 그것은 곧 그런 유서 깊은 정당들과 정당체계들이 지속될 것인지를 둘러싼 다양한 논란들을 정리하는 것이 나의 주된 목표가 아니라는 것을 의미한다(비록 목표의 일부이기는 하지만 말이다. 그 점은 제2부에서 보다 분명히 알 수 있을 것이다). 이 책의 주된 목표, 더 근본적인 목표는 그런 장기 지속(survival)이 어떤 영향을 미치고 있는지, 그리고 여기에 변화가 일어날 경우 그것을 어떻게 분석하고 이해할 것인지를 밝히는 일이다. 따라서 정당이 상황에 적응하고 반대로 상황을 통제하는 과정, 그리고 정당체계의 상황 적응 및 통제 과정에 주목할 것이다. 이는 한편으로 정당과 정당체계가 주어진 환경에 맞춰 '동결(freeze)' 하는 방식을 탐구하는 일이다.

이 책은 기본적으로 일반적 추세에 대한 접근과 해석을 일차적 관심사로 삼고 있으므로, 구체적 사건들, 장소들, 시기들에 구애되지 않는다는 입장을 취한다. 이런 점에서, 아마도 더 정확히 말하면, 지속적인 것과 변화하는 것을 다룰 때도 그처럼 세세한 부분에 집착하지 않으며 그 요점을 이해하는 것이 우선이다. 따라서 이 책은 가령 정당조직 문제에 더 관심을 두며(특히 제3부에서), 정당이 점점 더 국가 영역에 침투하게 되는 방식과 살아남기 위해 취하는 새로운 방식들에 대해서도 많은 관심을 둔다. 또한 정당의 전략과 경쟁구조에 대해서도 많은 관심을 둔다(제4부). 그리고 기성 정당체계 스스로가 자신이 움직일 역량을 산출하고 있다는 개념 역시 관심의 대상인데, 이는 정의상으로 볼 때 사회주의 몰락 이후 동유럽의 신생 정당체계에서는 아직 정형화되지 않은 것이다(8장). 사실 나는 기성 정당체계와 신생 정당체계의 비교를 통해서만 정당체계가 동결되는 과정(the freezing process)을 이해하는 실마리를 찾을 수 있다고 여긴다.

이 책에 포함된 여러 글들은 1980년대 후반 이후의 연구 성과들을 반영하고 있으며, 그 기간과 그보다 앞선 시기에 나는 여러 친구들과 이 분야의 동료들에게 많은 신세를 졌다. 누구보다도 여러 해 동안 나와 함께 작업하거나 공동 저술에 임한 사람들에게 도움을 많이 받았는데, 이 분야의 최고 수준 연구자들과 일할 수 있었다는 점은 큰 행운이었다. 그중에 한스 달더(Hans Daalder)는 서유럽의 정당과 정당체계에 대한 비교 연구에서 나의 탐구를 이끌어 주었고, 고든 스미스(Gordon Smith)는 나와 함께 리미니(Rimini)에서 열린 전 유럽 정치학 연구 컨소시엄의 정당론 워크숍을 주최했으며, 그 분야에 대한 방대한 지식의 소유자이다. 또한 스테파노 바르톨리니(Stefano Bartolini)와의 오랜 협력 덕분에 많은 혜택과 배움을 얻었는데, 그는 출중한 정치학자이다. 그리고 그보다는 최근에 협력하게 된 딕 카츠(Dick Katz) 역시 탁월하고 영민한 학자로, 나는 그와 함께 정당조직에 대한 연구를 했을 뿐 아니라 이 책의 5장에 재수록한 논문을 공동으로 집필했다. 또한 아일랜드계 정치학자 마이클 갤라거(Michael Gallagher)도 나의 협력자였다. 갤라거와 마이클 래버(Michael Laver)를 비롯한 여러 학자들이 나와 딕 카츠가 처음 시작한 정당조직 연구 프로젝트에 참여했는데, 그들과 함께 일하는 것은 언제나 즐거웠다. 루치아노 바르디(Luciano Bardi), 라스 빌(Lars Bille), 크리스 디쇼우워(Kris Deschouwer), 데이비드 패럴(David Farrell), 루드 쿨(Ruud Koole), 레오나르도 몰리노(Leonardo Morlino), 볼프강 뮐러(Wolfgang Müller), 존 피에르(Jon Pierre), 토머스 포군트케(Thomas Poguntke), 얀 준트베르크(Jan Sundberg), 라스 스바산트(Lars Svåsand), 헬라 반데벨데(Hella van de Velde), 폴 웹(Paul Webb), 안데르스 비트펠트(Anders Widfeldt)가 그들이다. 이 프로젝트는 미국 국립과학재단과 유럽 정치학 연구 컨소시엄, 그리고 고(故) 러돌드 윌든먼(Rudold Wildenmann)으로부터 여러 형태의 도움을 받았다. 마지막으로, 맨체스터 대학교 행정학과와 레이든 대학교 정치학과, 그리고 바제나르의 네덜란드 고등학술연구소의 여러 동학들의 네트워크와 그곳의 시설들에서 얻은 많은 후원과 지원에 대해 감사하지 않을 수 없다. 특히 네덜란드 고등학술연구소에서는 이 책의 아이디어 일부를 제공받았다.

보다 간접적으로는, 비록 이 책에 직접 인용되는 경우가 비교적 적기는 해도, 여러 선배 학자들의 통찰력으로부터 많은 도움을 받았다. 특히 지오반니 사르토리(Giovanni Sartori)의 정당과 정당체계에 대한 이해는 아직도 타의 추종을 불허하며, 최근 작고한 스테인 로칸(Stein Rokkan)으로부터도 큰 영향을 받았다. 4장과 8장은 스테인 로칸 추모 강연문을 옮긴 것으로, 하나는 1992년 리메릭 대학교에서 개최된 전 유럽 정치학 연구 컨소시엄에서, 다른 하나는 1995년 베르겐 대학교에서 행한 강연이다. 특히 이곳 네덜란드에서, 나는 매우 명석한 박사과정 학생들의 조언으로부터 큰 도움을 받았다. 그들 중에는 이미 학자로서 두각을 나타내기 시작하는 학생도 있는데, 잉그리드 반비에첸(Ingrid van Biezen), 페트르 코페스키(Petr Kopecky), 안드레 크로우벨(André Krouwel), 안야 반데어미어(Anya van der Meer), 카스 무데(Cas Mudde), 마르크 반덴뮈젠베르크(Marc van den Muyzenberg) 등이 그들이다. 라이텐과 맨체스터 시절에 만난 여러 학부생들 역시 훌륭한 조언을 해주었으며, 그들은 언제나 내가 나의 사고력을 보다 명확하게 다듬도록 도움을 주었다.

이 책의 각 장들은 대부분 지난 몇 년 동안 여러 학술지 또는 공동 집필 학술서적에 게재되었던 논문들이다. 나는 그 글들을(통째로, 또는 부분적으로) 여기서 다시 묶어 낼 수 있게 허락해 준 여러 출판사에 감사한다. 의미를 보다 명확히 하기 위해, 또는 내용이 지나치게 중복되지 않도록, 일부 내용은 수정과 재조합, 재구성했다. 하지만 대체로는 그 글들의 출간 이후 이루어진 변화에 맞추어 내용을 바꾸는 일을 자제했다. 따라서 기본적인 논지는 예전과 크게 다르지 않다. 2장은 예전에 쓴 글 두 편을 합친 것인데, 하나는 『서유럽정치(*West European Politics*)』(vol.12, no.4, 1989)에 실렸고, 다른 하나는 내가 편집한 『서유럽 정당체계론(*The West European Party System*)』(Oxford University Press, 1990)의 서문이었다. 또한 3장은 『이론정치학회보(*Journal of Theoretical Politics*)』(vol.1, no.3, 1989)에 게재되었다. 4장은 본래 1992년 리메릭 대학교에서 개최된 전 유럽 정치학 연구 컨소시엄에서 발표한 스테인 로칸 추모 강연문이었고, 『유럽정치연구

(*European Journal of Political Research*)』(vol.24, no.2, 1993)에 실렸었다. 5장은 리처드 카츠와 공동으로 집필했으며, 1995년 『정당정치(*Party Politics*)』(vol.1, no.1)에 실렸었다. 6장도 예전에 나온 글 두 편을 합친 것으로, 하나는 리처드 카츠·피터 메이어 공편 『정당조직론(*How Parties Organize: Change and Adaptation in Party Organizations in Western Democracies*)』(Sage, 1994)의 서문이고, 다른 한 편은 『서유럽정치(*West European Politics*)』(vol.18, no.3, 1995)에 실렸던 글이다. 두 글 모두 여기 라이덴 대학교의 취임 강연에서 사용했었다. 7장은 마이클 모란(Micahel Moran)·모리스 라이트(Maurice Wright) 공편 『시장과 국가(*The Market and the State: Studies in Interdependence*)』(Macmillan, 1991)의 한 장이었으며 9장은 로렌스 르뒤(Lawrence LeDuc)·리처드 니에미(Richard G. Niemi)·피파 노리스(Pippa Norris) 공편 『비교 민주주의론(*Comparing Democracies*)』(Sage, 1996)의 한 장이었다.

이 책은 옥스퍼드 대학교 출판부의 두 편집자, 팀 바튼(Tim Barton)과 도미닉 바이어트(Dominic Byatt)의 열의와 격려가 없었다면 빛을 보지 못했을 것이다. 두 사람 모두 저자들에게 신뢰감을 불어넣는 탁월한 재능의 소유자들이다. 카린 틸만스(Karin Tilmans) 역시 필자에게 신뢰와 격려를 아낌없이 보내주었다. 나와 캐슬린, 그리고 존은 그녀에게 이루 말할 수 없는 빚을 지고 있다. 그녀는 정말 대단한 사람이다!

1996년 여름, 라이덴에서,
피터 메이어

차 례

::옮긴이 서문 _7
::지은이 서문 _11

제1부 서론

제1장 | 정당체계의 동결에 대하여 • 25
    Ⅰ. 법칙과 구조 | 26
    Ⅱ. 제약, 통제, 적응 | 32

| 제2부 | 지속과 변화

제2장 | 정당의 지속성, 변화, 취약성 • 43
  I. 정당은 무엇이며, 어떤 일을 하는가? | 45
  II. 좌파, 우파, 그리고 정책 경쟁 | 49
  III. 좌파, 우파, 그리고 유권자 배열 | 53
  IV. 정당의 위기? | 57
  V. 포괄 정치와 정당 취약성 | 60
  VI. 정당조직과 선거 결과의 변화 | 65
  VII. 조직의 변화 — 연구 과제 | 68

제3장 | 정당체계 변화의 문제 • 73
  I. 정당 변화와 정당체계 변화 | 77
  II. 정당체계 변화 | 80
  III. 선거 유동성과 균열의 변화 | 83
  IV. 선거 변화는 얼마나 큰 폭으로 이루어지는가? | 96
  V. 선거의 추이 | 100
  VI. 핵심적인 문제들 | 103

제4장 | 선거 변화에 대한 신화와 '오래된' 정당의 생존 • 105
　　Ⅰ. 선거 유동성의 수준 | 108
　　Ⅱ. 오래된 정당의 생존 | 111
　　Ⅲ. 선거 변화의 신화는 왜 유지되는가? | 116
　　Ⅳ. 정당에 대한 무시 | 119

제3부　정당조직과 정당체계

제5장 | 정당조직, 정당 민주주의, 그리고 카르텔정당의 등장 • 123
　　Ⅰ. 대중정당과 포괄정당 | 124
　　Ⅱ. 정당 발전의 단계 | 127
　　Ⅲ. 정당과 국가 | 135
　　Ⅳ. 카르텔정당의 등장 | 138
　　Ⅴ. 카르텔정당의 특징 | 139
　　Ⅵ. 민주주의와 카르텔정당 | 144
　　Ⅶ. 카르텔정당에 대한 도전 | 146

제6장 | 대중적 정당성과 공공 특권:
　　　　시민사회와 국가에서의 정당조직 • 149
　　Ⅰ. 정당조직의 발전에 대한 새로운 시각 | 150
　　Ⅱ. 정당 민주주의와 정당의 쇠퇴 문제 | 153
　　Ⅲ. 정당과 국가 | 165
　　Ⅳ. 정당의 변화 | 172
　　Ⅴ. 정당과 특권 | 179

제4부　정당체계와 경쟁구조

제7장 | 선거 시장과 안정된 국가 • 185
　　Ⅰ. 서유럽에서의 발전 추이와 여러 비교점들 | 188
　　Ⅱ. 선거 시장과 협의민주주의 | 190
　　Ⅲ. 작은 국가와 큰 국가 | 193
　　Ⅳ. 새로운 동유럽 민주주의가 보여 주는 몇 가지 함의 | 200

제8장 | 탈공산주의 정당체계의 특성은 무엇인가? • 205
    Ⅰ. 신생 정당체계 | 206
    Ⅱ. 탈공산주의 민주화의 특이성 | 208
    Ⅲ. 유권자와 정당의 차이 | 211
    Ⅳ. 경쟁 맥락의 차이 | 218
    Ⅴ. 경쟁 패턴의 차이 | 223

제9장 | 정당체계와 경쟁의 구조 • 229
    Ⅰ. 정당체계 분류 방법 | 230
    Ⅱ. 정당체계와 정권 획득 경쟁 | 236
    Ⅲ. 정당체계와 선거 결과 | 245

::참고문헌 _255
::【부록】본문에 수록된 각국의 정당 소개 _273
::색　인 _283
::지은이 소개 _289
::옮긴이 소개 _290

제1부

서론

- 제1장 정당체계의 동결에 대하여

제1장

정당체계의 동결에 대하여

1995년 말에, 나는 베르겐대학교의 부정기 연속 세미나에서 짧은 논문을 발표해 달라는 요청을 받았다.[1] 그 연속 세미나의 주제는 '법칙과 구조'였으며, 발표자들은 각자 사회과학의 고전적인 법칙 일부를 요약하고, 그 배경과 추이를 설명하며, 그것이 지금도 적실성과 타당성을 가지고 있는지를 논하는 것이었다. 내 경우에는 '정당체계의 동결' 법칙에 대해 글을 써달라는 요청을 받았다. 이는 거의 30년 전에 립셋과 로칸(S. M. Lipset and Stein Rokkan)에 의해 수립된 법칙이며, 아직까지도 비교정당론에서 가장 친숙하고 자주 인용되는 법칙의 하나다. 립셋과 로칸(1967: 50)에 따르면 "1960년대의 정당체계는, 극소수의 그러나 주목할 만한 예외를 제외하고, 1920년대의 균열구조를 반영한다… 정당들은, 그리고 놀랍게도 많은

---

1) 이 장에 제시된 아이디어의 일부는 베르겐대학교의 세미나를 통해 발전시킬 수 있었으며, 이 점에 있어 세미나 주최자인 라센(Stein Ugelvik Larsen)과 여러 참석자들에게 감사하고 싶다. 라이덴대학교의 동료들에게도 감사한다. 펠리칸(Huib Pellikaan)과 군스테렌(Herman van Gunsteren)은 몇몇 중요한 논문을 접할 수 있게 도와주었다.

경우에 그 정당조직들도, 대다수의 유권자들보다 나이가 많다." 이 명제는 계속 재론될 것이며, 제2부의 상당 부분은 그 명제를 뒷받침하는 데 쓰일 것이다. 간단히 말해서, 특히 이 책의 앞부분에 있어서는, 그 동결 가설이 아직까지도 대체로 옳다고 본다. 정당체계가 장기간 지속되고 있다는 증거들이 더 급격하고 직접적인 변화의 증거들을 압도하는 것으로 보여지기 때문이다. 30년의 세월이 지난 오늘날까지 립셋과 로칸이 장기지속적이라고 묘사했던 정당들은 살아남았다(이 점에 대해서는 특히 뒤의 4장을 보라).

I. 법칙과 구조

이 책의 앞부분에서 내가 강조할 지속성이 단지 우연의 산물은 아니지만, 거기에 어떤 '법칙' 같은 것이 작용하지는 않았음에 유의해야 한다. 또한 그런 뜻에서, 동결 가설은 사실 베르겐 세미나에서 다룰 주제가 아니라고 봐야 한다. 물론 엄격히 볼 때 베르겐 세미나에서 논의된 법칙들 가운데 진짜 '법칙'은 없다고 할 수 있다. 그것은 정치학, 넓게 보아 사회과학 전반에는 '법칙'이 있을 수 없고 가능성과 표준적 기대만이 존재하기 때문이다.[2] 하지만 그 점을 감안한다 해도, 특히 관련 분야에서 시도하는 가능성 예측(예를 들어, 선거제도와 정당체계와의 관련성 논의, 동맹 형성 이론 등)과 비교해 볼 때도, 동결 가설은 확실성이 크게 부족하다. 사실 그것은 법칙의 지위를 누리지 못할 뿐 아니라, 가설이라고 보기조차 문제가 있다. 그보다는 하나의 '경험적 관측(empirical observation)'이라고 보는 게 더 타당하리라. "1960년대의 정당체계는 1920년대 이후 대체로 동결된 형태를 유지하고 있다. 그리고 중요한 정당들은 그 기간 동안 대체로 살아남았다." 물

---

[2] 사르토리(1986)의 주목할 만한 논의를, 특히 그가 조건제한 및 '경향 법칙'에 대해 논의한 내용(49-52, 52-5)을 보라.

론 립셋과 로칸은 그때까지 다종다양했던 형태들이 어째서 1920년대에 들어 일정하게 자리잡게 되었는지 설명하기 위해 여러 가지로 고심했다. 또한 그들은 당시 서유럽 정당체계 전반에 두드러지고 있던 다양성과 공통성의 공존 현상을 설명하기 위해 일반적 패턴과 특수 상황들을 다양하게 규정해 놓았다. 그러나 그들이 얻은 장기지속성의 증거들은 예상 밖의 수확이었다. 이제 우리는 그들의 기념비적인 분석, 즉 1960년대와 그 이후에도 정당체계가 동결 상태에 있다는 분석은 본래 다른 방향으로 가려던 연구의 귀결이며, 그 당황스러운 안정화 현상을 체계적으로 설명하려는 노력은 사실 불충분했음을 알고 있다.

동결 가설을 계속 논의하려면 이것 말고도 양해를 구해 둘 것이 많다. '동결 법칙' 같은 것은 일찍이 정립된 적이 없기 때문에, 또한 공식적으로 검증되거나 도전을 받은 적이 없기 때문에 립셋과 로칸의 분석에 대한 논의는 대부분 그것이 지금도 경험적 타당성을 갖는지 살펴보는 수준에 그쳐 왔다. 따라서 정당체계가 어떻게, 또 왜 동결되었는가는 그런 시스템이 지금도 동결되어 있는지 여부보다 덜 중요하게 보인다. 신세대 정당연구가들만 그런 편견을 갖고 있는 게 아니다. 립셋과 로칸 스스로 본래의 논문 말미에 수록한 근거자료 약간,[3] 그리고 사르토리(Sartori, 1969)가 제공한 질적·양적으로 더 개선된 근거자료를 제외하면 동결 과정의 실제 '동학(mechanics)'에 대해서는 거의 주의를 기울이지 않았다. 안정성은 고정 변수인양 여겨졌고, 그 변화만이 설명을 필요로 한다는 입장이었다.

물론 다양한 변화의 설명을 거꾸로 돌려서 그 모두를 안정성에 대한 설명으로 변형시키는 것도 항상 가능했다. 예를 들어, 제도적 변화(가령 선거제도의 변화나 행정부 구도의 개편) 직후에 정당체계의(때로는 점진적인) 재조정이 뒤따르는 경우는 분명 정당체계 안정성에서 제도적 연속성이 중요함을 드러내 주었다. 투표 행태에 사회경제적 변화가 미친 영향, 그리고 그

---

[3] 립셋과 로칸(1967: 51-6)은 여기서 다른 요인들 외에 조직적 개입의 중요성과 정당의 '"지지 시장(support market)"의 협소화'라는 개념을 언급한다.

변화가 선거 구도 배열과 재배열에 반영되는 것 등도 개별 정당의 장기적 생존이 안정적인 사회적 관계에 의존할 수 있음을 강조한다. 마지막으로, 한편으로는 정당조직의 변화와 다른 한편으로는 정당의 취약성 사이의 연계성(특히 뒤의 2장 참조)은 정당 배열의 안정이 부분적으로 정당 스스로가 더 넓은 범위의 공동체와 어떻게 연결되는지에 의존함을 보여 준다. 세 가지 경우 모두, 변화가 어떻게 안정성과 관성을 강화하는 요인들에 영향을 미치는가를 이해할 수 있게 해준다. 이런 점에서 우리는 동결 과정의 동학 자체를 어느 정도까지는 통찰할 수 있게 된다.

그러나 종종 여기서 놓치는 것이 있다. 가령 특정 사회구조의 안정화를 언제 동결 과정과 연결지을 것이냐의 문제가 있다. 또는 특정 유형의 조직 개입의 공고화를 동결 과정과 연결짓는 문제도 있다. 이런 경우 우리는 정당체계의 동결 문제를 개별 정당이나 정당 집단의 동결 문제로 치환해 버릴 위험이 있다. 달리 말해서, 시스템 자체를 잊어버리고 대부분의 노력을 그 구성 부분을 이해하는 데 쏟을 위험이 있다. 구체적으로 사례를 들자면, 우리는 영국 보수당과 노동당의 장기존속과 공고화를 설명하려고 할 뿐 영국의 양당 체제의 장기존속과 공고화를 설명하려고 하지 않는 경향이 있다. 보수당과 노동당의 장기존속은 분명 양당체제의 존속을 돕는다고 하겠지만, 한편으로는 양당체제가 존속함으로써 두 정당의 특별한 입지를 보장한다고도 볼 수 있다. 이렇게 볼 때 정당이 체계를 만드는 만큼 체계가 정당을 만든다고 할 수 있다. 이런 논리를 좀 더 확장하면, 특정 정당체계는 그 전부 또는 일부의 구성요소가 크게 변할 때도 존속할 수 있다는 것이다(미국은 보다 더 일반화된 현상의 예라고 할 만한 사례를 제공한다). 반대로, 어떤 체계의 변화 중에도 그 구성요소 중 일부는 상대적으로 불변할 수 있다(최근 아일랜드에서 이에 관한 풍부한 사례를 볼 수 있다. 뒤의 9장 참조).

정당과 정당체계가 두 가지의 서로 다른 분석 초점을 제공하므로(Bartolini, 1946; Sartori, 1976: 42-7; Wane, 1996: 6-7), 우리는 한편으로 개별 정당의 동결과 해빙을 보며 다른 한편에서 그것과 정당체계의 동결·해빙을 구분해 볼 수 있다(뒤의 3장 참조). 그러나 극소수의 예외를 제외하면, 후자의 독립적 성격은 기존의 지속 및 변화 관련 연구논문에서 그다지 주목받지 못하고 있다. 개별 정당, 그리고 심지어 정당 집단이 어떻게 지속되고, 어떻게 변화하는지에 대해서는 연구와 논의가 활발하지만 말이다. 유권자와 정당 사이의 배열 패턴의 지속성과 변화에 대해서도 광범위한 분석과 기록이 이루어진다. 하지만 특정 정당체계의 동결이나 해체 과정은 그에 반해 훨씬 주목받지 못하고 있다. 이때 정당 간의 특정 상호작용 형태가 안정되느냐 혹은 불안정해지느냐, 다시 말해 한 정당체계가 안정되느냐 혹은 불안정해지느냐의 문제는 흔히 그에 앞선 개별 정당들의 행동에 뒤따르는 것으로, 또는 심지어 종속되는 것으로 치부된다.[4]

물론 이처럼 일반화된 무시 속에서 발견되는 극소수의 예외적 연구에서도, 관심의 초점은 지속 또는 변화의 제도적 조건이다. 제도는 근본적으로 여러 정당을 포괄하는 것이며, 모든 정당이 특정 사회구조의 구도에 똑같은 방식으로 영향을 받는 것은 아니다. 한편 특정한 조직 형태를 선호한다는 점에서는, 모든 정당이 동일한 제도적 조건으로부터 영향을 받는다. 따라서 이로부터 특정 제도와 특정 정당체계 유형 사이의 관계를 추적하는 일은 어렵지 않다. 그러한 관계는 선거법이 정치과정에 미친 영향을 다루는 연구에서 가장 쉽게 찾아볼 수 있다. 이는 또한 로칸이 강조했던 유일한 정당체계적 요인 중 하나이기도 하다(1970: 90, 160-1). 그는 비례대표제의 채택을 정당 간 세력구도를 장기적으로 안정화시키는 핵심 요인 중 하나로 보았다. '제도는 그것을 설계한 주체의 이해관계를 반영한다(Geddes, 1995: 239)'고 하며, 보통선거가 실시됨에 따라 새로운 대표 상황에 맞게끔 20세기 초에 설계된 제도 구조는 당시 처음으로 나타난 정당체계가 이후 장기지속하는 것에 확실히 도움을 주었다. 그리고 정당조직 수준에서, 제도의 동결은 정당체계의 동결을 강화했다.

그러나 다른 시각에서 보면 정당체계를 무시하는 경향이 정당화되기도

---

4) 사실 이런 식으로 체계를 그 부분의 합 이상으로 보는 관점은 립셋과 로칸(1967: 51-6) 스스로 동결 과정을 간략히 논의하는 중 개별 정당조직을 논하며 은연중 나타낸 바 있다.

한다. 예를 들어 개별 정당이나 정당집단의 동결은 매우 흥미로운 주제이며, 기존의 연구는 사회구조, 조직의 노력, 집단적 정체성과 이념적 성향 등이 미치는 영향을 놓고 그 상대적 중요성을 계속 논의해 왔다. 정당체계의 동결은 관심의 대상이 아니었다. 사실 립셋과 로칸이 그 동결 과정의 동학에 대해 그다지 비중을 두지 않은 까닭은 정당체계란 당연히 장기지속한다고 여겼기 때문일 수 있다. '복합 체계는 안정적인 것이 기본'이라고 말한 굴드(Gould, 1991: 69)의 입장에서 보면 정당체계는 근본적으로 안정 지향적이라고 할 수 있었다. 달리 말해 보통선거가 실시된 후, 그리고 대중 민주주의 제도가 공고화된 후, 대략적인 평형 상태가 수립되었으며, 그 이후로는 관성의 법칙(그리고 그 이상)이 지배했다(Sartori, 1969: 90).

평형 상태의 수립은 아무리 느슨한 시각을 취한대도 보통선거 이전에는 거의 불가능했다. 이 점은 거의 이론의 여지가 없다. 새로운 행위자들(신생 정당)은 그 이전까지 당을 만들고 유권자를 대표할 권리를 제대로 인정받을 날만 기다리며 잠복해 있었고(Rokkan, 1970: 79ff.), 보통선거 실시 이전까지는 정통성 있는 행위자로 인정받지 못했다. 그 이전에 이루어진 모든 평형은 매우 불안정했고, 곧바로 와해되곤 했다. 그러나 행위자들의 배역이 대충이라도 정해지면서, 그리고 게임의 규칙이 정립되면서, 평형상태가 유지될 수 있었고 정당체계도 공고화될 수 있었다. 이 때문에 립셋과 로칸은 대략 1920년대에 연구를 "멈출" 수 있었으며, 또한 이 때문에(약간의 예외를 제외하면) 1960년대와 그 이후의 정당체계에서 1920년대의 패턴이 지속될 수 있었다. 당시에 비로소 진정한(국가적 수준의) 평형이 확립된 것이다.[5]

여기서 두 가지 요점을 찾아낼 수 있다. 첫째, 정당체계의 지속성은 별로 특별하거나 흥미로운 주제가 아니다. 일단 평형이 수립되면, 아무리 어설프게 정립되었을지언정, 정당체계는 그 자체적인 추진력을 얻는다. 어느 정도의 경쟁구조가 수립되고 나면(뒤의 9장 참조), '운영규칙(terms of refer-

---

[5] 평형의 논리에 대해 보다 일반적인 논의를 보려면, 펠리칸(1994: 95-119), 그리고 그 문헌 내에 언급된 문헌들을 참고하라.

ence)'이 주어지며, 그 뒤를 따라서 샤츠슈나이더(Schattschneider, 1960)가 한때 "편견의 동원(the mobilization of bias)"이라고 정의한 상황이 발생한다. 그렇게 해서 정당체계는 스스로 '동결' 된다.

둘째, 외견상의 장기지속성에도 불구하고, 역설적으로 정당체계란 상당히 취약한 현상으로 밝혀졌다. 그러므로 하나의 평형이 오랫동안 유지될 수 있다는 사실은 일반석인 평형에 대한 우리의 의심을 줄여주지 못하며, 특히 정당체계가 극적인 변화에 특히 민감하며 취약한 것으로 나타난 이상, 그럴 수밖에 없다. 이런 점에서, 정당체계의 장기적 발전과 그것의 변화 순간은 굴드(가령 1985: 241-2)의 '간헐적으로 중단되는 평형' 개념의 동학을 반영하는 것처럼 보인다. 생물학적 모델은 정치학의 다른 분야에서 이미 유용하게 쓰이고 있다. "국제체제의 진화"가 좋은 예이다.[6] 그리고 정당체계의 변화는 비록 드물게 일어나지만, 급작스럽고 전면적으로 일어나는 것으로 밝혀졌다. 따라서 "취약성을 갖는다"는 평가를 내릴 수 있다. 그러나 이 논리가 개별 정당에는 반드시 그대로 적용되지 않음을 유의해야 한다. 개별 정당의 동학은 정당체계와 같은 식으로 이해되어서는 안 된다. 평형 상태인 정당체계는 하룻밤 사이에 근본적으로 바뀔 수 있다. 반면 정당조직, 하나의 유기체로서의 조직이 근본적인 변화를 경험하기에는 시간이 필요하다.[7]

---

6) 스프루이트(Spruyt, 1994: 22-33), 크래스너(Krasner, 1984: 240-4)를 보라. 이들은 이런 맥락에서 립셋과 로칸의 명제를 직접 언급하고 있다.
7) 진화 모델을 개별 정당조직의 발전에 적용하여, 단속적인 평형보다 장기적인 적응이 더 적절한 은유가 된다는 주목할 만한 주장을 보려면, 데쇼우워(Deschouwer, 1992)를 보라.

II. 제약, 통제, 적응

정당체계가 갖는 잠재적 취약성을 감안할 때, 정당체계의 근본적인 변형이 상당히 드문 일이라는 사실은 자체적 평형 지향성보다는 정당체계가 유권자들의 선택을 제약하는 능력이 있음을 보여준다. 여기서 제약(constraint)이라는 개념이 중요한데, 그것은 정당체계, 그리고 개별 행위자로서의 정당이 유권자에게 '부과하는' 제약이 정당체계 지속성의 실제 동력이 된다는 뜻이다. 따라서 정당과 정당체계는 스스로 동력을 산출하기는 하지만, 그것은 우연히 그렇게 된다기보다 선택과 변화 모두를 제약할 수 있는 그 자체의 역량 때문이다. 다시 말해 사르토리(1969)의 말처럼, 정당과 정당체계는 단지 대상일 뿐 아니라 주체이기도 하다. 궁극적으로 의제를 설정하는 주체로서 운영규칙을 정하는 것도 그들이며, 우리(유권자이자 시민)는 그 운영규칙을 통해 정치세계를 이해하고 해석하게 된다.

물론 정당과 정당체계만이 의제를 설정하는 주체는 아니며, 그 과정에서 그들의 역할은 전혀 독점적이지 않다. 예를 들어, 현대 서구사회에서 정당정책의 조건 변수를 결정하는 과정에서 민간 기업과 시장의 역할은 아무리 강조해도 지나치지 않다. 그리고 이런 점에서 정당체계는 제약을 부과하는 한편 제약을 받기도 한다. 이익집단(준 공공부문과·사부문의) 역시 의제설정 역할을 하며, 그 역할은 한때 쏟아져 나오다 이제는 점차 줄고 있는 신조합주의 연구에서 특히 많이 거론되고 있다(가령 Scholten, 1987; Williamson, 1989). 중요성이 계속 늘고 있는 뉴미디어(Kleinnijehuis and Rietberg, 1995) 역시 오늘날 대중정치와 선거행태 연구에서 큰 주목을 받고 있다. 여러 연구자들이 정당과 전혀 무관하면서 정치적 영향력을 가진 대상에, 그리고 기능적으로 보면 정당의 대안이라고도 할 수 있는 대상에 몰두하고 있다.

한편 정당이나 정당체계는 어느 하나만 존재할 수는 없다. 하지만 그 둘이 항상 일치하는 것은 아니다. 예를 들어, 정당의 인가와 후원을 받으며 활동하는 다른 단체들의 영향력과 신조합주의적인 영향력을 구분하기는 어렵다. 신조합주의의 이익매개 활동 모델은 특정 정당과 특정 정당체계의 성공 여부와 긴밀히 연결되어 있다(예를 들어 Lehmbruch, 1977을 보라). 더욱이, 겉보기로는 그렇지 않아 보여도, 신사회운동의 성공 자체가 그런 사회운동 단체들을 정당 결성으로 몰아간다는 사실은 놀랍다. 이는 녹색당의 발전 과정에서 가장 뚜렷이 나타나며, 그 정당이 결국 보다 일반적인 조직 방식에 가까운 조직을 갖게 된 점도 그런 까닭이다. 마지막으로, 뉴미디어의 독립적 의제설정 역할이 중요함을 부정할 수는 없지만, 실제 결과는 유권자들을 하나의 정당 또는 다른 정당으로 몰아가는 것이다. 그리고 그럴 수밖에 없다. 언론은 분명 시민의 선호에 영향을 미치지만, 선거 행태라는 측면에서 언론의 영향은 일정 정도로 제한될 수밖에 없다. 그리고 이때 결론은 다시 정당이다.

정당과 정당체계가 부과하는 제약, 그리고 이들이 지속적으로 틀지우는 운영규칙을 통해 우리가 정치영역과 접촉한다는 사실은 두 가지의 중요하고 관련성 있는 능력, 즉 적응(adaptation)과 통제(control)에 반영된다(Mair, 1983 참조. 그리고 이 책의 5, 6장도). 적응이나 통제 능력이 상실되거나, 또는 단지 약화되기만 해도 정당은 위기에 처한다. 하지만 더 중요한 사실은, 전후 시기의 경험에 비추어, 두 능력 모두 시간이 지날수록 강화된다는 것이다.

한편으로 개별 정당이 상대적으로 폐쇄적인 공동체에서 개방적이고 포괄적인, 그리고 선거전문가가 주도하는 형태의 정당으로 바뀜에 따라, 그 정당은 적어도 이론적으로는 사회 변화에 대처하는 능력이 향상된다. 더 이상 그 정당 특유의 고정 지지자들에게만 귀를 기울일 필요가 없고, 그런 지지자들의 특별한 요구에 얽매일 필요도 없으므로, 정당은 더욱 유연해지고 적응력이 높아진다. 수권(授權) 가능 정당이라는 새로운 정당성을 얻고, 따라서 "분파(part)(Daalder, 1992 참조)"로서의 정당(party)이 갖는 한계와 잠재적인 적대관계를 회피하기 시작하면서, 정당은 유권자들의 요구를 조정하는 자신의 능력이 전보다 향상되었음을 깨닫는다. 사실 포괄정당(catch-all party)의 등장과 관련하여 그 진부함에 그토록 많은 비판이 쏟아졌지만(Kirchheimer, 1966), 그리고 "선거전문가 정당" 조직구조론 역시 많은 비판을 받았지만(Panebianco, 1988), 이들은 정치 리더십이 대상 범위를 더욱 확대하여 궁극적으로 더 큰 성공을 거두기 위하여 취한 체제임을 잊지 말아야 한다. 달리 말해서, 아마추어 민주주의자의 시대가 가고, 덜 풀뿌리 지향적이고 더 많은 자본을 필요로 하는 정당조직이 점차 주류가 되어가는 상황, 조직을 선거전문가, 마케팅 전문가, 캠페인 전문가 등이 주도하는 상황에서 정당은 그 외부 환경에서 일어난 변화에 더 빠르고 폭넓게 적응할 수 있게 되었다. 이는 매력적인 정당 형태는 못될 것이다. 특히 대중정당의 황금시대를 아쉬워하는 사람이라면 개탄을 금치 못하리라. 심지어 그런 정당은 대표성을 상실한 조직으로 여겨질 수도 있다(뒤의 6장 참조). 하지만 적어도 적응력에 있어서는 훨씬 효과적인 정당임에 틀림없다.

한편, 정당의 통제 능력도 향상되었다. 이제는 때때로 한 정당 또는 정당연합이 집권했을 때와 다른 세력이 집권했을 때의 차별성이 뚜렷하지 않다는 점은 상관없다. 정당이 때때로 '그들만의 세계'에 매몰되어 있다는 비난을 받거나 민생 문제나 사회적 병폐를 아랑곳하지 않는다는 의심을 받는 것도 상관없다. 겉으로는 경쟁하는 듯한 정당지도부들이 그들에게 각각 표를 던지고 권력을 갖게 해준 사람들에 비해 서로 공통점이 많아 보인다는 사실도 상관없다. 결국 중요한 것은, 현재의 서구 민주주의 국가(종종 정당의 기능을 무시하며 운영되는 듯한 모습을 보여 온 미국을 포함한[8]) 가운데 정당을 배제하고 정부 수립이 가능한 국가는 없다는 사실이다. 사실 정당 간 차별성이 분명히 줄어들고 있음에도, 전후 시기에 정부 역량이 꾸준히 성장했다는 사실과 공공부문의 책임과 능력이 꾸준히 성장한 것은 조직으로서의, 그리고 의제설정자로서의 정당이 갖는 통제력이 분명 늘었음을 의미한다. 고(故) 루돌프 와일더먼(Rudolff Wilderman)이 이끈 "정당 정부의 이해"라는 연구 프로젝트에서 나온 다소 어색하지만 그래도 매우 귀중한 용어를 채택하면, 우리는 전후 시기에 "정부의 당파성(partyness of government)"과 "정

---

[8] 미국 정치과정에서 조직 메커니즘으로서의 정당의 중요성을 재조명한 두 개의 중요한 연구로 카츠와 콜로드니(Katz and Kolodny, 1994), 콕스와 맥커빈스(Cox and McCubbins, 1993)를 보라.

당 정부성(party governmentness)"이 모두 증가한 것으로 볼 수 있고(Katz, 1986: 42-6), 그 두 가지가 결합된 효과로서 심지어 "사회의 당파성(partyness of society)"까지도 증가했다고 볼 수 있다(Sjöblom, 1987: 156-9). 정당은 아직도 중요하다. 이 사실은 다소간 아이러니하다. 대부분의 연구가 정당의 중요성이 감소되고 있음을 주장하고 있는 지금, 시민단체와 정치지도자 지망생들이 신당을 결성하여 의회에서 한몫을 차지하려고 이처럼 열망했던 때도 없다. 정당이라는 배가 정말로 침몰하고 있다면, 그처럼 많은 신당 창당 움직임이 아직도 활발하게 진행 중인 현실을 선뜻 이해하기 힘들다.[9]

카츠(Richard Katz)와 내가 최근에 조사한 바로는, 정당의 통제력은 우리가 "국가의 침투(invasion)"라고 표현한 과정을 통해 더욱 강해졌다(뒤의 5장 참조). 이제 국가는 정당에게 새로운 자원을 계속해서 다양으로 제공하고 있다. 전보다 더 나은 인재를 더 많이 갖추고, 인적·물적으로 모두 풍족하며, 공직과 정부출연기관에 접할 기회가 더 늘어난 정당은 이제 2차 대전 직후에 비해 국가기관과 "접목"될(reach) 여지가 더 많아졌다. 6장에서는 정당의 이러한 새로운 특권과 국민 대표 능력의 감소가 결합함으로써 전체 사회에서 정당에 대한 적대감이 증가하고 있다고 풀이할 것이다. 하지만 그렇다고 해도, 이런 특권은 지금의 정당이 가까운 과거보다 공공 의제 통제 역량이 더 나아졌음을 의미하기도 한다. 대중과의 연계성이 덜해졌고, 사회운동과의 공생관계 역시 약해진[10] 정당은 국가에 대한 장악력을 높임으로써 사회와의 연계성 감소를 벌충하고 있다. 그리고 그 결과 나타난 불균형은 특정 상황에서 정당의 가장 일반화된 정당성을 훼손할 수 있다. 그러나 적어도 단기적으로는 그 불균형이 효과적으로 작용할 수도 있다.

따라서 이런 모든 이유에서, 정당은 지금 그 어느 때보다 적응과 통제

---

9) 서유럽 민주국가들에서의 신생 정당 창당 관련 수치는 갤라거(Gallagher et al., 1995: 231-3) 참조.
10) 이 주제에 대한 이전의 분석으로 메이어(1984: 179-83)를 보라. 이익집단과 정당 간 연계 성격의 변화에 대해 몇 가지 의미가 분석되어 있다. 보다 최근의, 또 보다 본격적인 논의로는 포군트케(Poguntke, 1995).

능력이 강하다. 이런 점에서 선택과 변화를 통제하는 일반적인 능력이 향상되었고, 그런 방식으로 '오래된' 정당들이 살아남을 수 있었다. 그들은 하던 방식대로 운영해 나갔을 뿐이다. 보통선거 실시 직후 정착된 정당의 계승자들이 아직도 주도하고 있는[11] 서구 민주주의 국가들은 근본적으로 정당 정부 체제다. 좀 더 살펴보면 놀라운 점은 또 있다. 민주주의 이론이 신사회운동, 시민권력, 시민사회 역할론 등과 갈수록 맞아들어가는 듯 여겨지던 때, 최근의 민주화 물결에서 중요하고 심지어 핵심적인 역할을 수행한 당사자는 정당이었다. 새롭게 민주화된 나라들은(뒤의 8장 참조) 시민권이 얼마나 보장되느냐보다 자유 경쟁하는 복수정당제와 자유선거 제도가 존재하느냐를 기준으로 민주국가 여부가 결정되었다(그리고 그것은 적절했다).

적응과 통제는 정당 능력 차원에서만 볼 문제가 아니다. 정당체계의 구조 자체에서도 적응과 통제가 발생한다. 또한 정당 간에 발생하는 상호작용의 패턴이 갖는 안정성으로부터도 발생한다. 이 주제는 이 책의 마지막 부분에서, 특히 9장에서 자세히 다룰 것이다. 요컨대, 다시 샤츠슈나이더를 인용하면(1960: 60-75), 갈등의 발전과 최종적인 전이(轉移)라는 개념에서, 일정한 정당체계, 일정한 경쟁구도는 전문적인 정치 용어로 말하자면 '동결' 된다. 따라서 정당 간 경쟁은, 그리고 더 일반적으로 정치는, 특정한 중요 선택에 따라 지배되는 것이며, 다른 고려는 부수적 의미를 가질 뿐이다. 이는 단지 몇몇 정당의 문제가 아니다. 그보다는 정당체계 전체, 혹은 적어도 그 체계의 핵심과 관련된 문제이다. 서로 경쟁자인 담배 생산업체라 해도 흡연자들의 수를 늘리는 일에는 공통의 이해관계를 갖듯, 정당체계 내의 기성 정당들은 각자의 특유한 브랜드를 마케팅하는 과정에서 서로 맞부딪치기는 할지라도, 특정한 갈등이나 특정 형태의 경쟁에 관해 공통의 이해관계를 가진다. 샤츠슈나이더(1960: 63)가 강조한 것처럼, "하나의 갈등의 발

---

[11] 로즈와 맥키(Rose and Mackie, 1988)가 보았듯, 주요 정당으로 완전히 사라진 예는 거의 없음도 놀랍다. 지난 10년여 동안 신생 정당의 증가를 볼 때, 진정으로 놀라운 사실은 그만큼 정당의 수가 많아지고 다양해진 점이 아니라, 그런 신생 정당이 그토록 많이 실패했다는 점이다(Shaddick, 1990; Mair, 1991. 뒤의 4장도 보라).

전은 다른 갈등의 발전을 억제할 수 있다. 정당 배열의 급진적 변동은 **모든 관련자들의 관계 변화를 통해서만 가능하기 때문이다(강조**는 필자)."

이런 점에서, 다시 한 번 샤츠슈나이더의 주장을 인용하자면, 정당체계의 진정한 본질은 중요 정당들의 대립관계(가령 노동당 대 보수당, 기독교민주당 대 사회민주당 등)에서 찾을 수 있는 것이 아니다. 그보다 주요 경쟁 구도를 유지하려는 편과 전혀 나른 차원에서의 경쟁 구도를 만들고자 하는 편―"보이지 않는 사람들(샤츠슈나이더, 1960)"―의 대립관계에서 찾는 것이 옳다. 이것이 정당체계의 동결에 수반하는 것이다. 정당체계란 어떠한 것―특정한 경쟁 구도를 중심으로 하는―에 '관한' 내용이 된다. 영국에서는 노동당과 보수당의 갈등, 미국에서는 민주당과 공화당의 갈등, 프랑스에서는 대개 특정 정당을 떠난 '좌파'와 '우파'의 갈등, 스웨덴에서는 사회민주당과 부르주아 대연합, 북아일랜드에서는 연합파와 독립파, 아일랜드 공화국에서는 아일랜드 공화당과 "여타 정당들"의 갈등이 된다.

특히 아일랜드의 경우가 동결 과정에서 특정 차원의 중요함을 일깨워 준다(Mair, 1987a). 일상적인 기준에서 볼 때, 아일랜드의 정당체계는 매우 불안정했어야 했다. 무엇보다 유럽 기준에서는 상대적으로 연륜이 짧았으며, 더욱이 내전의 와중에 탄생했다. 아일랜드의 경우 정당을 고정시켜 주는 뿌리 깊은 균열 같은 것을 가지지 못한 체계였으며, 고(故) 존 화이트(John White)의 용어로는(1974), "사회적 기반이 없는 정치," 즉 정당보다 개별 후보자의 선택이 더 중시되는 선거체제와 결합되는 정치를 반영한다. 이는 강력한 지역주의와 후견주의를 만들어내며, 아일랜드 공화당이 유지하고 있는 기록을 제외하면, 그리고 일부 최근의 활력 증가 현상을 빼면, 이 체제는 오래전부터 일반 대중에 개입할 능력을 별로 갖추지 못한 느슨하고 엉성하게 조직된 정당들의 특징을 이루고 있다. 뚜렷한 균열구조와(또는) 주요 정당의 조직적인 활동에 의해서만 선거가 활성화된다면, 아일랜드는 역사상 다른 사례처럼 완전한 격변과 불안정의 정치, 즉 '동결되지 않은' 정당체계로 점철되었어야 한다. 하지만 실제 우리가 볼 수 있었던 것은(이 때문에 다음 장들에서 아일랜드는 계속해서 중요한 사례로 언급될 것인데), 선거와 정당의 놀랄만한 안정성이었다. 수십 년이 지나고 세대가 바뀌어도 선거를 거듭하면서 동일한 정당들이 경쟁하는 구도가 유지되었다. 아일랜드의 사례는 최근까지도 최고의 '동결된' 정당체계였다.

이러한 동결 상태는 어떻게 설명할 수 있을까? 균열구조나 정당 스스로의 조직적 노력을 통한 것이 아니라면, 경쟁 구도를 통해서만 설명이 가능할 것이다(뒤의 9장 참조). 즉 하나의 특정한 갈등이 우선순위를 갖는 정치 언어를 수립하고, 다른 갈등은 흡수되거나 무시되는 경쟁의 구조인 것이다. 아일랜드의 정치는 아일랜드 공화당 대 다른 정당들의 대립에 '대한' 것이었다. 이는 아일랜드에서 정당체계가 발전하고 또 동결되는 과정에서 나타난 가장 중요한 내용이다. 그러나 그것이 어떤 '무대장치의 신(deus ex machina)'이 작용한 결과는 아님을 강조할 필요가 있다. 그보다 정당들 스스로 세운 전략에 따라 수립되고, 강화된 것이다. 즉 정당들 간의 경쟁적인 쟁점들, 투표자들에게 다가간 방식, 정부구성 과정에서 택한 접근법, 창립을 선동한 여러 동맹과 분파들을 통해 이루어진 것이다. 따라서 정당체계는 정당들의 산물이다. 하지만 동시에 정당들은 그 산물에 갇히는 신세가 된다. 안정적인 상태가 정치 환경의 기본이 되고, 정당체계는 제도적 구조가 으레 그렇듯(Krasner, 1984: 235) 쉽게 대체가 안 되는 "자본금"을 가지면서 거기에 매이기 마련이다.

이는 곧 정당체계 스스로가 적응과 통제 능력을 갖는다는 뜻이다. 더욱이, 평형 상태의 수립과 "편견의 동원(위 내용 참조)"에도 관여한다는 뜻이다. 또한 이로부터 평형이 외적(예를 들면, 냉전체계의 종말로부터 영향을 받은 이탈리아의 사례와 같이) 또는 내적(아일랜드 공화당의 근본적인 전략 수정이 한 예임)으로 위협받을 때, 그리고 잠재적으로 취약한 경쟁구조가 붕괴될 때, 정당체계는 극적인 변화를 겪을 수밖에 없다. 적어도 아일랜드의 경우에는, 그 밖의 다른 설명이 거의 불가능하다.

정당의 변화와 정당체계의 변화는 다면적이다. 특히 개별 정당 수준에서는 사회, 정치, 정책 환경의 변화에 계속해서 적응해 나가는 유동적인 현상이다. 여기서 적응은 생존의 필수 관건이다. 적응력이 없는 정당은 쇠퇴와 소멸의 위험에 직면한다. 그런 점에서 정당의 동결이란 잘못된 해석을 낳을 수 있다. 정당이 유지되기 위해서는 일정한 가변성과 유연성이 필요하기 때문이다.12) 이러한 점은 오늘날 특히 더 강조되는데, 이전 시기에 비해 정당이 사회에 정착하지 못하고 있을 뿐 아니라 다분히 자족적으로 운영되는 정치 공동체에서 유권자들의 이해관계를 반영하는 일에 더 무능하고 무관심해졌기 때문이다. 반면 정당체계는 앞에서 서술한 것처럼 정체되는 성향이 크다. 물론 적응은 여기서도 중요하다. 새로운 도전을 예측하고 새로운 기회를 이용하기 위해 자기 수정과 개선을 계속 반복하는 기성 정당들 사이의 상호작용 때문이다. 하지만 이 경우에는 핵심부가 그 위치에 고정, 동결된 상태로 있는 게 보통이다. 그리하여 경쟁구조는 해당 체계의 적대자들이 예상을 뛰어 넘는 변화를 겪고 나서도 유지될 수 있다. 나아가, 그리고 이것이야말로 이 책의 다음 장들에서 반복되고, 일관되게 주장될 논증인데, 정당체계가 특정 위치에 동결되는 것 자체가 정당들 스스로는 동결을 거부하기 때문일 수 있다.

---

12) 이와 비슷한 점을 지적하며, 로즈와 맥키(1988: 533)는 람페두사(Lampedusa)의 『표범(The Leopard)』을 적절히 인용하면서 자신들의 논의를 시작한다. "동일한 일이 반복되다 보면, 변화가 생기기 마련이다." 『거울나라의 앨리스(Through the Looking Glass)』(Carroll, 1982: 152)에서 붉은 여왕은 앨리스에게 정반대의 말을 한다. "자, 달릴 수 있는 대로 달려가 보렴. 결국 같은 곳을 벗어나지 못할 테니."

제2부

지속과 변화

- 제2장 정당의 지속성, 변화, 취약성
- 제3장 정당체계 변화의 문제
- 제4장 선거 변화에 대한 신화와 '오래된' 정당의 생존

제2장

정당의 지속성, 변화, 취약성

 명백히 확실해 보이는 것부터 시작하자. 우리는 정치 변화의 시대에 살고 있다. 지금의 서구 정당들은 대부분의 선거에서 유동적인 선거 결과를 보이는 상황에 처해있다. 지난 15년 동안, 선거 결과의 유동성은 집합적 수준에서나 개별적 수준에서나 뚜렷했으며, 그 기간 동안 유동성의 정도는 제2차 세계대전이 끝난 이후 어떤 시기보다도 심했다. 또한 20세기가 끝나가는 지금, 이와 같은 유동성은 전혀 줄어들 기미를 보이지 않고 있다.[1]

 이처럼 지속적인 유동성에 대한 해석이나 설명, 적용이 매우 다양하게 이루어졌음은 말할 필요도 없다. 일부에서는 그것을 통상적인 정치 패턴의 종말을 나타내는 흐름이라고 해석한다. 전통적인 정치적 대표성의 방식에 도전하면서, 이슈에 대한 관심과 새로운 정치적 가치 체계를 반영한다는 것이다. 한편 다른 일부에서는 그것이 대체로 일시적인 현상일 뿐이라 본

---

1) 적절한 논의와 이에 대해 언급된 근거들을 찾고 싶다면, 페데르센(Pedersen, 1979; 1983), 맥과이어(Maguire, 1983), 샤미르(Shamir, 1984), 크레웨와 덴버(Crewe and Denver, 1985)를 보라.

다. 구조의 말단 부분에서의 변화가 반영된 것이며, 그 구조 자체는 1920년대 이래 고정된 채로 남아 있다고. 그러나 이는 부차적인 논의일 뿐이다. 지금으로서는, 그리고 적어도 지금의 논의의 목적에 비추어서는, 변화에 대한 설명보다는 어느 수준에서 변화가 나타났는지를 밝히는 것이 더 중요하다. 설명에 들어가기에 앞서, 먼저 무엇을 설명할 필요가 있는지를 분명히 해야 할 것이다.

여기서 중요한 것은, 현재 유럽의 유권자들이 보여주고 있는 명백한 유동성과 더불어 두 가지 다른 현상이 공존한다는 것이다. 이들은 그 배후에 있는 지속성의 근원적 원동력을 표현하며, 따라서 보통 논의되는 것보다 상황이 훨씬 복잡함을 시사한다. 이런 현상들 모두는 정당 선택의 논리 중 일부를 이루는 일련의 경향을 포함하는 한편, 단순한 정당 선택 자체에 비해 더 광범위하고 미발달된 성격도 갖는다. 그 두 현상은 일반화된 이데올로기적 경향들과 일반화된 정치적 배열이라고 할 수 있다. 하나는 보다 더 추상적인, '좌파', '우파'라는 정체성으로 나타나며, 다른 하나는 종종 파편화된(적어도 행태적 관점으로는) 정치 집단들과 연관된 사안으로 나타난다.

물론 이런 현상의 존재와 그것이 나타내는 연속성의 동력의 존재는 매 경우마다 동일한 확신을 주지는 않는다. 이데올로기적 경향 수준에서의 안정성의 증거는 정치적 배열 수준에서 제시될 수 있는 증거의 경우보다 더 파편적이고 의심의 여지가 많다. 무엇보다 유럽 전반에서는 두 현상 모두가 나타나고 있다는 사실이 경우에 따라 더 큰 의미를 가질 수도, 그렇지 않을 수도 있다. 그리고 그것이 반영하는 연속성은 지금 유럽에서 나타나는 정당 선택의 불안정성과 대조를 이루며, 과연 무엇이 변화하고 있는가를 보다 면밀히 검토할 것, 그리고 그런 변화의 설명을 어디서 찾을지 고민할 것을 시사해 준다.

I. 정당은 무엇이며, 어떤 일을 하는가?

정당과 정당체계의 비교연구에서 연구 대상의 두 가지 핵심 성격을 구분할 필요가 늘고 있다. 하나는 역사적으로 형성된 정당의 정치적 정체성이고, 다른 하나는 오늘날 정당이 갖는 호소력이다. 달리 표현하면, "정당이란 무엇인가"와 "정당은 무엇을 하는가"라는 질문을 구분해야 한다.

오늘날 유럽 정당의 모자이크를 보며, 그 다양성을 설명할 때는 대체로 전통적인 정당 정체성 차원에서 접근한다. 이는 처음으로 대중을 선거로 동원하던 시기에 지배적이었던 특정 균열구조에까지 소급되는 유산을 반영한다. 당시는 대중민주주의의 형성기로서 특정한 정치적 충성심이 고취되었다. 또한 정당체계 구조의 구축기로서 당시 제기되었던 핵심 쟁점들과 중요 갈등들은 아직도 미해결로 남았고, 오늘날까지 영향을 미치고 있다(Lipset and Rokkan, 1967). 그 결과 지금의 정당체계들은 저마다 구성상 큰 차이를 갖게 되었는데, 무엇보다도 기독교 정당이나 농민당처럼 특수한 이익을 대변하는 정당이 불균등하게 분포된 점, 그리고 전통적인 좌파계급이 정당체계마다 크게 다르게 분화된 점 등이 그 예다. 따라서 기독교민주당이 어떤 정당체계의 우측에 있거나 또는 없는 이유, 혹은 좌측에 공산당이 있거나 없는 이유, 아니면 진보주의 정당, 급진 정당, 그리고(또는) 그 중간의 중도파 정당들이 각 정당체계별로 어떻게 구성되어 있는가는 대체로 역사적으로 결정된 것이다. 다시 말해서 그 정당배열은 현재의 갈등과 딜레마보다는 정당체계가 형성되던 초창기의 상황을 더 잘 반영하고 있다. 지금 서유럽의 정당체계들이 이처럼 복잡하게 얽혀 있는 주된 까닭은 각각의 국가들이 다양한 역사를 가지고 있기 때문이다.

반면 지금 정당들이 하고 있는 일은 역사적으로 정립된 정체성과는 차이가 있어 보이는 경우가 많다. 더욱이, 이런 수준에서 보면 다양해 보이던 서유럽 정당체계들이 오히려 한결같아 보인다. 이 분석 수준에서는 각 정당이 일상적인 경쟁 과정에서 제시하는 정책, 프로그램, 공약 등을 다루는 한편 그들이 정부 활동 중 어느 쪽을 선호하는가, 당면한 사회경제적 문제들을 어떻게 보는가 등도 연구한다.

물론 정책과 정당 정체성 사이에는 어느 정도의 연계성이 존재한다. 예를 들어 아무리 현대적이고 세속적으로 변했다 해도, 가톨릭 정당은 낙태 지지 정책을 제기하거나 옹호하지 않을 것이다. 또한 농민정당이라면, 심지어 '예전의' 농민정당이라도, 농업보조금을 중단하자는 제안을 내놓지 않을 것이다. 이런 점에서 과거의 정체성은 오늘날까지 지속적인 영향을 미치며, 버지와 팔리(Budge and Farlie, 1983)가 언급했듯이, 특정 쟁점은 특정 정당에게 "속한" 것처럼 보여질 수 있다. 더욱이, 정당들이 추구하는 정책들도 정당들이 활동하는 경쟁 체계가 부여한 전략상 필수 과제에 어쩔 수 없이 영향을 받게 된다. 이는 다시 적어도 부분적으로는 그 체계의 구성 방식과 경쟁하는 정당의 수 및 그들의 이념적 성향에 의해 영향을 받는다(Sartori, 1976: 특히 131-216). 그리고 마지막으로 정당체계의 탄생 상황이 부분적으로 영향을 미치며, 정당체계 구축 당시의 균열구조로부터도 일부 영향을 받는다.

하지만 정당의 정체성과 정당의 활동 사이에 여러 가지 연계성이 수립될 수는 있어도, 필수적인 연계성은 있을 수 없다. 가톨릭 정당이라면 낙태 지지 정책을 내놓지 않을 것이다. 그러나 한편으로 그 정당의 정책이 종교 문제와 크게 연관되어 있지는 않다. 농민정당은 농업보조금 철폐를 바라지 않을 수도 있다. 그러나 지금 오직 농민의 특수이익만을 대변하기를 바라는 정당은 없다. 더 구체적으로, 아일랜드와 북아일랜드 모두의 정당체계들에서 보았듯, 가장 특이하게 도출된 정체성이라 해도 통상적이고 일반적인 정책 지향성과 공존이 가능하다. 따라서 특이한 균열구조가 매우 특별한 정당체계를 배태한 아일랜드, 그리고 정당 정체성이 특이한 나머지 가장 양심적인 비교정치학자라도 유럽 차원의 정당 운영규칙에서 보면 어느 범주에 포함시켜야 할지 고민하게 될 아일랜드에서도, 대부분의 정책 논란은 복지국가, 경제성장, 고용정책 등을 둘러싸고 진행된다(Mair, 1987a: 138-206; 1987b). 아일랜드 국경의 북쪽 지역, 이른바 '얼스터식 정치(Ulster politics)'라 불리는 더욱 특이한 정치가 이루어지는 곳에서도, 비슷한 패턴을 볼 수 있다. 스토몬트(Stormont) 기간, 즉 북아일랜드에서 그 자체적인 의회와 행정부를 선출했던 기간에 연합파와 독립파가 내놓았던 대부분의 정책들은 분리주의나 종교 관련 정책보다는 '보통의' 사회경제적 정책들이었다(Laver and Elliott, 1987).

또한 역사적으로 결정된 정체성과 지금의 정치 호소력 사이에 존재하는 연계성은 그런 정당들이 산업사회 이전 시대의 균열구조에서 탄생했다면, 가령 종교, 지역, 문화적 균열을 기반으로 탄생한 정당이라면, 훨씬 희미해진다. 이들 정당은 오랫동안 존속해 왔으며, 많은 경우에 기대한 만큼 성과를 거두었다. 그들 정당이 동원한 쟁점은 대략 이러저러한 방식으로 해결되었으며, 어떤 경우에는 그 인식 과정이 정당의 역할을 뒤바꾸는 계기를 마련했거나(예를 들어, 농민정당이 중도정당으로 스스로를 재정립하는 식으로) 새로운 전략 방향을 수립토록 했다(예를 들어, 네덜란드의 칼뱅주의 반혁명 정당이 네덜란드 개신교 역사연합과 로마 가톨릭 인민당과 결합하여 다양한 신자들에게 호소하는 기독교민주당으로 재출범한 경우처럼). 하지만 일반적으로는 특별한 정치적 정체성의 동원의 배경이 된 추동력이 소멸되었어도, 그리고 원래의 정체성 자체가 오늘날의 쟁점이나 갈등에 걸맞지 않는다 해도, 오래된 정당들이 실제로 사라지는 일은 드물다(Rose and Mackle, 1988). 그러므로 그들 정당이 유권자에게 호소할 새로운 근거를 발견했으리라는 추정이 가능하다. 따라서 이들 오래된 정당에 관한 한, 예외적인 상황에서만 오래된 정체성이 복귀한다고 볼 수 있을 것이다. 물론 적당한 실례는 드물다. 가톨릭 정당에서 낙태 허용에 대한 요구가 늘고 있는 것(Lovenduski and Outshoorn, 1986), 유럽경제공동체 가입 관련 국민투표 당시 노르웨이에서 중심부-주변부 갈등이 재연된 것(Valen, 1976), 1960년대 말에 북아일랜드에서 폭력 사태가 재발한 직후 강성 민족주의가 고무된 것 등등(Mair, 1987c). 물론 이런 오래된 정체성이 투표 행태와 관련해서 무의미하다고 부정하려는 것은 아니다. 반대로, 전통적 균열이 쇠퇴하고 있다지만, 유권자들은 아직도 자신들의 사회적, 조직적 상황에 맞춰 구조화된 행동을 보이는 경우가 많다. 그리고 언어, 종교, 인종, 계급 변수는 여전히 정당 선호에서 중요한 역할을 하고 있다. 하지만 여기서 나는 이런 오래된 관심사항이 더 이상 정당의 정책 대안에 구조적 작용을 하지는 않음을 지적하려 하며, 따라서 그것은 더 이상 정책 경쟁의 기반이 되지 못한다고 주장하려는 것이다.

이는 사니와 사르토리(Sani and Sartori, 1983)가 주장했던 내용과 일부 일치한다. 그들은 "정체성 정립의 영역"과 "경쟁의 영역" 사이의 중대한 차이점에 주안점을 두면서 그런 주장을 했다. 전자는 단지 주어진 유권자들에 대해 정당 정체성이 갖는 다양한 차원을 가리키는 것이다. 즉 특정 투표자가 특정 정당에 투표하게끔 하는 여러 가지 정체성을 말한다. 이는 종교, 언어, 지역 등을 포함할 수 있다. 그러나 후자는 경쟁 공간을 가리킨다. 즉 정당들이 경쟁할 만큼 유용하거나 유익하다고 판단한 쟁점을 말한다. 사니와 사르토리가 지적했듯(1983: 330), "유권자들이 다수의 경쟁 차원으로 분산된다는 사실은 정당들이 그러한 다수 차원에서 경쟁한다는 명제를 전혀 입증하지 않는다. 반대로 경쟁 공간은 하나의 공간일 수 있다. 얼마나 많은 균열 그리고(또는) 정체성 차원이 존재하든 상관없다." 달리 표현하면 정당의 경향과 관련해서 얼마나 중요한가와 무관하게, 전통적인 정당 정체성은 오늘날의 경쟁에서의 호소력과 거의 관련이 없다. 그 점은 서구 민주주의 체제에서의 전후 정당 선거 프로그램의 내용을 광범위하게 조사한 최근의 결과에서도 뒷받침된다. 가령 종교 균열의 중요성에도 불구하고, "종교 차원에서의 경쟁은 대부분의 나라에서 거의 찾아보기 힘들다(Budge and Robertson, 1987: 396)"는 사실을 보여준다.

II. 좌파, 우파, 그리고 정책 경쟁

그러나 일반적으로 정책 경쟁이 이런 핵심 정체성과 연관된 쟁점들을 비켜간다면, 무엇을 위주로 정책 경쟁을 할까? 정당의 정강정책을 조사한 연구 결과를 보면, 그 대답은 분명하다. 나타난 사실이 한결같기 때문이다. 거의 모든 나라에서, "(국가적 정체성이나 안보 문제가 급박하지 않은 이상) 일정 형태의 좌-우 대립이 정당 수준에서의 경쟁을 지배하고 있다…." 좌-우 대립은 명백한 정책 함의를 지니며, 기본적으로 "경제 정책을 둘러싼 갈등을 반영한다. 즉 직접 통제 또는 국유화를 통한 정부의 경제 규제냐… 자유 기업, 개인의 자유, 인센티브제, 주류 경제학 이론이냐의 문제이다(Budge and Robertson, 1987: 394-5)." 따라서 전통적 정체성의 다양성에 관계없이, 그리고 정당의 성향이 얼마나 다른지에 상관없이, 이들 정당이 실제로 하는 일은 높은 수준의 동일성을 가지고 있다.

이는 놀랄 일이 아니다. 모든 정부와 정당은, 어떤 정당체계를 가졌고 어떻게 탄생했든 간에, 복지국가, 조세, 고용정책, 산업, 농업, 환경 등에 대한 정책을 마련해야만 한다. 그리고 거기에는 좌와 우의 차이만 눈에 띈다. 그리고 이런 문제에 대해 무엇을 최고의 대안으로 설정할 것인지는 각 정당별로 차이가 클 수 있어도(또한 이런 차이는 국경을 초월해서 동질적인 정당들끼리, 심지어 정당체계들끼리 겹쳐서 나타나는 경향을 보인다),[2] 주된 관심 영역은 충분히 "동일하다"고 할 수 있다. 또한 이런 문제들에 대한 선택지의 범위도 상당히 제한적인데, 이 점에 대해 서유럽 정당의 경우 다양성보다 동일성에 주목해야 한다고 논해도 무방할 정도다. 가령 독일 사회민주당과 기독교민주당 사이의 대립과 영국 노동당과 보수당 사이의 대립은 분명히 차이가 있고, 그런 차이는 정당체계의 태생적 차이에서 비롯되었다고 이해할 수도 있다. 하지만 두 나라의 유권자들에게 제시할 정책 대안이라

---

[2] 가령 자일러(Seiler, 1980)의 연구를 보라. 그는 서유럽의 특정 유형 정당군을 놓고 국가 간 비교를 행하였다. 또한 카첸스타인(Katzenstein, 1985)은 서유럽의 더 작은, 더 합의지향적인 민주국가들의 공통 정책을 연구했다.

는 측면에서는 기능적 등가성이 존재한다고도 볼 수 있다.

이런 동일성이 나타나는 이유 역시 분명하다. 서유럽 민주국가들은 모두 자본주의에 기초한 민주주의 국가이며, 비슷한 형태의 사회계급과 인구학적 구성을 갖고 있다. 모두가 실질적으로 동일한 인권 개념을 가지며, 그 중에는 사회적 인권도 포함된다. 그리고 대체로 비슷한 대국민 의무를 수행하는 정부가 들어서 있다(Flora, 1986). 넓은 테두리에서, 이들 정부와 그 정부를 구성하는 정당들은 엇비슷한 문제를 고민한다. 그리고 얼마나 성공하느냐는 제각각이겠지만, 비슷한 갈등을 해소하려고 노력한다. 그 결과 서유럽 국가들의 주된 경쟁은 일정한 범위 내의 주제에 국한될 수밖에 없고, 큰 잣대로만 비교 가능한(특히 좌-우) 정치를 보여주게 된다.

정치의 조직 원칙으로서 좌-우 기준은 선거에서도 중요하다. 이는 반데어에이크(van der Eijk), 니뮐러(Niemoeller), 오펜휘스(Oppenhuis)가 함께 쓴 논문(1988)에서 강조된 바 있다. 그들은 1984년에 실시된 다국적 조사 결과를 바탕으로 정당 명칭, 이데올로기, 좌-우 관련 (자체적으로 표명된) 정체성을 놓고 상호관계를 규명하려는 목적으로 논문을 썼다. 그들의 국가별 분석을 보면 이 중 마지막 범주가 서로 다른 이념별 구별짓기와 강한 연관성을 갖는 것으로 나타난다. "각 정당의 중심 이념이 평균적인 좌-우 스펙트럼에서 갖는 위치를 정하는 질서는 대략 어느 나라나 똑같았다." 더욱이, "투표 예상자의 좌-우 위치로 따져볼 때, 정당들은 관련 정보를 통해 예상되는 그대로 자리하고 있었다." 마지막으로, 모든 나라를 함께 볼 때, 필자들에 따르면 "좌-우 구분 기준의 10개 범주가 완벽하게 정형화되어 나타났으며, 같은 곡선을 그리고 있었다. 다양한 이데올로기가 이 곡선을 따라 완벽하게 배열되어 있으며, 곡선 바깥 공간으로 나와 있는 경우는 거의 없었다. 이는 좌-우 기준으로 보는 실질적 정당정치이념과 각자가 갖는 이념적 정당 명칭이 공통의 기반을 가짐을 입증해 준다(van der Eijk et al., 1988: 17, 18, 29)."

좌-우의 차이가 그만큼 일반적이며, 동시에 다른 이념 및 정당 명칭과 널리 관계맺고 있다는 사실은 그 자체로는 뜻밖의 결과가 아니었다. 고든 스미스(Gordon Smith, 1990)가 지적했듯, 좌-우 구분은 가변성이 매우 크다는 점과 다종다양한 정책 문제에 구현될 수 있다는 점에서 주목할 만하다. 좌-우 기준이 포괄적으로 적용된다는 점은 사니와 사르토리가 여러 유럽 국민들을 대상으로 태도 조사 분석을 했을 때도 뚜렷이 나타났다. 그들은 좌-우 기준이 사회적 평등이나 사회변화와 관련된 쟁점들하고만 강한 연관을 갖는 게 아니며(예상되던 것처럼), 강대국에 대한 태도에서도 뚜렷이 나타날 뿐 아니라(그렇게까지 의외는 아닌데), 종교 차원과 정치적으로 중대한 집단들(경찰, 여성운동단체, 학생운동단체 등)에 대한 태도에서도 그렇다는 사실을 발견했다. 따라서 보다 최근의 정강정책 분석에서처럼, 그들도 현재 서유럽 민주주의 국가에서의 주된 경쟁 국면은 좌-우 구분이라는 점, 그러므로 그 구분은 매우 다양한 관심사에 두루 반영되고 있다는 점을 찾아냈다. 그들이 내린 결론은 아주 명확했다(Sani and Sartori, 1988: 314).

> 우리는 여러 나라의 다양한 갈등 차원들이 그야말로 온전히 하나의 차원으로 수렴될 수 있다고 주장하는 것은 아니다. 어떤 특정 영역에만 관심을 둔다면 보다 구체적이고 직접적인 지표를 찾는 게 나을 것이다. 우리의 주장은 좌-우 기준이 일부 중요한 갈등 영역에서 유권자의 입장을 올바로 반영하고 있으며, 중요한 정치 목표들에 대한 유권자의 감상을 대변해 준다는 것이다.

여기서 분명히 해둘 마지막 요점은 좌-우 기준의 흡입력이 이제는 '신정치(new politics)' 차원의 쟁점마저 다수 장악한 것으로 보인다는 점이다. 성(性) 관련 권리 문제, 생태주의, 삶의 질 등의 많은 쟁점들은 전통적인 좌-우 구분을 가로질러 있는 것으로 여겨져 왔다. 특히 그런 쟁점들이 전통적 노동계급에게 보수적 반응을 불러일으킨다는 점이 그런 인식의 강력한 근거였다. 더구나 이런 문제들에 대한 대중의 초기 태도가 이를 전혀 새로운 차원의 정치영역인 것처럼 여기게 했다. 예를 들어, 노동계급과 신중간계급의 대립이 중요하게 취급되었다(가령 Hildebrandt and Dalton, 1978). 그러나 보다 최근에는 계급 배열의 불일치 가능성에도 불구하고 좌와 우의 대표적 언어가 이런 쟁점의 대부분을 장악한 것으로 보이며, 두 가지의 태도가 서로 긴밀히 연결된 듯 보인다. 이는 잉글하트(Inglehart)의 연구(1987: 1299)에서도 뚜렷한데, 그는 1970년부터 1985년까지 정당의 '물질주의' 성향과 '탈물질주의' 성향의 변화 과정을 추적했다.

> 1970년에는 61%의 물질주의자들(Materialists)이 우파와 중도파 정당에 투표한 반면, 탈물질주의자들(Postmaterialists)의 40%만이 같은 정당들에 투표했다. 물질주의자들은 탈물질주의자에 비해 우파에 투표할 가능성이 정확히 1.5대 1이었다. 이 정도라면 상당한 차이였다. 그러나 그 차이는 1970년 이후 꾸준히 증가했다. 1973년에는 그 차이가 1.8대 1로 벌어졌다. 1976년에서 1978년 사이에는 1.9대 1이 되었다. 1979년에서 1981년까지는 2대 1을 약간 넘었고, 1982년에서 1985년에는 2.3대 1까지 되었다. 이처럼 차이가 점점 벌어지는 것은 탈물질주의자들이 우파 정당에 점점 적게 투표하기 때문이다. 1970년에는 40%의 탈물질주의자들이 우파와 중도파에 투표했다. 1982년에서 1985년까지의 시기에는 25%만이 그렇게 투표했으며, 75%의 표가 좌파에게 갔다.

요컨대 좌-우 구분은 오래전부터 있었으나, 20세기 초 유럽에서 노동계급에게 투표권이 주어지면서 강화되기도 했다. 그리고 이를 계기로 정부 개입을 얼마나 할 것인가의 문제가 중대한 정치 문제로 떠오르게 되었다. 좌-우 구분은 흡입력과 지구력 모두가 탁월했으며, 연속성의 가장 기본적인 동력을 제공했다. 최근 진행된 모든 변화를 놓고 볼 때, 좌-우 기준은 현대 서유럽 정치에서 가장 중요한 조직 원칙으로 남아 있을 뿐 아니라 현재 정책 경쟁의 패턴을 구성하는 단일한 기준이기도 하다.

III. 좌파, 우파, 그리고 유권자 배열

광범위한 정치적 배열이라는 측면에서 나타나는 연속성의 증거는 보다 확실하게 논할 수 있다. 서유럽 전체의 집합적 선거 패턴에 관련된 자료가 적합한 증거가 될 수 있는데, 한편으로 개별 정당들 사이의 선거 관련 상호작용을 놓고, 다른 한편에 정당 블록이나 집단 사이의 상호작용을 놓은 다음 그 사이에 중요한 차이점이 있는지 살핌으로써 확보된다. 서로 다른 패턴의 상세한 부분까지는 여기 제시할 필요가 없다. 단지 요약만으로 충분한데, 그 요약 대상은 계급균열을 가로지르는 선거 유동성 수준을 보다 큰 범위로, 또 보다 자세하게 조사한 최근의 연구 결과다(Bartolini and Mair, 1990. 또한 뒤의 3장과 4장을 보라).

여기서 강조할 필요가 있는 첫 번째 요점은 이렇다. 현대 대중정치에서 균열이 가져오는 정치 대안들을 논의할 때, 특히 계급균열에서 비롯된 대안들을 논의할 때, 우리는 쉽사리 개별 정당 차원에서 논의를 전개하지 못한다. 그보다는 정당 블록이나 집단들을 논하고, 균열구조를 따라 동지가 되는 정당들과 적이 되는 정당들을 구분하는 개념을 채택해야 한다. 달리 말하면, 개별 정당은 고립되어 존재하는 것이 아니며, 더 넓게 보아 다당제의 정치 배열에서 한 부분으로서 존재한다. 이렇게 볼 때, A당이 표를 잃으면 B당이 표를 얻고, A당과 B당은 전통적인 계급균열구조에서 대립적 위치에 있다고 하면(가령 사회당과 기독교민주당의 경우처럼), 우리는 A당이 표를 잃고 B당은 표를 얻는데 두 당 모두 균열구조상 같은 위치에 있는 경우(가령 사회당과 공산당의 경우)와 매우 다른 상황을 다루고 있는 것이다.

간단히 말해서, 개별 정당지지도의 유동성에서 비롯된 선거 결과의 불안정성은 크게 두 가지의 과정을 반영하며, 이는 정당체계에 갖는 의미가 서로 크게 다르다. 극단적으로, 이 과정들은 다음과 같은 성격을 갖는다고 여길 수 있다. 하나의 경우, 개별 정당의 지지도 유동성이 비슷한 계급정당 블록 안에서의 지지도 증감으로만 나타났을 수 있다. 이때 전체적인 정당 배열은 아무 변동이 없게 된다. 다른 경우, 개별 정당지지도의 유동성이 상대되는 계급정당 블록 사이의 지지도가 증감한 결과이며, 따라서 전체 배열에 큰 변동이 발생한다. 물론 실제로는 선거 관련 변동은 두 과정 모두를 포함한다. 즉 블록 내부와 블록간 변화가 모두 일어난다.

이는 자체적으로 명백해 보인다. 그러나 비교적 알려지지 않은 부분도 있다. 최근 유럽에서 선거 결과의 불안정성이 증대한 점을 보면서 계급균열 관련 지지도의 증감을 살펴볼 때, 우리는 그런 증가가 대부분 계급정당 블록 안에서 이루어졌음을 알 수 있다. 반면 주요 블록 사이의 선거 결과에 따른 유동성은 사실 시간이 지날수록 감소하고 있음을 알 수 있다. 달리 말해서, 지금의 서유럽 민주국가들이 상대적으로 높은 선거 유동성을 나타내고 있기는 해도, 그 유동성은 큰 틀에서는 안정적인 정치 배열의 범위 안에서 통제되고 있는 것이다. 그러므로 실질적으로는, 그리고 계급정당 블록이 관계된 이상은 분명, 정당의 선거 유동성은 보다 일반적인 집합적 선거 결과의 지속성과 공존한다고 할 수 있다. 블록 자체는 견고한 상황에서 그 개별 구성원들만 유동적인 것이다(Bartolini and Mair, 1990: 96-124).

이 대조적인 패턴은 전후에 상당한 유동성을 겪었던 두 개의 정당체계를 비교해 보면 쉽게 알 수 있다. 그 하나는 네덜란드로 1960년대 말부터 정당 배열에서 유동성이 나타나기 시작했다(Andeweg, 1982; van der Eijk and Niemoeller, 1983). 다른 하나는 덴마크의 사례로서 1973년 지진 사태로 시작된 불안정성이 지금까지 일부 지속되고 있다(Pederson, 1987; Bille, 1990). 이런 점에서 두 나라 모두 최근 서유럽에서 전개되는 새로운 유동성의 물결을 설명하기 위한 명확한 사례라고 볼 수 있다. 그러나 두 경우 모두 전통적 좌파와 전통적 우파라는 광범위한 배열에 있어서는 상대적으로 연속성을 나타내고 있다.

이는 1980년대 이후 두 나라의 좌파가 선거 때 보인 성과를 집합적으로 표시한 〈그림 2-1〉(a와 b)에서 한눈에 볼 수 있다. 덴마크의 경우, 전체 좌파 정당(사회민주당, 공산당, 사회인민당, 사회주의 좌파연합)의 득표는 이 기간 동안 대략 45%에서 50% 사이를 유지하고 있으며, 득표율이 크게 차이나는 경우는 1973년과 1975년의 두 차례뿐이다. 네덜란드의 경우에는 덴마크보

〈그림 2-1〉 덴마크와 네덜란드 좌파의 선거 성과

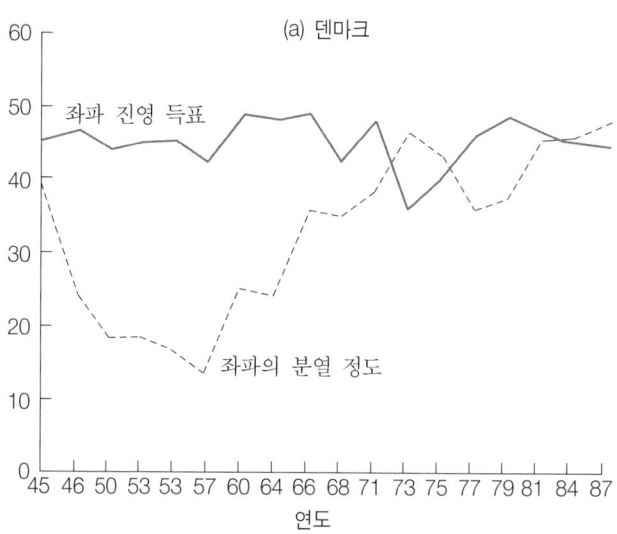

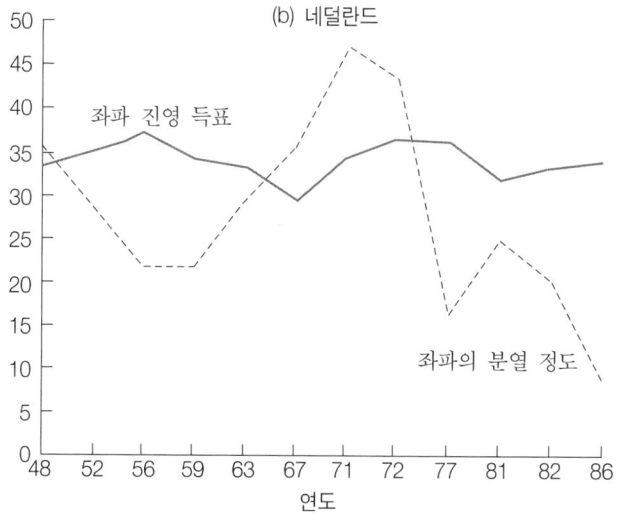

다 안정성이 더 두드러진다. 계급적 좌파 블록(노동당, 평화사회당, 공산당, DS70)은 1967년 단 한 차례만 평균적인 득표율보다 낮은 수준이었으나 그 경우에도 그 차이가 크지 않았다. 따라서 전체적 수준에서 선거 유동성이 두드러진다고 해도, 좌파 블록 전체에 대한 집합적 지지는(그러므로 비좌파 블록에 대한 지지 역시) 오랫동안 놀랄 만한 안정성을 나타내고 있다.

그러나 분명 이것이 전부는 아니다. 이들 나라 모두 좌파 블록 내부에서는 상당한 유동성을 보이고 있기 때문이다. 이 역시 〈그림 2-1〉에서 명확히 나타난다. 전후 선거에서 두 나라의 좌파가 이합집산한 추이를 보면, 좌파에 대한 지지가 하나의 정당에 독점된 경우와 일정한 규모가 되는 다수 정당 사이에 분점된 경우를 일정한 지수로 나타낼 수 있다. 전자의 경우 지수의 수치가 낮고, 후자의 경우 그 수치가 높다.[3] 두 나라 모두 이 지수는 상당히 불안정한 것을 알 수 있다. 덴마크의 경우 분점 지수는 1957년 전후 최저로 떨어졌다가, 1973년까지는 꾸준히 증가하였으며, 1977년과 1979년에는 다시 하락, 그리고 결국 1987년까지 꾸준히 증가하는 모습을 보이고 있다. 네덜란드의 경우에는 격변의 구도가 더 뚜렷하다. 1950년대 말까지 꾸준히 분점 지수가 하락하다가 60년대 이후 지속적으로 상승하여 1970년대 초에는 아주 높은 분점 지수를 기록했다. 그리고 1986년에는 노동당(PvdA)이 안정적인 지지율을 확보하면서 다시 전후 수준까지 분점 지수가 하락하였다.

이 두 나라의 사례는 예외적인 것이 아니다. 오히려 전후 유럽 정치에 만연했던 현상을 단적으로 보여주는 사례이다. 당시 유럽 정치에서는 전반적인 블록 안정성에도 불구하고 블록 내의 이합집산은 매우 활발하게 이루어졌다. 따라서 정당 단위에서의 불안정성과 블록 단위에서의 안정성이 동

---

[3] 이 지표는 라이(Rae, 1971)의 공식에 따라 산출되었다. 차이점은 이것이 오직 좌파 블록에만 적용되었다는 것이다. 즉 블록 내 모든 법정 정당들의 득표를 종합하여 그것을 100퍼센트로 치고, 각 정당의 득표가 차지하는 비중을 라이 지표에 따라 수치화한 것이다. 좌파의 전반적 득표를 비교하려는 목적에서, 〈그림 2-1〉에 제시한 지표는 100에 맞추어 증가되었다.

시에 나타났다.

IV. 정당의 위기?

문제의 핵심은 바로 이것이다. 유권자의 이념 성향이 여전하고 오히려 동일성이 높아지고 있으며(적어도 좌-우 기준에서 볼 때), 넓게 본 정치 배열 수준에서도 일반적 안정성이 보임에도(적어도 넓게 본 계급균열 구조상) 불구하고, 선거 결과에서는 점차 유동성이 증가하는 상황, 즉 불안정성이 안정성과 동시에 나타나는 상황이 된 것이다.

이와 같은 불안정성의 본질은 무엇이며, 어떻게 설명할 수 있는가? 첫 번째로 강조할 점은 이 불안정성이 '이데올로기의 위기'와는 무관하다는 것이다. 가치관은 변할 수 있다. 하지만 새로 등장한 쟁점들은 좌-우라는 더 전통적인 조직 원칙으로 흡수될 가능성이 있다. 그리고 그런 원칙은 아직도 대중에게 미치는 영향력이 지대하다. 둘째, 그것은 '계급의 위기'도 반영하지 않는다. 적어도 선거라는 차원에서는 말이다. 계급적 좌파 블록은 오랜 시간 동안 놀랄 만한 안정성을 보여주고 있기 때문이다. 따라서 우리가 직면하고 있는 것은 '정당의 위기'라고 보아야 할 것 같다. 즉 정당에 국한된 변화의 패턴이 보인다는 것이다. 따라서 이 변화의 이유를 이해하려면, 무엇보다도 설명 변수가 정당에 국한된 것인지부터 따져야 하며, 동시에 보다 일반화된 이념적 경향이나 더 넓은 범위의 선거 배열에 중심을 둔 설명을 기대하지 말아야 한다.

구체적으로 이런 요인들은 일반적인 이념적 경향이나 넓은 범위의 선거 배열보다는 개별적인 정당조직에 특별한 영향을 미치는 것으로 구별될 수 있다. 그런 요인이란 첫째, 특정 정당의 리더십. 둘째, 해당 정당이 동원하려는 대상에 구체적인 정책이 미치는 호소력(이는 일반적인 지향성과는 다르다). 그리고 셋째, 정당의 조직 전략과 스타일 등이다. 적어도 원칙적으로는 이 세 가지 요인 모두가 개별 정당의 운명에 영향을 미칠 수 있는 한편 정당체계의 전반적 지표는 변하지 않게 할 수 있다. 달리 말해서, 세 가지 요인 모두 투표자들이 그 일반적 경향은 바꾸지 않은 상태에서 하나의 정당에서 다른 정당으로 지지를 옮기도록 부추길 수 있다.

이 세 가지 요인을 상세히 분석할 의도는 없다. 적어도 이 장에서는 그렇게 하지 않을 것이다. 예를 들어, 리더십 요인은 정당이 정권을 잡거나 야당일 경우 그 정당의 구체적인 활동에 영향을 미치는 요인이지만 다국적 수준에서 평가하기가 몹시 어렵다고 정평이 나 있다. 그런 요인을 심층 분석하는 것은 이 연구의 범위를 크게 뛰어넘는 것이다. 또한 구체적 정책과 프로그램이 미치는 영향에 대해서도 논의를 피하려 하는데, 앞서 본 잉글하트의 연구에서 좌파 내에서도 탈물질주의적인 선호가 서로 다름을 밝혀내는 등의 성과가 있음에도 그렇다. 적어도 지금 나는 정당 안정성의 원인으로 조직 요인에만 집중하고자 하며, 이것이 이 장의 나머지에서 다룰 내용이다.

내가 여기서 기본적으로 제시하려는 것, 그것은 이 책 전체의 핵심 논증이기도 한데, 투표자들은 더 넓은 수준에서는 이념군(群), 블록, 경향에 묶인 채로 있음에도 블록 내의 특정 정당과는 더 이상 특별한 연계를 맺지 않고 있다는 것이다. 더 넓은 범위에서, 더 추상적이거나 옅은 차원의 충성은 지속되고 있을지 모른다. 이념적 경향과 넓은 범위의 배열이 그대로이기 때문이다. 하지만 특정 정당에의 소속이라는 차원의 충성은 감소한다고 볼 수 있다.

왜 그렇게 되었는가? 정당과 유권자 사이의 조직적 연결 고리가 약화된 것이 하나의 원인이다. 조직으로서의 정당은 유권자와 동떨어진, 머나먼 존재가 되었으며 선거 시장이 생기면서 조직적 결속력은 약해졌다. 그러나 이 추정상의 선거 시장이 완전히 열린 시장은 아님을 유념해야 한다. 스스로 좌편향이라고 생각하는 유권자가 이념 스펙트럼에서 우측에 있는 정당에 투표할 가능성은 적으며, 그 반대도 마찬가지다. 전통적으로 좌파 계급 정당을 지지해 온 노동조직이 보다 부르주아적인 정당을 지지하는 일은 쉽사리 일어나지 않는다. 선거 시장에는 제한이 있으며, 그 공간은 연속적이지 않다.4) 선택은 큰 틀에서 제한된다. 공산당에 투표하던 사람이 이제는 사회당에 투표할 수 있고, 그 반대일 수도 있다. 그리고 사회당에 투표하던 사람이 이제는 좌파 사회당에 투표할 수도 있다. 우파의 경우, 과거의 자유당 지지자가 지금은 기독교민주당을 지지할 수 있고, 그 반대의 경우도 가능하며, 과거의 보수당 지지자가 이제는 자유당을 지지할 수도 있다. 다수의 정당이 존재하기 때문에, 제약받는 선택이라 해도 운신의 폭이 넓을 수 있다. 그리고 나는 그런 운신의 폭이 적어도 부분적으로는 정당조직 수준의 변화에서, 그리고 정당과 유권자 사이의 연계성 약화에서 비롯된다고 여긴다.

이러한 견해가 정확하다고 가정하면, 세 가지 탐구 과제를 제시할 수 있다. 첫째, 그리고 아마도 셋 중 가장 중요한 과제로서 개별 정당조직의 취약성이 명백함에도 불구하고 더 넓은 범주에서의 이념 혹은 블록에 대한 충성이 어떻게 유지되는지 설명할 필요가 있다. 그러나 이는 장기적이고 이론적으로 범위가 넓은 탐구 과제가 될 수밖에 없다. 그래서 여기서는 다루기가 적절치 않다. 둘째, 정당조직에 대한 체계적이고, 다국가적이며, 시계열적인 자료가 필요하다. 그리하여 조직적 연계성이 순수하게 얼마나 약화되었는지, 그리고 그런 약화가 정당별, 국가별로 어떻게 달리 나타나는가를 살핀다(뒤의 내용도 참조). 셋째, 그리고 가장 빨리 연구해야 할 과제로는, 정당의 조직적 연계가 약화되는 과정과 이유를 보여줄 일련의 가설을 만드는 것이다. 이하에서는 이 과제를 다루고 있다.

---

4) 매우 다른 맥락에서 비슷한 지적을 한 예로는 레이버(Laver, 1976)를 참조하라.

V. 포괄 정치와 정당 취약성

1918년, 뮌헨 대학교에서의 강의에서, 베버(Max Weber)는 "직업으로서의 정치"에 대해 자문하였다. 그의 주제는 새로이 직업화되고 있는 정치에 대한 것이었고, 그 주제 내에서 그는 근대 대중정당의 등장을 특히 강조하였다. 베버(1946: 102)에게 근대 대중정당과 과거의 정치조직과의 차이는 심대했다.

> 가장 근대적인 유형의 정당조직은 명사들의 클럽과 같은 태만한 모습, 특히 의원들이 주도하는 유형과는 판이하게 다르다. 근대적 정당조직은 민주주의와 보통선거의 부산물로서 대중의 지지를 호소하고 조직화할 필요성으로부터 출현하였으며 최상의 일사불란함과 엄격한 규율을 발전시킨다.

이후 학자들은 이러한 변모가 보편화되는 것을 확인하고 그것이 민주적 권리 신장과 불가분의 관계에 있음을 확인하였다. 대중의 참여는 대중정당을 의미했다. 그리고 샤츠슈나이더(1942: 1)를 포함한 많은 관찰자들에게 그런 경향은 근대 민주주의 자체가 "정당을 빼놓고는 생각할 수도 없다"고 여기도록 했다. 정당이 일상적으로 수행하는 기능에 대한 간단한 목록(가령 King, 1969)은 그 핵심 역할들을 이렇게 강조하였다. 정당은 대중의 투표를 구조화하며, 시민 대중을 통합하고 동원하며, 다양한 이해관계를 총합하고, 공직 후보자로서 지도자들을 선발하며, 공공정책을 입안한다. 무엇보다 중요한 것으로, 자유민주주의 체제에서 정부를 조직하는 주체는 기본적으로 정당이다. 월든먼(1986: 6)이 말한 것처럼, "정당 정부는 제도적 정당성 확보를 위해 중요한 기관이다."

그러나 한편으로 정당 역할의 문제는 그 정당성의 문제와 분리시킬 수 없다. 정당이 선발하는 지도자들, 정당이 입안하는 정책들, 정당이 통제하려고 하는 정부는 정당 자체가 정당화되는 한에서 정당화된다. 이것이 대중정당의 특성이다. 대중민주주의의 도래 이후 정치의 전문화에 대해 말하려면, 정당의 대중적 기반만이 결국 그 정당성을 보장한다는 이야기가 반드시 들어가야 한다. 정당은 국민의 의지를 반영하고, 국민과 국가 사이에 필수적인 연결고리가 된다. 정당은 대중조직으로서 활동하는데, 대중조직처럼 사회에 뿌리박고 있기 때문이다. 사실상, 그리고 무엇보다도, 20세기는 대중정당의 시대였다고 할 수 있다.

이런 변화에는 두 가지 중요한 측면이 존재한다. 첫째, 근대 민주정치에서 광범위하게 나타나는 대중 정당조직과 둘째, 대중정당의 조직 능력에서 기인하는 안정화 과정이 그것이다.

베버가 지적했던 대중 정당조직의 일반화는 뒤베르제(Duverger)의 선구적인 정당 및 정당체계 비교 연구(1954)에서 다시금 강조되었다(Neumann, 1956도 보라). 베버처럼, 뒤베르제도 대중정당의 발전과 민주적 시민권의 발전을 연계시켰고, 보통선거 실시가 코커스 중심의 조직을 지구당 중심의 조직으로, 그리고 간부정당을 대중정당으로 이행시켰다고 보았다. 뒤베르제는 이 이행을 기본적으로 좌파 정당들과 연결짓는데, 재정적 안정성을 확보할 필요성 때문에 특히 사회주의 정당들이 대중조직을 추진하게 되었다는 것이다. 반면 부유한 후원자와 고객들을 갖춘 우파 정당들은 여전히 간부정당을 유지할 수 있었다. 그렇지만 그것이 결정적인 차이를 제공하지는 않았다. 뒤베르제는 '전염'이라는 개념을 내세워 좌파에서부터 우파로 대중정당 체제가 번져 나갔다고 주장한다.

그러나 보다 중요한 점은 이것이 유권자 대중을 안정화시키는 데 미친 영향이다. 사르토리(1968: 292)의 말처럼, "정당체계 성격의 변화와 그 구조적 공고화에서 결정적 요인은 대중정당의 출현이다." 유권자 대중을 구별지움으로써, 그리고 확고하고 지속성 있다고 판명된 정치적 정체성의 훈육을 통해, 대중정당은 정치행태를 구조화하고 정당 안정성을 확보할 수 있는 기제가 된다. 정치적 선택은 정치조직의 작용 결과로 정치적 정체성으로 발전된다. 이런 방식으로 정당체계는 스스로 공고화된다.

따라서 결정적인 진전은 간부정당에서 대중정당으로, 즉 비슷한 성향을 지닌 명사들의 네트워크에서 잘 짜여진, 대중에 기반한 대중조직으로의 이행에 있다. 이 가운데 대중조직은 대중 추종자들을 통솔하면서 선거 시장의 문을 닫고 안정적인 근대정당체계를 마련한다. 립셋과 로칸(1967: 51)이 주장한 것처럼,

'지지 시장'의 협소화는 대중정당의 성장과 궤를 같이한다… 이는 새로운 움직임의 여지를 거의 남겨놓지 않는다. 새로 등장한 노동계급 정당의 위협은 전국적인 대중조직을 통해 역동원을 하려는 자유당과 보수당들의 노력을 불러일으켰다. 이는 새로운 정당의 창출 여지를 크게 줄였다. 스칸디나비아처럼 정당 대표성의 기준이 매우 낮은 곳이든, 영국처럼 매우 높은 곳이든 상관없이 그렇다.

이 과정의 진행 궤도는 분명하며, 논리 또한 확실하다. 투표권의 확대는 시민 대중을 정치체계에 진입시켰다. 대중정당은 새로 진입한 시민들을 동원하고, 통합하며, 일련의 지속적인 정치적 정체성을 각인시켰다. 이는 정당 배열의 안정화를 가져오는 힘이 되었고, 립셋과 로칸의 보다 친숙한 용어로는, 정당체계의 동결을 가져왔다. 이 과정에서 조직은 결정적인 역할을 했다. 오직 대중정당의 독립적인 조직 차원의 개입을 통해서만, 대중정당은 많은 경우에 '다른 정치 엘리트들에 침투하고 포섭(Daalder 1966: 58, 또한 Rokkan, 1977)'할 수 있었으며, 그 정체성이 수립되고 유권자들을 통합할 수 있었기 때문이다. 이는 사르토리(1969: 90)가 강조하듯, "동결된 정당체계는 다만 정치과정에 독립적인 연결체계(system of channelment)로서 개입하는 체계로, 그 자체의 법과 관성으로 추진되고 유지되는 것이다." 요컨대, 대중민주주의의 창조물인 대중정당은 동시에 대중민주주의의 안정을 보장하는 작용을 했다.

이 논리는 분명하지만, 동시에 우연적인 측면도 있다. 유권자들을 자기 조직 네트워크로 끌어들이는 정당의 역량에서 비롯된 안정성은 대체로 그 정당이 사회 전반에 걸쳐 즉각적인 연계를 맺고 있느냐에 달려 있다. 이 연계가 느슨해지는 만큼, 그리고 정당이 시민의 일상생활에서 동떨어지는 만큼, 조직 차원에서 안정성의 조건은 약화될 것이다. 물론 정책의 호소력,

정부의 국정 능력, 특정 지도자들이 갖는 매력 등이 유권자의 정당에 대한 충성도를 유지하도록 보장할 수도 있다. 그러나 조직의 연계성이 약화된다면 일정 정도 정당이 취약해질 것임은 거의 확실하다.

키르크하이머(Kirchheimer, 1966)가 "포괄정당(catch-all party)"이라는 정의를 내놓으면서 그러한 취약성이 주목받기 시작했다. 이로써 키르크하이머는 오늘날 정당과 정당체계에 관한 문헌에서 가장 많이 거론되는 용어 중 하나를 만들어냈지만, 동시에 그의 논문을 부분적으로 읽은 사람들에게 의문도 불러일으켰다. 즉 포괄정당의 등장에 대한 키르크하이머의 예언을 놓고 대부분의 학자들은 그의 주장이 갖는 엄격히 이데올로기적인 함의에 주목하는 경향이 있었고, 그에 따라 그의 원 논문에서 가장 중대한 부분이라고 할 수 있는 조직 발전에 대해 무시해 버렸다(가령 Wolinetz, 1979; Dittrich, 1983).

뒤베르제처럼, 키르크하이머도 두 가지 유형의 정당을 비교하는 데 관심이 있었다. 그는 자신이 "대중통합정당(mass integration party)"이라고 이름붙인 정당유형과 포괄정당을 양쪽에 놓고 비교했다. 또한, 역시 뒤베르제처럼, 순환적 패턴의 존재를 주장하면서 이전 시기는 지나갔고 이제 서유럽 정당체계는 일반적으로 포괄정당의 시대를 맞이하고 있으며, 이는 불가피한 현상이라고 하였다(Kirchheimer, 1966: 184).

> 계급대립이 더 분명하고 분파 간 입장 차이도 현저했던 시대의 산물인 대중통합정당은 이제 포괄적인 "국민" 정당으로 탈바꿈하고 있다. 대중을 지적·도덕적으로 간부화하려는 시도를 포기하고, 선거에 보다 전념하는 체제로 바뀐 정당은 더 많은 유권자들에게 더 효과적으로 호소하고, 보다 더 즉각적으로 선거에서의 성공을 도모한다.

키르크하이머는 계속해서 태동 중인 포괄정당의 다섯 가지 성격을 열거한다. '정당의 이념성 급감', '최고위 지도부의 강화', '개별 평당원의 역할 감소', '특정 사회계급 또는 이념적 지원군에 대한 평가절하와 전체 국민들로부터 지지를 얻으려는 경향', '다양한 이익집단에 대한 접촉 중시 (1966: 190).' 이 다섯 가지 중에서 첫 번째 특성만이 이념적 변화와 직결된 다고 할 수 있다. 요컨대, 포괄정당은 조직 차원의 현상인 것이다.

더욱이, 포괄정당의 출현과 관련된 조직 변형의 성격 역시 명확히 규명되어 있다. 키르크하이머는 유권자 대중과의 연계성을 끊고 기본적으로 국민의 일상생활과 동떨어져 있는 정당을 그린다. 이 동떨어짐은 정당 기층에서 지도부로의 권력 이동을 반영한다. 유권자 분파와의 사회적 연계성이 약해지고, 계급적으로나 이념적으로나 정당의 색깔이 옅어진다. 그리고 평당원들의 역할 또한 줄어든다.

따라서 포괄정당은 정당이 속해 있는 사회와의 조직적 연계를 끊고 핵심 지지층에 등을 돌린다. 또한 "상향식" 정당에서 "하향식" 정당으로 바뀌고, 시장을 좁히는 대신 시장에 뛰어들어 활동하기를 택한다. 포괄정당은 정체성 차원에서의 지지보다 조건부 지지에 기반을 두고 있으며, 특정 유권자들을 조직화하기보다는 다양한 유권자들로부터 일시적으로 인정받기를 바란다.

그 결과 우연에 좌우되는, 또는 심지어 무작위적인 투표가 이루어질 가능성이 크게 늘어난다. 따라서 키르크하이머가 1960년대 초에 지적한 정당 조직과 스타일의 변화가 1960년대 말과 1970년대의 개별 정당들의 불안정으로 이어진 일은 우연이 아니다. 정당들이 한때 소속되어 있었던 사회에서 점차 거리를 두게 됨에 따라, 유권자들은 특정 정당에의 충성을 버리고, 로즈와 매칼리스터(Rose and McAllister, 1986)가 다른 맥락에서 지적했듯이, 점차 대안을 찾기 시작한다. 이 정처 없는 유권자들은 더 이상 특정 정당에 의해 동원되지 않으며, 정당에 통합되지도 않는다. 그들의 지평은 넓어졌고, 대안은 많아졌으며, 일반적으로 볼 때 더 변덕스러운 선택을 하게 되었다. 정당이 사회에서 멀어져갈수록, 유권자들은 선택의 여지가 넓어진다. 따라서 조직적 개입과 통제를 기반으로 하면서 대중을 그룹화시켰던 안정적인 기반은 뿌리부터 붕괴되었다.

VI. 정당조직과 선거 결과의 변화

물론 1960년대 후반부터 서유럽 정치의 특징이 되어온 선거 결과 배열의 변동을 단순히 전통적인 정당들의 조직 스타일 변화로만 설명할 수는 없다. 분명 그 이상의 것이 있다. 지난 몇 년 동안, 다수의 중요한 요인들이 선거 결과의 불안정성을 초래하는 것으로 포착되었고, 특히 사회구조의 변화와 전통적인 계급 경계의 완화가 그 원인으로 강조되었다(Dalton et al., 1984b; Flanagan and Dalton, 1984). 새로운 가치체계와 탈물질주의라는 새로운 균열의 동원 또한 주목을 받았다(Inglehart 1977; 1984; 1987). 1960년대 말 정치적 태도와 관련된 논문들을 풍미했던 '이데올로기의 종말'이라는 주장(Waxman, 1968의 조사 결과를 보라)을 받아들이기는 다소 부담스럽더라도, 한때 전통적인 충성도를 유지토록 했던 큰 쟁점들 가운데 다수가 이제는 해소되었음은 부정하지 못할 것이다. 노동계급의 투표권 획득 투쟁은 승리로 끝났다. 종교의 자율권에 관한 갈등도 정리되었다. 포괄적 복지국가는 지금 대부분의 서유럽 민주국가에서 당연한 것으로 받아들여지고 있다. 복지권과 관련된 갈등이 계속되고는 있어도 체계의 말단부에서 이루어지는 정도다. 대규모 갈등은 끝났으며, 피조르노(Pizzorno, 1981: 272)가 키르크하이머와 유사하게 지적했던 것처럼, 서구 민주주의 국가에서 대부분의 상황은 이제 "포기할 수 없는 정치적 정체성이 위기에 처한 것이 아니고, 모든 정치적 요구는 협상 가능한 상태다. 구체적인 정책을 요구하는 이익집단들이 정치과정의 주역인 반면 정당들은 … 그 실용적, 조직적인 정체성을 상실했다." 이런 상황에서 선거 결과의 불안정성이 뒤따르는 것을 놀라워할 이유는 없다.

물론 앞 단락에서 정립된 변화는 대체로 정당 스스로가 통제할 수 있는 범위 밖에 있다. 따라서 그런 변화가 정당의 취약성을 더 높이는 결과를 가져왔다는 점은 정당이 어떻게 해볼 수 있는 문제가 아니고, 단지 받아들일 수밖에 없는 문제라고 할 수 있다. 그러나 앞서 지적한 조직 변화의 유형은 전혀 다르다. 그것은 정당의 통제 범위 안의 문제로 보이기 때문이다.

여기서 다음과 같은 질문이 가능하다. 그와 같은 조직 변화가 선거의 불안정성을 부추긴다고 할 때, 왜 정당들이 사회적 연계를 스스로 풀어버리는가? 선거의 취약성이 적어도 부분적으로는 포괄적 조직 스타일을 선택했기 때문이라면, 어째서 정당들은 그런 길을 따라가기 시작했는가?

여기서 중요한 요인이 세 가지 있다. 첫째, 보다 포괄적으로, 또는 '하향 지향적'으로 진행된 조직 및 제도의 발전이 있었다. 그 중에는 정당 재정조달 방식의 변화도 포함되는데, 정당은 당비나 그 밖의 대중적 재정조달 방법보다 국가의 보조금에 더 의존하게 되었다. 신기술과 매스미디어의 변화가 가져온 충격은 정당 지도자들이 투표자들에게 직접 호소할 수 있게 했고, 따라서 조직 네트워크의 필요성을 감소시켰다. 또 갈수록 새로운 마케팅 기법을 많이 사용할 수 있게 되면서, 피드백을 얻기 위해 풀뿌리와의 연계가 불필요해졌다…. 그 밖에도 여러 가지가 있다.

둘째, 사회 변화가 조직 자체에 미친 영향(쟁점이나 가치 등에 미친 영향과는 다른)이 있다. 보다 지식이 풍부하고 정보력이 좋으며, 능력도 뛰어난 유권자들은 더 이상 근대 초기의 원자화된 개인이 아니다. 이는 한때 전통적 대중정당의 필수조건이었던 집단적 연대성의 의미를 약화시켰다. 아이러니하게도 정당의 성공 자체가 이런 집단적 연대성을 퇴색시키는 데 기여한 것으로 보인다. 예를 들면, 에인혼과 로그(Einhorn and Logue, 1988: 180)는 스칸디나비아의 사회민주당에 대해 다음과 같이 말했다.

> 유권자 동원이 부진하게 된 주된 원인은 성공이었다… 사회민주당의 주택 정책은 상당수의 블루칼라 노동계급이 인구가 조밀한 도시 주거지에서 벗어날 수 있게 해주었는데, 그 주거지야말로 당과 그 조직의 근거지였다. 그것이 교외지로 이동하기는 쉽지 않았다. 더욱이, 복지국가의 중앙집중적 메커니즘은 노동운동의 핵심 성향이던 연대성의 필요를 없애버렸다. 이전에는 연대성이 노동계급의 복지 인프라를 마련하는 길이었다. 노동조합이 노동자의 재해, 실직, 노령, 사망 등의 문제를 모두 돌봐주었다. 그리고 주택조합 등도 있었다. 그러나 이제는 연대성의 필요와 그에 대한 열의가 모두 희석되었다.

셋째, 우리가 조직 연계의 약화를 보면서 당황하고 이유를 찾기 어려워 하고 있지만, 실제로 그것은 어렵지 않을지도 모른다. 단지 이 문제를 잘못 된 시각에서 접근했을 뿐일 수도 있다. 포괄정당 또는 하향식 정당이야말 로 일반적인 정당 유형이며, 유권자를 그룹화하고 연대성에 의존하는 정당 이 일시적인 예외일 수 있다. 가령 피조르노(1981: 272)는 이런 가설을 제시 했다.

'통합' 정당, 안정적인 선거 균열, 정당 프로그램의 명확한 대안 등은 강도 높은 사회 변화(주로 직업 구성과 지리적 변화)가 일어날 때, 새로운 범주의 이해 관계가 정치체제로 진입하려는 압력을 행사할 때 나타날 가능성이 높다. 이 가설이 옳다면, 명확히 설정된 프로그램과 통합된 당원 체제를 갖춘 강력한 정당이란 일시적 현상일 것이다. 이런 스타일의 정당은 새롭게 정치체계에 진 입하는 대중과의 접촉을 강화하고 통제하며, 체계에 대한 진입과 통제 능력이 과잉 상태에까지 이른다. 이런 정당이 대중정치의 전형이라면, 대중통합정당은 오히려 "생성기"의 전형일 뿐이고, 대규모의 집단적 행위자들이 대의제 체계 에서 힘을 분점할 수 있게 되었을 때의 특별한 상황에 지나지 않는다.

이 주장은 피조르노의 두 번째 논증(1981: 253)에서 더욱 강화되었다. "원 칙적으로, … 정부 여당의 추종자들을 규합할 경우 조직은 필요하지 않 다." 이런 관점에 따르면, 정부의 자원 또는 그런 자원과 관련된 공약은 정당들이 종종 마지못해 정책을 내놓거나 이념적 제약을 감수하지 않아도 좋게끔(그것은 조직 네트워크를 활동적으로 유지하는 데 필수적인 역효과이다) 인 센티브를 준다. 정당이 정부에 접근할 수 있는 여지가 늘어남에 따라, 조직 에 대한 중요성은 떨어지리라는 예측이 가능하다. 이 가설의 중요성은 최근 서유럽 정당정치에 대한 간단한 조사에서조차 쉽게 파악된다. 현존하는 기 성 정당들은 거의 대부분 여당이거나 한때 여당이었던 정당임을 보여주기 때문이다. 가령 1970년에서 1985년까지의 15년 동안, 일정 규모 이상의 서 유럽 정당들 중 단 두 곳(영국 자유당과 이탈리아 공산당)만이 계속해서 야당으 로 남아 있었다. 영국 자유당은 지지하는 유권자층이 계속 늘었음에도 의회에서는 소수파를 면치 못했고, 이탈리아 공산당은 비록 집권은 못했지만 일부 지방정부는 계속 장악했으며 1970년대의 "역사적 타협(Compromesso storico)" 기간에는 전국적 수준에서 준 정부 역할(semi-governmental role)을 하기까지 했다. 이런 예외(그나마 완전하지 않은)를 제외한 다른 정당들은 이 기간 동안 적어도 한때는 여당의 지위를 누렸다.

VII. 조직의 변화 — 연구 과제

이 장에서는 정당조직이나 조직적 개입의 유형이 선거 결과의 안정성(혹은 불안정성)과 맺는 연계성에 대해 강조해왔다. 그런 연계성의 존재 자체는 거의 이론의 여지가 없지만, 배후에 존재하는 암묵적인 논리는 1960년대 말 이후 두드러지기 시작한 선거 유동성 덕분에 중대한 의미를 갖기 시작했다고 할 수 있다.

위에서 지적했듯이, 최근의 선거 유동성에 대해서는 여러 가지 설명이 가능하다. 경향성 변화는 새로운 세대의 이해관계를 반영하는 것일 수 있고, 따라서 이데올로기의 위기를 의미할 수 있다. 아니면 사회구조의 변화가 반영되었으며, 전통적인 사회계급의 경계가 희미해지는 상황이 원인이 될 수 있다. 따라서 계급의 위기를 의미할 수 있다. 또는 이 장에서 보여주려 한 것처럼, 민의의 대표 방식의 변화를 반영한 것일 수도 있는데, 그렇다면 그것은 정당의 위기라는 의미다. 사실 이 세 가지 요소가 모두 포함되어 있으며, 아니 그 이상의 요소가 병존하는 것이 현실이리라.

그러나 구체적으로 정당이 위기에 처해 있다면 그것은 정당조직의 변화 및 정당과 유권자집단 간 연계성의 변화로 이어지며, 또한 그 변화에서 비롯된 것이다. 따라서 이런 변화에 대한 이해가 연구의 주된 과제가 되어야 한다.

이는 네 가지 서로 구별되는 연구 과제를 던진다. 첫째, 우리는 본래 단순할 수밖에 없지만 이제는 거칠다고까지 볼 수 있는 종래 연구에서의 정당 조직의 분류를 개선해야 한다. 특히 뒤베르제의 간부정당-대중정당의 분류는 오늘날의 다양성을 이해하기에는 별 도움이 안 되며, 지금 일어나고 있는 변화에 대한 설명으로도 부족하다. 키르크하이머의 접근법에 대해서도 마찬가지 지적을 할 수 있을 것이다. 키르크하이머는 정당과 사회의 간격이 점점 벌어지는 현상에 주목했고, 그에 따른 불안정성의 경향을 설명하려 했다. 하지만 포괄정당 식으로 발전하지 않은 정당의 사례는 고려하지 않았으며, 어째서 일부 정당은 포괄정당화 되고 또 다른 정당은 그렇지 않은지 설명하지 못한다. 연대 지향적이며 뚜렷한 목표를 지향하는 듯한 '신정치' 정당들의 부상을 염두에 둘 때, 그리고 새로운 이해관계들을 반영하는 정당의 태동 움직임과 아직은 미미하지만 가령 신여성정당, 연금생활자정당 등의 태동 가능성을 염두에 둘 때 비포괄정당들의 중요성은 결코 무시할 수 없는 것이다. 따라서 오늘날의 정당조직에 대해 보다 완전한 유형학을 개발할 필요가 있으며, 그것이 바로 이 책의 첫 번째 과제이자 준비 단계에서부터 고려의 대상이었다.

둘째, 현대 정당의 내부적 동태에 대해 일련의 확고하고, 지속성이 있으며, 경험적으로 올바른 지표를 마련할 필요가 있다. 평당원들이 맡은 역할의 변화가 어느 정도인지 계측해야 한다. 정당조직이 보다 중앙집중화되는 정도도 살펴야 한다. 정당 내부의 권력 이동 정도도 파악해야 한다. 또한 정당 지도부와 다른 조직들 사이의 관계에서 나타난 변화(그것이 보조적 기관이든, 산하 조직이든, 아니면 단지 연관성이 있는 이익집단이든)를 계측하고, 정당 사무원들과 지도부가 전문가화되는 경향과 지역과 정당의 통합성 정도 등도 분명히 파악할 수 있어야 한다. 간단히 말해서, 조직이 사회와 소원해지는 현상을 실질적으로 계측하고 표시할 지표가 필요하다. 또한 그런 지표를 다양한 유형의 정당들 및 서로 다른 정당체계에 적용하고, 시계열 비교분석까지 해야 한다.

셋째, 그런 근거를 토대로, 그리고 시간과 공간을 가로지르는 비교를 통하여, 조직 변화 내지 적응과 선거 유동성 사이의 관계를 구체적으로, 정확히 규명할 필요가 있다. 정당과 사회의 거리가 멀어질수록 불안정성이 커지는가? 그렇다면 정당의 적응 과정이란 실제로 정당의 위기를 초래하는가? 기존의 정치에 대한 도전은 새로운 유형의 정당조직을 요청하고, 이는 다시 선거 결과가 안정화되는 새로운 과정의 실마리가 되는가? 그렇다고 하면, 키르크하이머가 강조한 대로, 현대 정치의 경향은 연대성에서 우발적 연결로 이행하고 있는 것으로 보인다. 그리고 그것은 자체적으로 유동성의 가능성을 크게 높인다고 할 수 있다. 하지만 그와 동시에, 새로운 정치적 이해관계를 동원하는 것과 더불어 새로운 연대지향적 조직 방식이 나타난다는 점은 그러한 과정에 제동이 걸릴 수 있음을 시사한다.

마지막으로, 가장 중요한 부분인데, 정당조직의 다양성과 정당조직 내부의 변화를 모두 설명할 수 있는 일련의 가설을 개발하고 검증할 필요가 있다. 여기서 적어도 두 가지를 들 수 있다. 첫째, 다양성과 변화를 강화(facilitate)할 수 있는 조직적-제도적 조건을 분석할 필요가 있다. 여기에는 정당 재정충당 방식의 변화, 신기술과 매스미디어의 변화가 가져온 충격으로 인해 정당 지도자들이 유권자들에게 직접 호소할 수 있게 되었고, 그 결과 조직 네트워크의 필요성이 감소되었다는 점, 그리고 갈수록 새로운 마케팅 기법을 많이 사용할 수 있게 되면서 달라진 점 등이 포함된다. 둘째, 조직 변화를 촉진(encourage)할 수 있는 사회-정치적 조건을 살필 필요가 있다. 여기에는 새로운 쟁점과 관심사들이 포함되는데, 이것들이 지식과 비판능력이 갖춰진 유권자층의 등장과 더불어 정당이 보다 적응력과 대응력을 갖게끔 몰아가는 점, 조직 연대성 기반을 감소시키는 사회의 개인화와 원자화 증가, 정당들이 갈수록 정부에 밀착하려는 경향(특정 경우에는 단기간이라도)과 그에 따른 사회와의 소원화, 새로운 민의 대변 방식과 통상적이지 않은 정치 행태의 매력 증대 등이 포함된다.

간단히 말해서, 오늘날 서유럽의 정당조직이 다양해지고 변화하는 현상에 임하여, 그 성격과 기반을 이해할 필요가 있다. 대중정당이나 포괄정당처럼 단순하고 모든 것을 한꺼번에 설명하는 범주를 넘어설 필요가 있다. 또한 국내 그리고 국가 간 모두에 존재하는 현실적인 차이점들을 보다 세련

되게 이해할 수 있는 범주를 찾아야 한다. 정당들이 조직 적응 과정에서 어떻게 행동하는지를 계측할 지표가 필요하며, 그 지표는 그런 적응이 한편으로 퇴보를 뜻한다는 점도 분명히 밝혀야 한다. 그리고 나서야, 우리는 비로소 현대 서구 민주주의에서 '정당의 위기'로 명명된 상황을 제대로 정의할 수 있을 것이며, 이 위기 상황과 유권자들의 불안정화 가능성 사이의 관계를 이해할 수 있을 것이다.

제3장

정당체계 변화의 문제

이미 1980년대 말부터 뚜렷하게 변화의 조짐이 나타났다. 그 증거는 유럽의 주변국인 아일랜드에서 다수당이던 공화당의 지배력이 점차 약화되고 1987년 선거에 처음 참여한 신당인 진보민주당(Progressive Democrats)이 급성장하여 3번째로 큰 정당이 되면서 시작되었다. 영국에서도 변화의 조짐이 나타났다. 노동당의 당세가 장기간에 걸쳐 약화되고 동시에 일시적이지만 자유당-사회민주당 연합이라는 형태를 한 제3당의 지지도가 올라갔다. 프랑스에서는 1981년에 이르러 제5공화국 사상 최초의 좌파정권이 수립되었고 1988년 선거에서도 또다시 좌파가 집권하였다. 1980년대 프랑스의 특징은 극우정당의 재등장으로 인해 공산당이 계속 변방으로 밀려났다는 것이다. 이탈리아에서는 제2차 세계대전 이후 처음으로 기독교민주당 출신이 아닌 정치인이 총리가 되었다. 그리고 좀 더 최근에는 공산당의 지지도가 크게 하락하고 대신 사회당과 녹색당의 지지도가 높아지고 있다. 오스트리아에서도 녹색당이 의회에 진출하였을 뿐 아니라 1986년에 실시된 중요한 선거에서 우파 자유당이 이전 선거에 비해 두 배를 득표하였다는 점은 더욱 큰 변화의 증거이다. 서독의 경우 사회민주당의 득표율이 40% 이하에 불과하며, 연방의회 의석 수의 약 10%를 점유한 녹색당의 거센 도전에 직면하고 있다. 벨기에에서는 언어적 분할에 따라 성립된 3개 주요 정당의 병립 체제가 순식간에 견고해졌다. 기독사회당과 자유당 간의 불화는 1978년 사회당의 분당과 비교할 만하다. 1970년대 후반 네덜란드에서도 큰 변화가 있었다. 3개의 주요 정당이 합병되어 광범위한 기반을 보유한 기독교민주당으로 통합되었다. 덴마크에서는 정치 지형에 큰 변화를 가져온 1973년 선거 이후 비교적 평화로운 시기가 이어졌으나 1980년대에 들어오면서 보수당과 사회인민당의 지지율이 눈에 띄게 높아졌다. 노르웨이와 핀란드에서도 보수주의 정당의 약진은 분명하다. 특히 핀란드의 경우 1987년 국민연합당(KOK)이 20여 년 만에 처음으로 다시 정권을 잡았다. 스웨덴의 경우 장기간 제1당의 자리를 고수해왔던 사회민주당의 위치가 위협받고 있는데, 1976년에는 처음으로 선거에서 패배했으며 이제는 1988년에 의회에 처음으로 입성한 녹색당의 도전을 받고 있다.

어느 정도는 제각각인 경향도 있지만, 대체로 패턴은 분명하다. 최근 나타나는 특징 중 하나는 녹색당의 성장이다. 녹색당은 오스트리아, 벨기에, 핀란드, 독일, 이탈리아, 스위스, 최근에는 스웨덴에서까지 의석을 차지하고 있다. 두 번째 특징은 좌파 세력의 지지도 하락에 따른 전통적인 좌파 정당의 분명한 침체이다. 이러한 현상은 보기에 따라서는 다시 균형을 잡는 것으로 볼 수도 있을 것이다. 덴마크와 노르웨이에서 사회민주주의 계열이 아닌 좌파 정당이 성장하는 것은 이러한 추세를 나타내는 명확한 증거이다. 한편으로 프랑스에서는 이러한 균형잡기 과정에서 온건한 좌파정당이 힘을 얻고 있다. 때문에 공산당은 사회주의 성향을 가진 지지층의 상당 부분을 잃었다. 이러한 온건한 방향으로의 재편성이 이탈리아에서도 시작될 수 있다. 식별하기도 어렵고 나라별로 사정이 다른 세 번째 특징은 기독교 정당에 대한 공격이다. 예를 들어, 네덜란드에서 나타난 범 기독교정당 간의 연합은 3개 종교정당의 지속적인 쇠퇴에 따라 선거에서 더 많은 표를 얻기 위한 명백한 시도로 볼 수 있다. 프랑스에서는 1960년대 초반에 사라진 프랑스 인민공화당(MRP) 이후 어떤 종교정당도 나오지 않고 있다. 이탈리아에서는 1987년에 기독교민주당이 부활하기는 했지만 득표율은 이전 시기(2차 세계대전 이후 1983년까지)에 비해 현저히 낮아졌다. 오스트리아의 1986년 선거에서 인민당은 1953년 이래 최저의 득표율을 기록했다. 제2차 세계대전 이후 유럽에서 정치적 변화가 가장 적었던 스위스에서도 1980년대에 기독교 민주인민당은 1939년 이래 최저의 득표를 기록했다.

이러한 변화나 패턴은 전혀 예상치 못했던 일은 아니었다. 예전에도 그랬듯이 이러한 변화의 근저에서 많은 일들이 벌어져왔으며, 제2차 세계대전 이후 서유럽에서 나타난 분명한 사회적, 경제적 변화는 대중정치에 큰 영향을 줄 것으로 예상할 수 있었다. 최소한 1960년대 초반부터 사회학자들과 정치학자들은 유럽 선진국들의 계층구조와 재래식 가치체계의 변화의 중요성을 역설하고 이러한 변화가 주류 정치 스타일에 가져올 영향을 정확히 짚어냈다. 전통적인 노동 계급의 축소와 화이트칼라 고용의 증대, 서비스 산업의 경제적·사회적 중요성 증대는 모두 사회민주주의 성향의 정치인들이 외쳐대던 진부한 구호에 대한 크나큰 도전이었다. 세속화와 여성의 정치참여 증대는 고전적인 종교적 제휴관계를 위협했다. 마지막으로 환경문제에 대한 관심과 정부 권위에 대한 불신, 삶의 질을 우선시하는 풍조는 계급과 종교 대신 연령집단과 세대를 기준으로 사회 분화가 일어나는 시점에서 정치체계의 새 틀을 짜는 기반이 되었다.

고전적 대중정치의 양상이 유권자의 실질적인 이해관계의 변화에 의해 도전받고 있다면 이는 또한 개인과 사회 간의 관계에 대한 시각의 변화에 취약할 수밖에 없다. 예전보다 훨씬 높아진 학력, 개인의 적성에 대한 인식 증가, 엘리트의 지시에 대한 반발 등이 모두 맞물려 고전적인 대중 정당조직에 대한 혐오감을 증대시킨 것이다. 정치 동원이 일어나는 조건과 시기를 보면 단일 문제를 다루는 조직의 성쇠를 더 잘 반영하고 있다. 즉 거의 빈사상태에 놓인 기존 정당들보다 젊은 세대의 요구를 더 정확하고 유연하게 반영해줄 창구로서의 역할을 하는 조직이 주목받고 있는 것이다. 따라서 조직으로서의 전통적인 정치적 대안은 더욱 약화되었다. 감정적인 결속은 약화되고 정치적 대표의 양상은 유동적이 되었다.

이러한 변화를 일일이 늘어놓을 필요는 없다. 정치적 변화의 관념은 널리 전파되고 있으며 그러한 전파는 다양한 방면의 학자들이 이러한 변화 과정의 핵심을 집어내고 앞으로의 추이를 예견하면서 강조되고 있다. 이러한 변화의 특징을 잘 압축한 훌륭한 연구가 있다. 1984년에 러셀 달튼(Rusell Dalton)과 동료들이 펴낸 논문집의 결론(1984b: 451)에는 이런 언급이 있다.

> 선거 결과 안정적인 배열은 점차 약화되고 있으며, 정당체계의 분열과 선거 결과의 유동성은 증가하고 있다. 더구나 여러 정황들로 미루어 보건대 이처럼 많은 국가들에서 나타나는 정치적 변화는 단순한 단기적 당세 동요 이상의 것을 의미한다. 선거 결과 배열이 모호해지는 것을 통해 당파 지지기반의 장기적인 이동, 정당에 대한 귀속감과 사회적 균열양상의 변화를 알 수 있다. 모든 산업화된 민주주의 국가에서 구질서가 변화하고 있음이 분명하다.

달튼과 동료들은 이 책에서 각 국가의 사례를 철저히 연구하면서 유권자 편성의 약화, 분열과 변동성의 증가를 나타내는 증거를 발견했다. 이러한 변화는 단기간이 아닌 장기간에 걸쳐 일어나고 있으며 사회적 균열 양상 및 대중 정당조직의 지향점 변화를 포함하고 있다. 심사숙고 끝에 내린 확고한 이 결론은 결코 무의미한 것이 아니다. 작금의 변화는 정치구조를 근본부터 침식하고 있는 것이며 서유럽에서 대중적인 민주 정치가 등장한 이래 크든 작든 지속되어 온 정치구조 편성의 양상을 바꿀 가능성이 있다. 지금 거론되고 있는 것은 지엽적인 변화가 아니며 보다 근본적인 변화이다. 그러한 변화가 무엇을 의미하는지를 아는 것이 진짜 문제이다.

서유럽의 정치 지형에서 벌어지고 있는 많은 변화는 그 징후에 따라 정당체계 변화라는 포괄적인 현상으로 묶을 수 있다. 이 현상과 관련된 증거들은 다수 예시할 수 있지만, 그것이 그다지 엄격한 의미를 통해 정의내린 현상은 아니다. 실제로 다수의 징후를 이처럼 동일한 현상으로 인용할 수 있는 정의의 모호함 그 자체도 논의의 대상이 될 수 있다. 이 연장선상에서 전반적인 선거에서의 변화는 정당체계의 변화로도, 다양한 인구계층 속에서의 열성당원 지지율 변화로도 해석할 수 있다. 더 강한 징후 중에는 연합체계 개편 및 당 또는 이익단체 간 민의 대표 역량 변화를 들 수 있다. 마지막으로 과거의 균열이 쇠퇴하고 새로운 균열이 등장함에 따라 나타나는 균열체계의 변화를 들 수 있다. 이는 정당체계 자체의 체제 구축력을 나타내주는 현재 균열체계의 영향력과 함께 정당체계의 변화를 나타낸다.

이러한 징후는 광범위하게 나타나고 있으며 위에 거론한 징후들이 모든 현상을 포괄하지 않는다. 그러므로 엄밀한 정의 없이 정당체계 변화에 대한 결론을 내리려는 것은 이 영역에서 일하는 사람들이 가진 모든 문제를 상징하는 것이 될 수 있으며 또한 상당 부분 그렇다. 그러므로 이 장의 목적은 문제에 대한 확실한 해결책인 정당체계 변화에 엄밀한 정의를 내리려는 것이 아니며 정당체계 변화에 관련된 문제를 간결하게 인식하고, 이로서 향후 토론과 연구 의제에서 다룰 중요한 문제를 설정하는 것이다.

I. 정당 변화와 정당체계 변화

처음으로 거론해야 할 문제는 정당 변화와 정당체계의 변화가 어떻게 다른가를 밝히고, 또한 이 둘에 공통적으로 따라오는 문제가 무엇인지를 보여주는 것이다(제1장을 참조하라).

여러 모로 볼 때 분명히 하기가 더욱 어려운 것은 정당의 변화이다. 어떤 경우 정당이 변했다고 말할 수 있을까? 정당의 변화라는 정의를 네덜란드 기독교민주당과 같은 신당의 대두나 벨기에의 3개 기존 정당에서 나타난 언어적 분파 등에만 제한해야 하는 걸까? 아니면 정당의 특징이 변할 경우 정당 변화라는 말을 써야 하는 걸까?

특정 정당의 '본질'이나 '정체성' 묘사까지 포함하고 있는 이 질문은 아마도 대답하기 어려울 것이다. 엄밀히 말해서 변했다는 말을 쓰려면 우선 무엇이 변했는지를 알아야만 한다. 유감스럽게도 정당 변화를 엄밀히 논의한 사례는 드물다. 대신 정당의 선거 기반이나 정책 이력, 지배 역할 등 간단히 말해 어떤 당의 특정한 측면이나 특성에 대한 논의에 한정하는 경향이 있다. 그리고 이러한 양상들은 끊임없이 바뀔 수밖에 없다. 사회경제적 변화나 인구학적 변화 등으로 인해 사회가 바뀌면 정당의 선거 기반도 변한다. 정당의 정책 역시 시간이 흐르면서 필요와 수요, 여러 제약의 변화에 따라 변할 수밖에 없다. 선거 결과 구도의 변화나 새로운 전략에 맞춰 정당의 지배 역할 역시 비슷하게 변한다. 칼 프리드리히(Carl Friedrich, 1968: 452)의 관찰에 따르면 "정당은 어떤 정치 분야보다도 역동적으로 성장한다. 처음부터 끝까지 유지되는 것도 없고 정형화된 양상도 없다… 정당은 끊임없이 이쪽, 저쪽으로 변화하며 출발점으로는 결코 돌아오지 않는다."

특정 영역에서의 부분적인 변화는 정치적인 견지에서 볼 때 일상적인 일이며, 정당이 현실에 적응하는 과정 역시 언제나 진행되는 것이므로 이것만으로 정당의 변화를 결론짓는 것은 부적절하다 하겠다. 또한 변화의 폭과 속도는 다양하며 변화의 내용 또한 때와 장소에 따라 매우 다양하다. 그러나 그렇다고 해서 이런 변화를 논할 가치가 없는 것은 아니다. 이는 대안과 엄격한 기준을 요하는 다양한 변화의 수준과 유형을 정의하는 데 쓰일 수 있기 때문이다. 간단히 말해 이는 변화가 무엇인가 하는 방만한 논의에서 벗어나 비교적 드문 주제, 즉 언제 변화가 일어나는가 하는 논의로의 전환을 가능케 한다.

더구나 정당 내에서의 단순한 변화의 문제보다는 서로 다른 측면들이 변화하는 문제와 정당이 한 수준에서 다른 수준으로 변화하는 데 따르는 어려움과 관련된 문제가 남아 있다. 이를 명확히 정의하기 위해서는 영국 노동당의 사례를 드는 것이 가장 좋겠다. 1945년부터 1987년까지 영국 노동당은 여러 부분에서 본질적인 변화를 겪었다. 득표율에서 볼 때 48퍼센트에서 31퍼센트로 1/3이나 줄어들었다. 제2차 세계대전 종전 직후 60퍼센트였던 육체노동자의 노동당 지지비율이 1987년에는 42퍼센트까지 떨어지면서 '유권자와 함께'를 외치던 노동당도 변화할 수밖에 없었다.[1] 이념적인 측면에서는 좌파가 활성화되었던 1970년대 말과 달리 의회의 다수당으로서 한층 온건해진 모습을 보였다. 또한 사회정책과 관련해서도 경쟁 정당인 보수당과 구분하기 어렵게 되었다. 1979년 정권을 뺏긴 이후 1983년과 1987년 선거에서 자유당-사회민주당 연합에 의해 그 역할이 큰 도전을 받으면서 주요 정당으로서의 노동당의 역할에도 변화가 생겼다. 노동당은 더 이상 '당연히' 집권당이나 대안 정당이라고 간주될 수 없게 되었다.

정당이 가진 그 이외의 부분에서 나타나는 변화의 범위와 중요성, 그리고 향후의 변화 양상에 대해서는 얼마든지 길게 논의할 수 있을 것이다. 그러나 여기서 관심을 갖는 문제는 보다 더 근본적인 것이다. 이러한 변화를 어떻게 해석할 수 있을 것인가? 이러한 변화가 중요한 것인가? 이러한 변화를 가지고 정당 자체가 변했다고 할 수 있는가? 1945년의 노동당은 현재의 노동당과 다른 정당인가? 더 간단히 말하자면 특정 정당이 변화했다고 볼 수 있는 기준은 무엇인가? 이러한 문제들은 어려운 것이며 기준이 없다면 노동당의 변화된 부분과 지속적인 부분을 구분할 수도 없다. 영국 노동당을 이루고 있는 핵심적인 요소를 알아내지 못하면 결국 정당의 변화가 무엇인지 간략히 살펴보는 수준까지 가지 못하고 정당의 특정 부분에 대한 변화를 논의하는 수준에만 머물게 될 것이다.

---

1) 이 수치는 알포드(Alford, 1963)와 1987년 6월 14일자 『선데이 타임즈(*Sunday Times*)』에서 인용했다.

II. 정당체계 변화

　이러한 관점에서 정당체계의 변화를 논의할 수 있는 보다 더 분명한 기반을 통해 정당체계를 구성하는 핵심적인 요소들을 규정하고 그럼으로써 그 체계가 변화되었는지를 결정할 수 있다. 분명 정당체계는 예하 조직들의 단순한 집합체 이상의 것이며, 이들 조직들이 상호작용하는 양식까지 포괄하고 있다. 사르토리(1976: 43-4)는 이에 대해 다음과 같이 명확한 정의를 내놓았다.

> 다음과 같은 점을 고려하지 않고 엄밀한 연구를 위해 체계의 개념을 논하는 것은 무의미하다. i) 체계는 그 구성요소를 따로따로 놓고서는 알 수 없는 속성을 가지고 있다. ii) 체계는 각 구성요소 간의 정형화된 상호작용을 포함하고 있으며 또한 그 결과물이기도 하다. 즉 이러한 상호작용은 체계의 경계선을 제공하고 있다… 정당은 여러 구성요소가 있을 때에만 체계를 만들어낼 수 있으며 정당체계는 엄밀히 말해 정당 간 경쟁이 만들어낸 **상호작용 체계**이다.

　정당체계를 이루는 것의 본질을 알고 나면 다양한 종류의 정당체계를 구별할 수 있고 특정 체계가 변했는지를 판별해주는 기준을 묘사할 수 있다. 여러 면에서 볼 때 이는 가장 간단하고 명확한 정의를 제시한다. 즉 **정당체계 변화는 특정 종류나 유형의 정당체계가 다른 종류 또는 유형으로 변화하는 것이다**. 물론 정당체계의 종류를 나누는 기준은 뜨거운 논쟁거리이며, 이런 방식으로 정의된 변화 역시 비교적 드문 현상에 속한다. 그렇지만 이런 접근방식을 취한다면 엄격한 기준과 명확한 결론이라는 장점을 얻을 수 있다. 간단히 말해 문제를 확실히 해결할 수 있는 방법을 제시해 줄 수 있는 것이다.

　이러한 접근방식을 사용하면 정당의 변화와 정당체계의 변화를 연결지어 생각해 볼 수도 있다. 즉 가장 분명한 형태의 정당 변화인 정당의 탄생과 소멸이 정당체계 변화의 결과인지를 검토할 수 있다. 그때는 과연 언제인가? 어느 시점에 새로운 정당체계가 나타났다고 할 수 있을까?

어떤 수준에서 보면 답은 간단하다. 새로운 정당체계를 만들어내는 것은 정당체계 핵심의 변화이지, 주변부의 변화가 아니라는 것이다. 예를 들어, 노르웨이에서 녹색당이 좌파 사회주의 정당을 대체한 것과 정당체계의 변화가 연결되어 있다고는 볼 수 없다. 한편 독일 녹색당이 의석을 차지하는 반면 자유민주당의 득표율이 의회진출 최소 조건인 5% 이하로 떨어진 것은 중대한 변화로 볼 수 있다. 정당의 탄생과 소멸의 중요성은 단순히 크기 또는 이념적 문제 때문이라고는 볼 수 없다. 그보다는 각 정당의 체계적 역할과 관련되어 있으며 체계 내 경쟁의 방향이나 정부 조직 과정에 따른 정당의 존재 또는 부재의 측면과 관련되어 있다.

정당체계의 변화는 이념, 전략, 선거 결과, 경쟁의 방향, 정부 조직의 변화에 따라 발생할 수 있다. 한편 이러한 변화는 그 정당을 지원하는 사회적 기반의 변화 또는 새로운 문제의 대두를 포함하며 적어도 정당체계의 관점에서 봤을 때 그리 큰 의의를 둘 수 없는, 본질적으로 바뀌지 않은 경쟁 양상을 수반한다.

정당체계 구분의 문제로 돌아가자. 예를 들어, 사르토리(1976)의 접근법으로 보면 관련된 여러 정당이 변하여 제한된 다원주의 유형에서 극단적인 다원주의 유형 사이에서 정당체계의 변화가 일어날 때 정당의 탄생과 소멸은 정당체계의 변화로 이어진다고 볼 수 있다. 한편으로는 이 정도 수준의 변화에도 이념 대립 범위의 확장이나 축소가 포함되지 않으면 정당체계가 변화되었다고 보기는 불충분하다고 여길 수도 있다. 따라서 분열된 다원주의 체계에서 체계상 대립 정당이 사라지는 것은 쌍방향 대립이 없어지고, 대립 수준이 낮아지며, 중앙집권적 경쟁을 부추기며 체계를 한층 온건한 다원주의로 이행시킬 수 있다는 증거이다. 역으로 프랑스 국민전선과 같은 새로운 반체제 정당의 등장은 양극화 현상 및 극도의 이념적 대립이 나타나고 있음을 보여주며 경쟁의 방향이 바뀌고 프랑스 정당체계가 온건한 다원주의에서 대립형 다원주의로 바뀌어 간다는 충분한 증거일 수 있다. 또한 어느 사례이건 규모가 작더라도 핵심적인 정당의 탄생과 소멸에 큰 중요성을 부여할 수 있다.

명백하게 드러나서 쉽게 알아차릴 수 있으며, 분류가 가능한 정치 관련 변화가 있는 반면, 확실치 않은 변화도 있다. 예를 들어, 사르토리(1976: 192-201)는 패권정당체계를 다수당이 지속적으로 유권자 대다수의 지지를 받는 체계로 정의했다. 또한 그는 이를 일정 비율의 득표율 상실 또는 의석을 잃음으로써 온건한 다원주의 체계로 이행할 여력이 없어질 경우 언제라도 사라질 수 있는 정당체계로 보았다(1976: 196). 여기서 소규모의 선거 변동성으로 인해 생기는 변화는 그리 중대하지 않다. 그러나 사르토리에 따르면 작은 수준의 변화라도 정당체계 변화를 나타낼 수 있다. 선거 지지율의 전체적 분포에 따라서만 정해진 블론델(Blondel, 1968)의 정당체계 구분법과 정당체계 변화의 기준을 연결해 본다면 이는 명백히 사실이다.

요컨대 다양한 징후가 언급되어 있지만 정당 변화와는 다른 정당체계 변화를 정의할 수 있는 최소한의 기준을 세울 수 있을 것이다.[2] 일반적으로 인정받은 구분법과 정당체계 변화를 연결지을 수 있다면 특정 정당체계의 본질을 알아낼 수 있으며 변화와 지속성에 대한 의문에 명확하게 답할 수 있다. 정당 변화의 경우 그 본질은 정의하기 어려우며 한 정당이 그저 변화한 것인지, 아니면 완전히 새로운 정당으로 바뀐 것인지를 확인하기 어렵다. 이 경우 변화에 대한 질문을 일반적으로 인정받은 구분법과 연계시킬 수 있다. 예를 들면, 키르크하이머(Kirchheimer, 1966)는 정당은 대중통합정당에서 포괄정당으로 변한다고 간단하게 설명한다. 뒤베르제(Duverger, 1954)는 대중정당이 간부정당으로 변한다고 한다. 다알더(Daalder, 1984)는 농민정당이 중앙정당으로 변한다고 한다. 정당의 유형은 정당체계의 유형과 엄격한 관계가 없기 때문에 분류하기가 상당히 애매모호하고, 그 결과 '포괄' 정당, '대중' 정당, '중도' 정당 등을 이루는 요소에 대한 엄격한 기준을 마련하기도 쉽지 않다. 이러한 문제가 지속되고 있으므로 정당 변화에 대한 토론은 필연적으로 실질적인 정당 변화에 대한 질문을 피하고 대신

---

[2] 체계적 변화의 일반적 기준 설정의 어려움에 대한 논의는 다우딩과 킴버(Dowding and Kimber, 1987)를 참조하라.

정당의 특정 부분과 관련되어 진행 중인 변화의 과정에 초점을 맞춰야 할 것이다.

III. 선거 유동성과 균열의 변화

앞에서도 살펴보았듯이 현대의 논문은 서유럽 정치의 변화에 대한 언급, 정당 변화와 정당체계 변화의 개념을 혼동한 언급으로 가득하다. 더 정확하게 말하자면 최근 영국의 학술적 관심은 **선거** 변화에 맞춰져 있고 대부분의 경우 선거 변화는 정당 변화의 특정한 양상을 대변하고 있다. 더 나아가서 선거의 변화를 통해 일반적인 정당체계의 변화와 특정한 균열구조의 변화를 암시하고 있다.

여기 나타난 추리는 직접적이기도 하고 간접적이기도 하다. 우선 직접적인 추리에서는 전체적 또는 개별적인 선거 변화는 정당체계의 변화를 가져온다고 한다. 이러한 추리에 숨어있는 문제에 대해서는 이전에 설명한 바 있으므로 다시 언급하지 않겠다. 간단하고 엄밀하게 말하자면 선거의 변화가 정당체계를 바꿀 때만 선거가 정당체계를 변화시킨다고 볼 수 있다. 패권정당체계 같은 경우에는 매우 작은 선거 변화에도 재분류가 필요할 수 있다. 그리고 문제가 더 복잡한 경우도 있다. 정당의 탄생과 소멸에까지 영향을 미치는 선거 변화는 정당의 체계뿐 아니라 경쟁의 방향을 바꿀 수도 있다. 다시 말해 선거 변화가 어디에서 일어나는지는 그 영향을 받은 정당의 조직적 역할에 매우 중요하다(Mair, 1983).

두 번째로, 간접적인 추리에서는 선거 변화를 균열체계의 변화와 정당체계의 변화를 의미하는 징후로 본다. 즉 선거 결과 변화=균열 변화=정당체계 변화라는 등식이 성립하는 것이다. 이러한 추리는 쉬운 일이 아니다. 가장 먼저 떠오르는 명백한 어려움을 지적한 사람은 고든 스미스(Gordon Smith, 1988: 3)이다. 그는 앞선 식의 두 번째 연결, 즉 균열 변화=정당체계 변화를 지적하면서 균열이 바로 조직에 연관된 것으로 볼 수 있느냐는 의문을 던졌다. 그는 스스로 자신의 입장이 이단적이라고 밝히며 다음과 같은 주장을 했다.

> 균열구조는 개별 정당에 대한 사회적 지지 축적구조와 관련될 뿐 '체계'와 관련된 것이 아니며 상호작용에 기반한 정의를 따를 수도 없다. 사회적 균열과 그 변화는 원래 전체 체계에 중요한 결과를 불러오지만 그 영향력은 체계의 다양한 차원으로 파급된다. 정당의 숫자와 관련된 규모, 양극화의 범위와 강도, 정당체계의 유동성 등이 그것이다. 이러한 관점은 논란의 여지가 크다. 왜냐하면 정당 및 그 유권자와 정당체계 간에 명확한 선을 그어놓기 때문이다. 그러나 구분하는 선이 전혀 없다면 이 주제를 논의할 때 필요한 한계를 정하기가 어려울 것이다.

균열의 변화가 정당체계 변화를 의미하지 않을 수도 있다는 스미스의 논의는 흥미로우면서 도발적이다. 그의 논의는 닫혀 있는 것이 바람직했던 또 다른 판도라의 상자를 열 수밖에 없게 만들었다. 그러므로 이 장의 목적을 감안해 보면 첫 번째 연결고리인 선거 변화=균열 변화를 들여다 봄으로써 이 추리 구조를 또 다른 관점에서 비판하는 것이 가장 유익할 것이다.

달리 말하자면 스미스에게는 미안하지만, 대부분의 해석에서 균열 변화가 정당체계 변화를 암시한다면, 선거 변화가 균열 변화를 암시한다고 가정하는 것이 합리적이지 않은가? 이는 현재 서유럽 정당체계에서 벌어지고 있는 변화에 기초한 가정이다. 최근에는 많은 서유럽 국가에서 선거 변동성이 심해지고 있는 추세인데, 이는 균열이 줄어들고 있다는 명백한 지표이기 때문이다. 그러나 이러한 해석이 과연 타당한지는 의문으로 남아 있다.

1. 립셋과 로칸의 이론 검증

서유럽 정치구조에 숨어 있는 균열구조는 스테인 로칸이 선구자적 노력을 통해 유럽 정치 발전에 존재했던 광범위한 거시역사적 매개변수를 도표화하면서 중요하게 드러났다(Lipset and Rokkan, 1967; Rokkan, 1970). 로칸에 따르면 현대 유럽의 대중정치는 크게 4개의 균열로 구성되었다고 한다. 그중 시기적으로 앞선 2개의 균열은 근대 유럽의 국가 혁명 당시 국가의 중심 문화가 주변 문화 및 교회의 법인적 특권과 충돌하면서 발생했다. 이 2개의 균열, 즉 중심 문화 대 주변 문화 또는 지배 문화 대 피지배 문화의 균열과 교회 대 국가의 균열이 민주화 이후 대중정치의 양상에 깊은 영향을 미쳤다. 물론 그 영향은 국민국가에 따라 분명 다르기는 했다.

또 다른 두 개의 균열은 근대 유럽의 산업혁명으로 생긴 것으로서, 지주와 신흥 사업가들 사이의 균열과 자본가와 신흥 노동자 계층 사이의 균열이 이에 포함된다. 이러한 균열 역시 민주화 이후 대중정치의 양상에 깊은 영향을 미쳤다. 그러나 1차 경제와 2차 경제 사이의 균열은 중심 대 주변과 국가 대 교회의 균열만큼이나 나라에 따라 상이한 양상을 보이는 데 반해 사용자와 노동자 간의 분쟁은 나라에 상관없이 현대 유럽 민주주의 내에서 노동운동이 본격화되면서 비교적 비슷한 양상을 보인다(Lipset and Rokkan, 1967: 21).

이렇듯 복잡한 균열 양상은 유럽 각국에서 상이하게 나타났고 보통선거의 물결 속에서 성장한 여러 정당체계를 상당 부분 설명해주며 매우 오래 지속된 여러 가지 매개변수들을 만들어 주었다. 20세기 초반 모든 남성에게 보통선거권이 주어지면서 이러한 균열구조가 동결되었고 선거는 사실상 불변의 정치적 언어로 제도화되었다. 립셋과 로칸이 글을 쓰던 1960년대에도 이러한 균열구조는 명백히 건재했다. 그들의 분석은 1920년대에서 멈추었으나 그들도 논했다시피 그 이후까지를 논해야 할 필요는 거의 없었다. 왜냐하면 "1960년대의 정당체계는 약간의 예외만 제외하면 1920년의 균열구조를 반영하고 있으며… 정당이나 정당체계는 많은 경우 유권자들보다 훨씬 오래된(Lipset and Rokkan, 1967: 50)" 것이기 때문이다.

립셋과 로칸의 에세이는 물론 로칸의 후속 연구 역시 균열체계의 고착성 또는 지속성의 이유를 확실히 밝히지 못하고 있다(Sartori, 1969; Alford and Friedland, 1974; Rokkan, 1977, 이 책의 제1장 참조). 이 과정의 필수요소는 립셋과 로칸(1967: 51)이 지적한 '지지 시장의 축소'이다. 지지 시장이야말로 중대한 균열의 주변에서 서식하면서 선거권 확대에 따라 대중 동원을 실시, 동원 가능한 선거인들을 통합하고 대안적 편성을 회피하며 성장한 대중정당의 발판이다.

정치적 행동을 구성하는 선거 시장의 폐쇄와 균열 상황의 상존 탓에 새로운 균열이나 새로운 정치가 출현할 여지는 거의 사라졌다. 하지만 이것이 변화의 여지를 전면 부정하는 것은 아니다. 지지 시장은 완전히 닫히지는 않을 것이다. 주변부에는 언제나 여러 가지 선거가 있고 큰 균열에서 파생된 문제들이 시간에 따라 명멸한다. 그러나 대체적으로, 또한 장기적 관점에서 볼 때 균열구조는 당파적으로 큰 영향을 주며 이러한 균열구조 사이에서 지지자들을 동원해온 양대 정당에게 유리한 강한 선입관이 남아 있다. 더 중요한 것으로 보통선거가 시행되고 모든 성인을 민주적 의사결정 과정에 참여시킴으로써 새로운 균열이 등장할 여지는 없어졌다. 이 때문에 매개변수는 1920년대와 차이가 없다.

선거 변화에 대한 최근의 논문은 이러한 관점에 대한 근본적인 수정을 예고하고 있다. 균열의 지속성과 정당체계의 고착화를 강조한 이러한 관점은 선거 변동성에 대한 최근의 증거와 일치되지 않는다. 유권자 간의 결속력 약화와 전반적인 애당심 약화와 같은 증거는 기존 정치구조의 지속성을 주장하는 관점과 대치되는 것이다.

그러므로 달튼과 동료들의 연구(Dalton et al., 1984a)는 기존 균열의 퇴조와 새로운 균열의 등장을 거론하고 있다. 이 프로젝트에서 파생된, 플라나간과 달튼이 쓴 논문(Flanagan and Dalton, 1984: 8)에서는 자신들의 연구가 립셋-로칸 테제에 대한 검증임을 밝히고 있으며, 선거 변화와 균열 완화, 더 나아가서 선거 변화와 정당체계 변화를 명백히 연계시키고 있다. 그들은 이렇게 말한다. "10년도 안 되는 사이에 연구의 주요 의문점이 정당체계의 지속성을 설명하는 것에서 정당체계의 불안정성과 변동성을 설명하는 것으로 바뀌고 있다." 그러나 균열의 지속성을 조사한 자료의 쓰임새 역시 강조되고 있다. 이러한 데이터는 모든 균열이 발전해 나가면서 자연히 나타나는 중요한 순환적 양상을 활용하는 데 쓸모가 있기 때문이다. 균열은 처음에는 극단적인 대립 양상을 보이다가 수렴되면서 마지막에는 공적인 것이 되고 대중들 사이에서 잘 거론되지 않게 된다. 결국 기존의 정당 편성 양상은 시대에 뒤진 것이 되고 대중의 지지도도 하락하게 된다(Flanagan and Dalton, 1984: 8-10). 저자들은 이러한 양상이 계급균열의 경우에도 명백히 나타난다고 주장한다(앞의 글, p.10).

> 제2차 세계대전 이후 내내 서유럽 민주주의에서 나타난 지배적 정당 균열의 특징은 노동 계급과 자본가 계급 간의 균열이다. 그러나 최근에는 지배적 계급 균열이 약화되고 있다는 많은 징후가 보인다… 선거 결과에 변화를 가져오는 요인들을 모아 놓으면 조사에서 나타난 증거를 통해 중간 계급과 노동 계급 간의 전통적 균열이 약화되고 있음을 알게 될 것이다.

달튼과 동료들은 새로운 혁명, 즉 탈공업화 혁명에서 파생된 새로운 균열의 징후를 보았다. 이러한 새로운 균열 역시 조사 자료를 통해 관측할 수 있다. 기존의 산업적 질서를 옹호하는 사람들과 새로운 정치 목표를 지지하는 사람들 간의 균열, 육체노동자와 지식노동자 간의 균열, 공공부문과 민간 부문 간의 균열 등이 대표적이다(Dalton et al., 1984b: 455-457). 이들은 "모든 새로운 사회적 균열이 정치과정 내에 편입되려면 넘어야 할 장벽이 많다"는 것을 인정하면서도 "우리의 일생동안 동결되어 왔던 민주주의 정당체계가 변화를 시작하는" 명백한 징후 또한 보고 있다(Dalton et al., 1984b: 457, 460). 잉글하트 역시 이러한 관점에 동의한다.

립셋과 로칸은 근대 대중정치체계가 창설되었을 때로 거슬러 올라가는 동결된 정치구조에 대해서는 어느 정도 사실을 보여주었다. 그러나 많은 나라의 투표를 결정하는 정당 편성을 깊게 파고들어가 보면 립셋과 로칸의 이론은 사람들을 동원하여 정치적 힘을 갖게 해주는 힘을 더 이상 설명할 수 없다.

그러므로 이러한 다양한 자료들은 계급균열을 포함한 오래된 균열이 선거 행위에 큰 영향을 미치고는 있지만, 그 영향은 변화하는 시대적, 사회적 상황에 의해 쇠퇴하고 있음을 보여준다. 새로운 사회, 즉 보다 발전된 자본주의가 나타나는 탈산업사회는 과거의 균열 양상을 대체하는 새로운 균열 양상을 알리는 선구자 역할을 할 것이다.

이러한 논의는 매우 설득력이 강해 보인다. 이들은 전체적인 선거분석으로는 얻을 수 없는 자세한 사항을 알려주는 자료를 가지고 있다. 또한 다양한 국가에 일반적으로 나타나는 경향을 묘사하고, 상당한 정확성을 유지하면서 논의를 전개한다. 물론 이러한 논의에도 시간의 제한이라는 큰 약점은 있다. 조사 분석의 시기는 1960년대 후반과 1970년대이다. 따라서 당파 지지의 사회적 기반, 당에 대한 충성 양상, 시민과 정치기구 사이의 관계 등에 대한 자료는 모두 당시의 것이다. 시대적 추세는 분명히 알 수 있지만 그것은 단지 정해진 시기에 대한 것이며, 현재의 상황과는 무려 15~20년이나 동떨어진 것이다. 물론 장기간에 걸친 추세는 서로 다른 시기를 비교함으로써 얻을 수도 있다. 그러나 아무리 애를 써도 추정할 수밖에 없으며 과거 시대의 자료는 많이 남아있지 않다. 따라서 이 관점에는 큰 문제가 있다.

2. 집합적 자료 증거

그러므로 구체적인 정보를 얻기는 힘들어도 집합적 선거 자료를 참조하면 장기적인 경향을 이해하는 데 도움이 될 것이다. 따라서 집합적 선거 자료를 이용해 립셋-로칸 이론을 처음으로 검증한 로즈와 어윈(Rose and Urwin)의 독창적인 분석을 재조명해 볼 필요가 있다.

로즈와 어윈(1970: 287-288)은 정당과 정당체계의 동적 속성에 대한 4개의 독특한 이론적 맥락을 전제로 분석을 진행한다. 이 4개의 이론은 각각 진화적 추세를 강조하는 것, 장기적 추세를 강조하는 것, 정적 평형을 강조하는 것, 정당의 힘의 불변성을 강조하는 것이다. 그리고 이들 이론에는 립셋과 로칸에 관련된 '귀무가설(null hypothesis)'이 있다. 로즈와 어윈은 이 귀무가설에 연관된 검증 가능한 3가지 가설을 정교하게 다듬었다. 그 가설은 다음과 같다. '구 정당(1914년 이전의 정당)의 득표율은 좀처럼 추세에 따라 떨어지지 않는다', '구 정당의 득표율은 좀처럼 큰 변화를 보이지 않는다', '정당이 오래될수록 표도 꾸준히 얻을 수 있다.' 이 모든 가설은 "서유럽 국가들의 정당체계는 보통선거 도입 당시의 사회적 균열에 고착되는 경향이 있다. 이때 이미 이 정당들은 대규모 유권자 집단을 조직했기 때문"이라고 한 립셋과 로칸의 논의에 기반하고 있다(Rose and Urwin, 1970: 296).[3]

귀무가설을 지지하는 로즈와 어윈의 경험적인 발견이 직접적인 관심의 대상은 아니다. 대신 이들이 립셋-로칸 이론을 개별 정당의 선거 능력에 연관시킨 점에 주목할 필요가 있다. 정당지지가 비교적 안정적이라면 립셋과 로칸의 이론은 타당성을 가지게 되지만 그렇지 않고 변동적이라면 그 이론은 타당성이 떨어지게 될 것이다. 이러한 연관은 집합적 선거 양상을 분석한 이후의 논문에서도 유지되지만 보다 최근의 논문에서는 지속성보다 변화를 더욱 강조하고 있다.

그러므로 키르크하이머의 명제를 포괄정당의 발전을 통해 시험해보려는 의도였던 월리네츠(Wolinetz) 역시 로즈-어윈이 사용한 개별 정당의 집합적 선거 성과와 립셋-로칸 이론 간의 연결을 다시 사용한 것이다. 월리네츠는(1979: 7-8; Kirchheimer, 1966 참조) 로즈와 어윈이 립셋-로칸과 같은 결론에 도달했다고 보았다. 하지만 그도 지적했다시피 향후의 선거 변동성

---

[3] 이 에세이 후반에서 로즈와 어윈(1970: 306)은 4번째 가설을 도출해낸다. 그것은 다음과 같다. "정당체계가 오래될수록 안정성을 보이는 경향이 있다." 이러한 가설은 립셋-로칸이 정당지지의 조기 제도화를 강조한 점을 반영했다.

은 1970년대 중반의 상황을 다르게 만들었다. 또한 페데르센(1983)의 새로운 연구에서는 집합적 선거 변화와 립셋-로칸 이론 사이의 보다 분명한 연결을 강조하고 있다. 그는 립셋-로칸 이론을 출발점으로 설정하고, 선거 변동성이 증가한 증거를 언급하면서 다음 사항을 특별히 언급했다(34-35).

> 1960년대의 유럽식 정당체계는 약간의 예외를 제외하고는 안정적인 구조를 유지하고 있으며, 이는 과거의 사회적 균열구조를 반영하는 것이라는 의견이 정치학자들 사이에서 대세였다… 그러나 최근의 정치사를 보면 이러한 이론적 관점과 경험적 현실이 일치하고 있다고 보기 어려운 사건들을 발견할 수 있다 … 정당체계가 여전히 사회의 전통적인 균열구조를 반영하고 있다 하더라도, 립셋과 로칸의 이론으로는 설명할 수 없는 예외적인 사례들은 더 이상 예외가 아니며 전 유럽 정당체계에서 점차 확대되고 있다.

페데르센은 이러한 주장을 입증하고, 정당체계 변동성의 요약 목록을 보고하여 이러한 변화가 점점 확산되고 있는 추세를 보여준다. 이러한 양상은 로즈-어윈의 연구 방식을 이어받으면서도 이를 더욱 개선한 맥과이어(Maguire, 1983) 역시 확인한 바 있다. 그는 이런 증거를 동결 가설 맥락에서 설명하면서 최신 자료를 토대로 "분명 유럽 정당체계는 더 이상 고유의 안정성을 갖고 있다고 볼 수 없다"는 결론을 내리고 있다(Maguire, 1983: 92).

지금 언급한 연구들은 제2차 세계대전 이후의 선거 경향만을 분석하고 있으며, 그 내용은 분명하다. 1940년대 후반부터 1960년대 후반까지 정당 지지의 패턴은 다소의 변화는 있을지언정 거의 일정했으며, 이는 동결 가설을 확인해 주는 것이었다. 하지만 1970년대에는 선거 유동성이 분명히 증가했으며, 이는 동결 가설을 위협하는 것이었다.

그러나 아직 관점의 문제는 분명 남아 있다. 1970년대와 1980년대는 확연히 다르다. 이 점에서 집합적 자료는 조사 분석을 통해 얻은 결론과 모순이 없다. 그러나 지금의 시기는 1950년대나 1960년대와는 또 다르며 어떤 양상이 기준을 구성하는지도 알기 어렵다. 변동성이 예외적인 현상이라면 동결 가설이 이제는 설명력이 없다는 결론을 내려야 할지도 모른다. 그러나 이는 논의의 여지가 있으며 자세한 것은 아래에서 보기로 한다. 만약 1950년대와 1960년대의 안정적 상황이 예외적 현상이고 변동성이 일상적이라면 그때에는 동결 가설은 결코 참이었던 적이 없다는 결론을 내려야 하는가?

필요한 것은 대중정치가 시작되는 출발점으로 거슬러 올라가는 증거이다. 최소한 동결 과정이 이루어졌다는 1920년대까지의 자료는 있어야 한다. 이러한 더욱 의미 있는 접근방식은 집합적 선거 양상에 대한 두 가지 연구에서 채택되었다. 첫 번째 연구는 어슨과 레인(Ersson and Lane, 1982, Ersson and Lane, 1987: 94-132를 참조하라)이 1920년대부터의 선거 추세에 대해 광범위하게 조사한 결과이다. 이들은 립셋-로칸의 논의와 로즈-어윈의 발견을 근거로 분석을 진행했으며 최신 논문을 사용하여 "서유럽 정당체계의 특징이 변화가 없고 안정적이라는 기존의 가설은 자료와 일치하지 않는다"는 발견을 해냈다(Ersson and Lane, 1982: 93). 이 경우 조사한 시기가 길기 때문에 발견내용에 더욱 무게가 실린다. 1920년 이후 기간 동안 내내 불안정성의 증거가 명백했고 불안정성은 두 세계대전 사이의 시기에 더욱 분명하게 나타났다. 그러므로 1970년대의 변동성만이 립셋-로칸 가설을 위협하는 것은 아니며, 장기간의 분석을 통해 립셋-로칸 가설이 처음부터 타당성이 없었음을 보여주고 있다. 정당체계는 특별히 안정적인 적이 없었으며 따라서 동결이라는 표현은 과장된 것이다.

샤미르(Shamir, 1984)가 실시한 변화와 안정 양상에 대한 철저한 분석 역시 같은 결론에 도달하고 있다. 이 연구는 제2차 세계대전 이후의 비교적 장기간을 대상으로 한 연구 중 두 번째로 대규모의 연구였다. 그의 연구범위는 어슨과 레인의 범위를 능가하는 것으로, 19세기까지 거슬러 올라갔다. 연구 제목에서도 알 수 있듯이 샤미르의 관심은 분명 립셋-로칸 가설을 검증하는 것이었다. 그리고 로즈와 어윈, 윌리네츠, 페데르센, 맥과이어, 어슨-레인과 마찬가지로 인용된 증거는 기본적으로 시대에 따른 정당의 집합적 선거 결과였다. 또한 어슨과 레인과 마찬가지로 이념적 대립에 관한 자료 역시 포함시켰다. 샤미르(1984: 39) 역시 정당체계의 동결은 종종 체계를 구성하는 개별 정당과 정당에 대한 지지 경향의 안정성, 체계를 묘사하는 데 필요한 균열 차원으로 귀착된다는 점을 강조했다. 샤미르에 따르면 립셋-로칸 이론에서 두 가지 대안 모델이 파생될 수 있다. 첫 번째 대안 모델은 정당체계에 일체의 변화가 없는 것이며 샤미르는 이것이 현실에서는 불가능하다고 보았다. 두 번째 대안 모델은 안정적인 평형을 이루는 더욱 현실적인 모델로 단기간의 변화와 장기간의 안정이 공존하며 과거의 관찰을 통해 예측할 수 없는 큰 변화는 일어나지 않는 모델이다. 그러나 두 모델을 뒷받침해주는 자료는 없다. 대부분의 정당체계에서 이른바 제도화된 이후 안정성이 증가한다는 증거는 없으며, 따라서 "동결되어 있다고 간주할 만큼 안정적이고 확실하지가 않으므로 동결 가설은 폐기되어야 한다(Shamir, 1984: 70)."

그러므로 표면상으로는 축적된 경험적 증거를 통해 립셋-로칸 이론을 지지하기 어렵다. 제2차 세계대전 이후의 집합적 정당지지 추세 역시 그러하다. 설령 립셋-로칸 이론이 1960년대 후반까지는 타당했다 하더라도(Rose and Urwin, 1970) 1970년대와 1980년대의 유동성 때문에 현재까지 유용하다고는 보기 어렵다(Wolinetz, 1979; Pedersen, 1983; Maguire, 1983). 장기적 관점의 집합적 추세는 더욱 부정적이다. 1920년대(Ersson and Lane, 1982)와 그 이전(Shamir, 1984)부터 지속적으로 불안정성을 보여주었기 때문이다.

간단히 말해 서유럽 정당의 집합적 선거 지지 추세를 살펴보면 립셋-로칸의 명제와 맞지 않음을 알 수 있다. 이는 두 가지 의미를 갖고 있다. 우선 립셋-로칸 명제가 틀렸다는 것이다. 이 명제가 정당체계 구축 과정을 이해하는데 유용하다 하더라도 지속성과 동결을 강조한 점은 분명 잘못되었다. 그리고 두 번째로 그 논문에서 집합적 선거 추세를 측정한 방법은, 설령 의도적으로 사용된 것이라 하더라도, 원래의 명제에 대한 부적절한 지표이며 따라서 정당체계 변화를 알아채지 못했다.

3. 정당과 균열

잠시 두 번째 대안을 보면서(첫 번째 대안의 함의는 매우 대담하기 때문에) 이전에 거론된 필자들이 사용했던 방식을 살펴보도록 하자. 그 모두에는 공통된 특징이 하나 있다. 이들 필자들은 다양한 지표를 사용하고 있지만 결국 그 모든 것은 개별 정당에 대한 집합적 지지의 지속성 또는 변화 측정에 기반하고 있다. 라이(Rae, 1971)의 분할 지표(Wolinetz, Ersson and Lane, Shamir) 또는 정당지지의 단순한 추세 분석이든, 정당의 시계열 득표율 감소나(Rose and Urwin, Maguire) 유동성 측정(Pedersen, Ersson and Lane, Shamir)이든, 분석의 단위는 개별 정당조직이다.[4] 여기에는 본질적인 문제가 숨어 있으며 립셋-로칸 이론이 개별 정당의 운명을 명백히 설명해준다고 보기는 어렵다. 라이벡(Lybeck, 1985: 109)이 정확히 강조했다시피 "립셋-로칸의 원래 공식을 아무리 봐도 한 정당에 대한 특정 분파의 지지가 고정적이라고 볼 지표는 전혀 없다."

립셋과 로칸(1967: 1)의 논의에서 정당 자체는 중요한 관심사가 아니었다는 점을 상기할 필요가 있다. 대신 "자연스러운 정치 상황에서 안정적인 균열체계를 발전시키거나 방해하는 조건"이 관심 대상이었으며, 정당은 '조직화된 표현'으로 보았을 뿐이었다. 예를 들어 분석의 한 단계에서는 "프랑스, 독일, 이탈리아 3개국의 사례를 볼 때, 이들 나라에서는 정당의 연속성만큼이나 (조직화된 표현의) 붕괴 또한 현저하게 나타났다(Lipset

---

[4] 어슨과 레인(1982)과 샤미르(1984)는 모두 이념적 양극화를 측정했다. 샤미르(1984: 40)는 특히 이를 립셋-로칸 이론에 분명히 연결시켰다. "동결 이론의 가장 중요한 부분은 정당체계 균열구조일 것이다. 립셋과 로칸은 균열 차원이 그들이 연구한 정당체계가 동결된 이유를 묘사해줄 거라는 입장을 견지하고 있다… 필자는 정당체계 균열 차원, 즉 그 본질을 연구하지는 않을 것이다. 대신 밀접히 연관된 이념적 대립의 구조적 차원을 고찰할 것이다… 균열구조 속의 동결을 구조적 관점에서 살펴보면 분명 정당체계의 이념적 대립이 변이할 여지가 적다는 것으로 해석할 수 있다." 그러나 균열 차원과 이념적 대립 간의 연결에 관한 이론적 증거는 희박하며 립셋-로칸 이론에는 이에 필요한 어떤 연결구조도 나타나 있지 않다.

and Rokkan, 1967: 52-53)"고 표현한다. '정당'과 '조직적 표현'을 나누는 명확한 구분은 여기서 중요하지 않다. 중요한 것은 이런 구분이 첫 단계에서 이루어졌다는 것이다. 그리고 좀 더 중요한 두 번째는 립셋과 로칸이 어디서도 정당 간 분쟁선과 균열 구분선 간의 필연적인 일치를 의미하지 않았다는 점이다. 균열로 인해 정당조직 간의 경쟁이 가열된다고 개별 경쟁의 양상 자체가 균열을 의미하지는 않는다.

20세기 유럽에서 다양하게 벌어졌던 사회주의 정당과 공산주의 정당 간의 대립 사례를 보면 이 점을 명백하게 알 수 있다. 정당 간 갈등이 심각하다고 해서 눈에 띄는 균열이 있었던 것은 아니라는 점은 말할 나위가 없다. 사회주의 정당과 공산주의 정당은 사용자와 노동자를 가르는 경계선을 기준으로 같은 편에 서 있지만 그들 간의 내부 논쟁은 분명 다른 얘기다. 따라서 립셋과 로칸은 이렇게 말한다(1967: 48).

> 유럽에서 노동자 계급 정당이 발전하기 위한 조건은 국가에 따라 크게 다르다. 이러한 차이는 제1차 세계대전 이전에 잘 나타났다. 러시아 혁명은 새로운 균열을 일으키지는 않았으나 노동자 계급 엘리트(the working-class elite) 내부에 장기간 유지되는 경계선을 만들어 놓았다.

이러한 점으로 미루어 볼 때 개별 정당조직과 균열의 조직적 표현 사이에는 분명한 구분이 있으며 균열의 조직적 표현은 둘 이상의 정당을 통합할 수 있다. 달리 말하자면 개별 정당조직과 균열 사이에는 일대일 대응이 통하지 않으며 균열을 정치에 연관지으려면 어떤 형태로든 정치조직이 필요한데 동일한 유권자를 놓고 경쟁하는 2개 이상의 정당이 하나의 정치조직을 구성할 수도 있다. "따라서 개별 정당이 흥망하는 가운데에도 더 큰 범주에서의 대안은 계속 유지되는 것이다. 예를 들어, 프랑스에서는 이해관계나 정당의 차이에 따라 뚜렷한 분화가 이루어졌지만⋯ 어떤 분석가도 프랑스 정치의 좌파나 우파적 정서와 정체성이 지속된다는 것에 대해 의심하지 않는다(Lipset and Rokkan, 1967: 53)."

요약하자면 제2차 세계대전 종전 후 10년간 나타난 지속성과 두 세계대전 사이 기간 및 1960년대 후반부터 나타난 불안정성은 개별 정당 수준의 선거 지속성 또는 변화 이상의 것을 나타내지 않는다. 따라서 A정당이 표를 얻고, B정당은 잃고, C정당이 그대로라면 불안정성 지수는 B정당이 표를 얻고, C정당이 잃고, A정당이 그대로인 것과 다를 바가 없으며 심지어 A정당이 B정당과 균열의 같은 편에 함께 서 있고 반대편에는 C정당이 있는 경우라도 마찬가지이다(제2장을 참조하라). 더 자세히 말하자면 이전의 논문에서 사용된 선거 변화 지수 중 균열 동맹 내의 변화와 균열 상대방 간의 변화를 구분해 줄 수 있는 것은 없다. 예를 들어, 현대의 서유럽에서 흔히 볼 수 있듯이 좌익 전체의 득표가 안정적이라 하더라도 공산당이 사회당에게 표를 잃으면 공산당과 사회당이 우파에게 표를 잃은 상황과 동일한 비중을 지니는 것으로 볼 수 있다. 두 상황은 모두 선거 불안정성을 반영하는 것이며 단지 후자는 균열의 불안정성을 반영할 뿐이다. 그러므로 선거 변화의 증거를 균열 변화의 증거로 해석하기는 어렵다. 두 가지가 꼭 동시에 일어나지는 않기 때문이다. 마찬가지로 균열 변화의 증거를 정당 변화의 증거로 해석하는 것도 무리가 있다.

요약하자면 선거 변동성을 조직의 불안정성에 연결했던 일반적 가정은 철저한 검증을 받아야 한다. 검증의 직접적 형식인 선거 변화=정당체계 변화는 정당체계의 유형과 선거 변화의 장소를 토대로 도출된다. 검증의 간접적인 형식인 선거 변화=균열 변화=정당체계 변화는 스미스(Smith, 1988)가 언급한 균열 변화와 정당체계 변화 간의 연결, 그리고 여기서 논의했던 선거 변화와 균열 변화 간의 연결을 토대로 도출된다. 집합적 선거 변화에 따른 다양한 지수들이 선거 안정성 및 불안정성에 대해 일반적으로 많은 것을 알려줄 수는 있겠지만 균열의 지속 또는 퇴락에 대해서는 거의 알려주는 것이 없다. 그리고 이는 동결 가설의 진짜 예봉이기도 하다.

IV. 선거 변화는 얼마나 큰 폭으로 이루어지는가?

이것은 선거 유동성의 연관성을 부정하려는 것은 아니다. 유동성을 균열 약화와 집합적 선거 변화의 지표로 취급하기는 어렵지만 특정한 조건하에서는 정당체계 변화 범위 내에서 의미를 가지는 경향이 있다. 그러나 기준을 완화하고 정당체계의 변화를 하나의 정당체계 유형이 다른 유형으로 명백히 변화하는 경우로 한정해야 할 필요성을 접어둔다 하더라도 선거 유동성과 관련된 문제는 남는다.

다시 한번 현대 논문에서 강조된 선거 변화를 놓고 보면 풀리지 않은 의문을 해결할 몇 가지 단서가 있다. 어떤 지점에서 유동성이 중요해지는 것일까? 어느 정도가 되면 변동성이 중요하다고 봐야 할까? 5퍼센트, 10퍼센트, 혹은 15퍼센트? 샤미르(Shamir)는 완전한 선거 안정성이 비현실적인 기대라고 하는데, 그렇다면 어느 정도의 변동성이 의미 있는 정당(정당체계가 아니라면) 변화를 반영하는 경계선이라고 볼 수 있을까? 이러한 경계선은 절대적인 것인가, 아니면 국가나 시대에 따라 다른 것인가? 마지막으로 분명한 정도의 변동성이 단 한 차례 나타난 선거와 여러 차례 나타난 선거를 구분할 필요가 있는 것인가?

커트라인의 문제는 특히 민감한데 서유럽 대중정치사에서 나타난 집합적 선거 안정성과 관련하여 명백한 편향이 있는 것으로 보이기 때문이다. 이론적으로 페데르센 지수는 0(집합적 변화가 없다)에서 100(모든 기존 정당이 표를 잃고 신생정당에게 자리를 내준다)까지이다. 그러나 실제로는 1885년부터 1985[5]년 사이에 유럽 13개국에서 실시되었던 303회의 선거를 대상으로 한 유동성 수준 조사에서는 0에서 32(1920년대의 독일)까지의 페데르센 지수가 나왔고 지수의 평균치는 8.6이었다. 〈표 3-1〉에서도 볼 수 있듯이 유동성 수준은 대체로 낮다. 연구된 사례 가운데 2/3 이상이 10 이하이며 단

---

5) 이러한 자료의 전체 내용과 분석은 이후 바르톨리니와 메이어(Bartolini and Mair, 1990)가 실시했다.

〈표 3-1〉 유동성 수준에서 본 유럽 선거, 1885~1985

유동성 수준	0~5	5~10	10~15	15+
선거의 수	79	134	56	34
선거의 비중	26.1	44.2	18.5	11.2

출처: Bartolini and Mair(1990)

11%만이 15 이상을 기록했다.

그러나 이에 반해 낮은 수준의 유동성이라도 그동안 낮은 유동성을 보여준 선거가 체계의 전반적인 선거 균형에 본질적인 변화를 가져온 추세의 축적을 반영하고 있는 것이라면 매우 중요하다고 볼 수 있다. 한편으로 매우 유동성이 높은 선거라도 이후에 또 유동성이 높은 선거가 실시되어 기존의 각 당별 선거 균형을 회복한다면, 덜 중요하게 여겨질 것이다.

후자의 명제를 실험하기 위해 〈표 3-2〉에서는 유동성이 17.2(평균치의 2배)가 넘는 24개의 선거 사례를 분석했다. 여기서 가장 주목할 점은 이 선거들의 다수(15건, 62.5퍼센트)가 연속 선거이며 일회성으로 그친 경우는 많지 않다(9건, 37.5퍼센트)는 점이다. 이러한 양상을 어떻게 해석해야 할까?

이러한 현상에 대해서는 두 가지 해석이 가능하다. 우선 앞에서도 말했듯이 이는 정치적 복원의 과정으로 볼 수 있으며 연속적인 선거 가운데 처음 선거에서 갑작스러운 변화 속에 높은 유동성을 보이며 패배했던 정당이 이후의 선거에서 선거 전력을 확보하면서 다시 복구되는 과정이다. 이러한 상황에서 정당체계는 급작스러운 충격은 입지만, 지속적인 영향은 받지 않는 것으로 간주된다.[6] 이러한 경우라면 일련의 유동성 높은 선거의 순 유

---

6) 만약 반대로 유동성이 높게 나타난 선거 말고 1회성의 유동성 높은 선거가 있다면 득표의 재분배가 상당히 오래, 또한 급진적으로 벌어지고 있다고 추측할 만하다. 정당 간 세력의 복원은 점진적으로 일어나며 이후의 유동성 높은 선거가 반영되지 않은 것이다.

⟨표 3-2⟩ 높은 유동성*을 보인 선거, 1885~1985

국가	일회성 선거(TV)	연속 선거(TV)
벨기에	1936(17.7)	-
덴마크	1945(18.4)	1973(21.2)
	-	1975(17.8)
	-	1977(18.3)
프랑스	-	1906(31.1)
	-	1910(30.5)
	1924(18.7)	
	-	1951(20.0)
	-	1956(20.2)
	-	1958(26.7)
	-	1962(19.2)
독일	1953(21.2)	1920(32.1)
	-	1924(27.1)
	-	1930(22.0)
	-	1932(21.2)
아일랜드	1927(20.8)	-
	1943(20.6)	-
이탈리아	1948(23.0)	-
네덜란드	1897(19.4)	
스위스	-	1917(22.8)
	-	1919(23.4)
영국	1931(19.2)	

* 총 유동성(Total Volatility) 〉 17.2(즉 평균의 두 배)
출처: ⟨표 3-1⟩과 같음

동성은 적다고 해야 한다. 예를 들어 덴마크의 경우 1973년 이전의 마지막 선거와 1977년 이후 첫 선거 사이에 나타난 전반적인 실질적 유동성은 그 사이의 다른 선거 각각에서 나타난 유동성보다도 낮다고 봐야 한다.

이와 다른 두 번째의 해석은, 일련의 선거 과정에서 처음 선거에서 크게

〈표 3-3〉 높은 유동성을 보인 양대 선거 사이의 순유동성

국가	양대 선거	순유동성	득표율 증가/감소가 5퍼센트 이상인 정당 수
덴마크	1971~1979	19.7	2
프랑스	1902~1914	37.4	5
	1946~1967	37.8	5
독일	1919~1924(ii)	36.9	7
	1928~1932(ii)	38.0	5
스위스	1914~1922	33.6	3

출처: 〈표 3-1〉과 같음

 승리하거나 패한 정당이 다음 선거에서 반대의 경우를 경험할 경우 이것은 정당 간 세력 균형의 보다 지속적인 변화라는 것이다. 이 경우에는 두 선거 동안에 나타난 순유동성(net volatility)이 그 사이의 선거들의 특징을 잡아낼 수 있을 만큼 높아야 한다.
 높은 유동성을 보인 양대 선거 사이의(이들을 연속적인 선거로 취급) 순유동성을 나타낸 〈표 3-3〉의 자료는 이 설명에 대한 증거를 보여준다. 드러난 내용은 명백하다. 거의 언제나(덴마크는 어쩌면 예외일 수도 있겠지만) 두 선거 사이의 유동성은 비교적 높게 나타났다. 그리고 이 유동성은 대부분의 경우 그 사이에 있던 가장 유동성 높은 선거보다도 높았다. 이 자료로 미루어 보건대 유동성이 높은 일련의 선거는 정당 간 균형의 장기적 변화를 반영하고, 복원 효과는 실질적으로 찾아볼 수 없었다. 더구나 표의 마지막 변수에서 볼 수 있듯이 이 기간은 많은 당이 성장 또는 퇴조하던 시기였다. 물론 여기서도 매우 다양하게 분열된 덴마크식 체계는 예외로 간주할 수 있다.
 요약하자면, 이러한 유동성 높은 선거 묶음은 정당체계의 근본적인 선거 개편이 이루어진 시기를 나타낸다. 이러한 결과 가운데 기존 상황의 복원

을 보여주는 경우는 하나도 없다. 그나마 그와 비슷한 것이 1970년대의 덴마크이지만 이마저도 두 선거 사이 기간의 순 유동성이 20퍼센트에 가깝다. 집합적 선거 유동성은 정당체계 변화에 어느 정도 의미를 가지며 정당체계 변화 사례를 설명하는 기준을 완화시킬 수 있다. 그러므로 계속 유지되는 선거 변화는 정당체계 변화의 차원을 연구하기 위해 일차적으로 조사해 봐야 할 것이다. 이러한 변화의 사례는 〈표 3-2와 3-3〉에서 본 것만큼 필연적으로 증명되는 경우는 적다. 그러나 선거라는 측면에서 볼 때 이는 전형적으로 나타나는 사례이며 더욱 주의를 기울일 필요가 있다.

V. 선거의 추이

정당체계의 변화가 시작되는 것으로 이해할 수 있는 요인 가운데 하나는 유권자의 변동이다. 이는 집합적으로 발생하거나, 또는 개인 단위에서 나타날 수도 있고 여러 당이 결합한 블록에서 또는 개별 정당에서 나타날 수도 있다. 그러나 최근의 논문에서는 개별 정당 내에서의 유권자 변동에 가장 큰 관심이 쏠리고 있으며, 이는 필연적인 결과이다. 때문에 정당의 다른 부분, 예를 들어 정당의 이념이나 조직, 전략 등의 변화에 대한 평가는 무시될 정도이다.

선거 결과에 대한 이러한 편중은 충분히 이해가능하다. 선거 결과는 쉽게 도표화할 수 있으며 선거 수준의 변화 역시 시공간에 따라 쉽게 비교할 수 있다. 그리고 선거 결과는 정당의 역량을 보여주는 핵심 지표가 될 수도 있다. 그러나 동시에 이러한 성향은 필연적으로 나름의 문제점을 가지고 있다. 특히 선거 차원을 강조하다 보니 선거 변화가 발생하는 경우에만 정당 또는 정당체계가 변화되고 있음을 인식할 수 있다는 점이다. 따라서 선거 결과에 변화가 없으면 정당 또는 정당체계가 안정적이라고밖에 해석이 안 되는 것이다. 선거가 안정적임에도 불구하고 일어나는 변화 가능성은 따라서 필연적으로 정당 또는 정당체계의 적응으로 평가절하된다.

이러한 문제는 정당체계가 안정적인가 또는 변화되고 있는가를 구분할 때 더욱 두드러진다. 선거 결과에만 집중할 경우 구분의 기준은 하나뿐이지만 이념, 경쟁력, 조직 등의 차원으로까지 시야를 넓히면 매우 다른 결과가 나타날 수 있다. 달리 말하면 어느 정당체계가 변화되고 있는가를 결정하기 전에 변화를 측정하는 매개변수를 먼저 정의할 필요가 있다.

예를 들어, 키르크하이머는 정당체계의 변화에는 집합적 선거결과의 변화 이외에 다른 것이 포함되어 있다고 주장했다. 이제는 고전이 된 그의 논문 "서유럽 정당체계의 변화(The Transformation of the Western European Party Systems, 1966)"에서는 정당체계 변화에 대한 대명제를 도출해 나가면서 모든 범위와 논점에서 선거와 관련된 부분을 효율적으로 배제했다. 이 경우 정당체계의 변화에는 이념, 조직, 경쟁의 변화가 포함되며 이러한 변화가 선거에서 반응을 이끌어내지만(윌리네츠가 해설한 키르크하이머의 논의를 참조, 1979) 그 반응이 선거 결과, 적어도 집합적 선거 결과에서 보이지 않을 경우 이는 적응을 통해 원래의 선거 평형이 유지되고 있음을 의미한다(Dittrich, 1983).

실제로 집합적인 선거 안정성은 다른 차원의 변화 과정에 많은 부분 의존하고 있으며 선거를 통해 지지를 얻는 정당의 능력은 정당의 외관과 조직 스타일, 경쟁 방식을 변화시키는 능력에서 파생된 것이고 집합적 선거 결과의 변화는 정당의 다른 측면들을 외부 변화에 적응시킬 능력이 없거나 의지가 부족한 것으로부터 유래했다고 볼 수 있을 것이다. 이러한 모순적인 환경에서 안정적인 정당체계는 적응력이 우수한 정당의 특징이 될 수 있고, 반대로 변화가 심한 정당체계는 완고하고 적응력이 약한 정당의 특징으로 볼 수 있을 것이다.

아일랜드의 사례는 적응과 변화가 놀라운 정도의 선거 지속성과 공존할 수 있음을 보여주는 유용한 사례이다(Mair, 1987a; 제1장 참조). 진보민주당의 창당으로 촉발된 정치적 분열에도 불구하고 1987년 선거에서 아일랜드의 장기적 선거 균형의 변화는 최소한도에 그쳤다. 예를 들어 1982년에 실시된 두 번의 선거에서 아일랜드 공화당은 유권자 투표의 46%를 얻었는데 반세기 전인 1932년에는 45%를 얻었다. 제2당인 아일랜드 통일당(Fine Gael)은 1982년에는 37%, 아일랜드 통일당의 전신인 게일 연합(Cumann nGaedheal)은 1932년 35%를 얻었다. 제3당인 노동당의 득표율은 1982년에 10%, 1932년에는 8%였다. 이 수치를 요약하고 군소 정당이나 개인의 득표까지 합치면 50년간의 집합적 유동성 지수는 8.9에 불과하다. 1885년부터 1985년 사이에 13개 유럽국가에서 실시되었던 303건의 선거를 분석하여 나온 수치인 8.6(이전 글 참조)보다 약간 높은 정도이다.

아일랜드의 선거 안정성을 전체적으로 따져보면 이 기간 중에 발생한 변화는 무시해도 좋은 수준이다. 집합적으로 볼 때 아일랜드의 선거 결과 지속성이나 복원력은 놀라운 수준이며 정당체계가 안정되어 있음을 보여주는 사례로 쓰지 않을 수 없을 정도이다. 그러나 좀 더 자세히 들여다보면 이러한 결론은 잘못된 것이다. 예컨대 조직 수준에서 볼 때 정당-유권자의 연결 양상은 알아보기 힘들 정도로 변화되었다. 이데올로기 수준은 물론 정당의 본질적 관심사나 정당의 본래 목적 등도 50년의 시간이 흐르면서 전반적인 변화가 일어났다. 마지막으로 정당체계 역학적 관점에서 봤을 때 현 상황은 이전의 상황과는 판이하게 다르다. 정당들은 선거 전략과 관련하여 더더욱 경쟁적으로 변화했으며, 선거 결과는 양당 사이에 있는 부동층 투표자들이 점점 장악해가고 있다. 이들은 정당에 감정적인 애착이 덜하며 경쟁하는 양당 중 어느 당이라도 지지할 수 있는 사람들이다. 또한 적어도 1970년대 초반부터 진정한 정권 교체 가능성이 나타나기 시작했다. 간단히 말해 체계 자체가 매우 경쟁적으로 변화된 것이다(Mair, 1987a: 특히 221-228).

아일랜드의 경우는 정당의 전략 및 체계 자체의 전략적 제약이 모두 바뀌었다는 것으로 결론지을 수 있다. 동원되는 유권자의 유형을 의미하는 경쟁의 양상 역시 바뀌었다. 이념이 변한 정당은 과거와는 확연히 다른 유권자를 잡기 위해 경쟁한다. 이는 분명 본질적인 변화이다. 그러나 결과적으로 이들 정당이 얻고 있는 집합적 지지의 결과는 50년 전과 큰 차이가 없으며, 적어도 1987년 이전까지는 그랬다. 사실상 아일랜드 정당은 현재의 자리를 지키고 평형을 유지하기 위해 열심히 일했다는 뜻이 된다. 이처럼 계속된 적응 과정을 볼 때 장기간의 선거 결과 지속성에도 불구하고 아일랜드에서 정당체계가 변화되지 않았다고 말할 수 있는가?

좀 더 일반적으로는 선거 결과를 지나치게 강조하다 보면 정당체계가 변화되거나 유지되는 시기와 방식을 더 잘 이해할 수 있게 해주는 변화의 양상을 놓칠 수 있다는 점을 아일랜드의 사례를 통해 알 수 있다. 간단히 말해 집합적 선거 추세를 통해 알아낸 단순한 정당체계의 변화/지속의 분류는 철저하지 못할 수 있다.

VI. 핵심적인 문제들

이 장에서는 정당체계의 변화를 이해하는 것과 관련된 핵심적 문제들을 설명하고자 했지만, 한편으로는 이러한 변화를 측정하는 엄격한 기준을 세우는 것은 가급적 피하려고 했다. 다시 말해 답을 찾기보다는 문제를 제기하려고 했다.

핵심적인 문제들은 다음 네 가지이다. 우선 나는 정당의 변화와 정당체계의 변화를 구분해야 함을 강조했다. 많은 논문들이 이 두 가지를 혼동하는 경향이 있다. 이러한 차이를 강조하면서 나는 또한 기존의 정당 변화의 기준과는 다른, 정당체계 변화의 기준을 설정하는 것이 가능함을 제시했다. 개별 정당의 사례가 아닌 정당체계의 핵심이나 본질을 알아내는 것은 더욱 의미 있을 수 있다. 핵심이 확인되면 언제 체계가 변했는지 알 수 있다. 마지막으로 정당체계가 특정한 유형에서 다른 유형으로 변화되는 것이 아닌 정당체계 변화의 사례를 논하는 것은 엄격히 말해 적절치 못할 수 있음을 제시했다.

두 번째로 나는 선거 변화와 균열의 변화를 연계하고, 균열 변화와 정당체계 변화를 연결짓는 것에서 나타나는 문제점에 대해 논했다. 선거의 변화와 균열 변화 간의 연계에 초점을 맞추자면 립셋-로칸의 동결 명제에 도전하기 위해 제시된 집합적 선거 결과의 여러 증거가 선거의 안정성이나 불안정성의 일반적인 부분에 대해 많은 것을 알려주고 있지만 균열의 지속이나 퇴조에 대해서는 거의 알려주는 것이 없음을 밝혔다. 정당체계 변화에 대한 가설은 균열 퇴조의 추정에 기반하므로 이러한 측면에서 이 사례는 아직 증명할 수 없다.

세 번째로 선거 유동성 자체의 해석에 관한 문제, 특히 유동성이 언제 문제가 되는지에 대한 의문에 대해 논했다. 여기서 가장 중요한 점은 한 세기를 놓고 볼 때 매우 강한 선거 안정성이 나타나고 있으며 본질적인 유동성의 사례와 높은 유동성이 지속되는 시기의 사례는 비교적 드물다는 것이다. 그러나 이러한 사례를 인식하는 것은 정당체계가 가장 급변한 사례와 시기를 상술하고 변화의 차원을 더 잘 이해하는 데 도움을 준다.

마지막으로, 아일랜드의 사례를 인용하면서 선거 경향과 관련된 여러 문제를 논했다. 또한 그와 관련하여 여타의 더욱 중요한 정치적 변화들이 무시되는 상황에 대해서도 논했다. 아일랜드의 사례 연구에서 나타나듯이 비교적 선거 결과의 안정성이 높은 상황 속에서도 정당체계가 광범위하게 변화될 수 있는 반면, 어찌 보면 안정성의 증거로 볼 수 있는 가장 경직된 정당도 유동성 높은 체계의 징후로 판단될 수 있다.

그러나 일반적으로 정당체계 변화를 이해하기 위해서는 분명 체계에 대한 정의, 즉 정당 간의 상호작용 양상에 먼저 초점을 맞춰야 한다. 선거 발전, 이념적 변화, 조직의 발전 등은 정당 변화의 중요한 부분이다. 그러나 이들은 체계 자체의 특징인 상호작용의 양상과 연관이 있는 경우에만, 즉 체계적인 연관이 있을 경우에만 정당체계 변화의 적절한 지표로 쓰일 수 있다.

제4장

선거 변화에 대한 신화와 '오래된' 정당의 생존*

　유럽 정치 및 정치 발전과 관련된 이해를 증진시키는 것과 관련하여 스테인 로칸은 지대한 공헌을 했다. 로칸의 해석은 여러모로 볼 때, 특히 1960년대 후반부터 1970년대 초반 사이에 정치학을 처음 배웠던 나의 세대에는 우리의 정치적 환경이 어떻게 만들어져 왔는지에 대한 장기적인 관점을 대부분 제시해 주었다. 더구나 최근 유럽의 여러 비교정치학 논문들의 등장에도 불구하고 그의 해석은 거의 위협받지 않은 채로 남아 있다. 로칸이 만든 유럽의 지정학 지도를 고치려는 사람은 거의 없으며, 로칸이 발견한 대중정치와 정당체계의 발전과 통합에 중요한 역할을 하는 균열구조에 의문을 제기하는 사람 역시 있다 해도 극소수에 불과하다.
　그러나 서유럽 대중정치의 기원과 초기의 발전에 대한 로칸의 이해를 검증할 근거는 거의 제시되지 않았다. 그리고 근본적으로 유전적인 로칸식

---

* 이 장의 내용은 1992년 리메리크 대학 정치연구 유럽 컨소시엄의 합동 세션의 스테인 로칸 강연에서 처음 언급되었다.

접근이 현대 정치의 양상을 이해하는 데 더 이상 어울리지 않는다는 의견이 점점 힘을 얻고 있다. 특히 로칸이 정당체계 동결을 강조한 것은 엄청난 오산이라고 주장하는 논문이 다수 출간되고 있다. 전통적인 정당과 정당체계는 로칸이 립셋과 함께 유명한 동결 가설(Lipset and Lokkan, 1967)을 발전시킬 때까지는 동결되어 있었는지 모른다. 그러나 이후 우리는 불안정성과 변화가 확산되고 있다는 많은 증거를 보았다. 달리 말하자면 로칸의 연구는 과거는 잘 이해할 수 있지만, 현재를 이해하는 데는 점점 도움이 되지 못하고 있다.

동결 가설을 다시 상기해보자. 립셋과 로칸은 한 세대 전에 지배적이었던 정치 양상을 서술하면서 이런 말을 했다. "1960년대의 정치체계는 작지만 중대한 몇 가지 예외를 제외하면 1920년대의 균열구조를 반영하고 있다." 더구나 선거에서 경쟁하는 정당이나 정당조직들은 "대다수 유권자들보다 나이가 많다(Lipset and Lokkan, 1967: 50)."고 하였다. 간단히 말해 유럽 정치에서 새로운 것은 거의 없다.

최근의 관찰자들도 이러한 주장이 옳다고 이야기하고 있다. 1960년대의 정당체계와 정당들은 한 자리에 동결되어 있었다. 그러나 이러한 상황이 현재까지 지속되고 있는 것은 아니다. 현대의 서유럽 정치상황을 보자. 정당체계는 더 이상 동결되어 있지 않고, 많은 경우 정당들은 다수 유권자들의 나이보다 오랜 역사를 가진 정당이 아니다. 로칸에게는 아쉬운 일이지만 그의 가설은 위협받고 있다. 1960년대 후반 이후 구질서는 바뀌었고 현대는 새로운 정치의 시대이다. 물론 로칸의 말이 틀렸다는 것은 아니다. 그보다는 단순히 그의 분석이 현 상황을 따라가지 못하는 것으로 보는 것이 적절할 것이다.

동결 가설을 현대적 상황에 맞도록 개정하거나 더 나아가 가설 자체를 거부하는 것을 정당화할 수 있는 3가지 중요한 근거가 있다. 첫 번째로 집합적인 선거 유동성이 분명하게 나타나고 있다. 집합적 선거 유동성이란 선거 때마다 움직이는 표의 순 이동량이다. 1960년대 후반부터 선거 때마다 선호하는 당을 바꾸는 유권자들이 너무나 많아졌다. 유권자들과 정당체계의 유동성이 커지고, 동결과는 거리가 멀어졌다. 이를 처음으로 강조한 사람은 페데르센(1979)이다. 그는 제2차 세계대전 이후 유럽에서 나타난 선거 유동성의 양상을 최초로 도표화한 인물이다.

두 번째로 새로운 정당들이 지지를 얻고 동원에 성공하는 사례들은 대중 정치가 더 이상 구 정당, 즉 다수 유권자들의 나이보다 오래된 정당에 의해 좌우되지 않는다는 것을 증명하고 있다. 또한 새로운 정당들이 성장해 구 정당의 지위를 위협하고, 그 자리를 빼앗으려 하고 있다. 더구나 이들 신당은 주된 관심사나 조직 스타일 면에서 구 정당들과 크게 다르다. 키트쉘트(Kitschelt, 1988)와 포군트케(Poguntke, 1987)는 최근 이러한 변화의 중요성을 매우 강조한 학자들이다. 그러나 그 외에도 많은 논문들이 이러한 변화를 강조했다(예를 들면 Dalton and Kuechler, 1990).

더욱 일반적인 세 번째 이유는 정당이 가진 조직과 대표성 기능은 물론 시민을 연결하여 의사를 결정하는 기구로서의 기능이 약화되고 있다는 점이다. 또한 새로운 이익 조정 집단이 등장하고 있다. 정당에 대한 이러한 도전은 신조합주의적인 구조와 이익집단의 발전 및 강화 때문이라고들 말하지만 이 논의의 후반에서는 이들 집단도 해산되는 경향을 보이고 있으며 더욱 최근에는 신사회운동이 강조되고 있음을 지적하고 있다. 이러한 변화의 특징이 신조합주의나 신사회운동(둘 다 '신' 이라는 말이 붙은 것을 주의하라) 중 무엇이건 간에 정당에 피해를 입히는 것은 사실이다. 그러므로 예를 들어 로슨과 머클(Lawson and Merkl, 1988b)은 정당의 실패 조건이나 실패 여부가 아닌 실패 시기를 논하고 있으며, 이러한 경향은 의심할 여지가 거의 없다.

이러한 3가지의 변화 양상은 선거 변화에까지 그 맥이 닿아 있다. 이는 기존 구조의 해체(정당의 퇴조), 재편(신당 등장), 또는 둘 다(집합적 선거 불안정성)에서 비롯된 것이다. 그러나 나는 이 장에서 이러한 선거 변화의 이미지가 대부분 허상에 불과하다는 것을 논하려 한다. 이러한 이미지는 대중적이고, 사람을 흥분시키며 또한 새롭다. 그리고 새롭다는 것은 유행을 따르는 우리의 분야에 잘 들어맞는다. 그러나 새롭고, 흥미롭고 유행에 따라

변하는 다른 것들처럼 선거 변화 역시 기반이 없으며 현대 유럽에서 벌어지고 있는 선거 배열의 양상과 실질적인 연관이 없다. 나는 유럽의 유권자들이 실제로는 안정적이라는 점을 경험적 증거를 들어 논할 것이다. 정당들의 배열은 비교적 동결된 상태를 유지하고 있으며 구 정당은 계속 살아남았다. 달리 말하자면 립셋과 로칸이 1960년대 후반에 논했던 동결, 노화, 안정성이 현재에도 들어맞음을 주장할 것이다.[1]

물론 이는 서유럽 선거 시장이 전체적으로 정체되어 있다는 의미는 아니다. 그리고 어떤 경우에는 집합적 수준에서조차 급격한 변화가 일어나기도 한다. 그러나 일반적으로 전체적인 서유럽의 정치 경험을 볼 때 대규모의 변화는 예외적인 일이다. 더구나 덴마크, 네덜란드, 노르웨이, 독일 등 거대하고 광범위한 정치적 변화를 많이 겪은 나라에서도 연속성은 불연속성보다 더욱 두드러지게 나타난다.

I. 선거 유동성의 수준

일단 집합적 수준에서의 선거 유동성부터 살펴보자. 선거 유동성의 증가는 유럽의 정당체계가 더 이상 동결되어 있지 않다는 증거로 자주 인용된다. 여기서 문제가 되는 것은 1960년대 후반, 그러니까 립셋과 로칸이 정당체계의 동결을 이야기한 시기 이래 가정된 명확한 유동성 증가의 범위이다.

정치적 불안정성의 증가에 대한 관심을 처음 촉발시켰던 학자인 페데르센이 사용한 지수에 따르면 선거 유동성 지수는 0부터 100까지이다. 0은 변화가 없고 모든 정당이 이전의 선거와 똑같은 비율의 지지를 받는 상태이며, 100은 모든 것이 변화되어 기존의 모든 정당이 신당으로 대체되는 상황

---

[1] 나는 이 장 전체에 걸쳐 바르톨리니와 메이어(1990)에서 언급되고 갱신된 증거를 많이 거론할 것이다.

이다.[2]

물론 이 지수에도 이론적 한계는 있다. 실제로 100까지 갈 일은 전혀 없지만, 그래도 상당히 높게 올라가는 경우가 있기는 하다. 바르톨리니와 메이어(1990)가 1885년부터 1985년 사이에 있었던 303건의 선거를 분석한 결과 가장 유동성이 높았던 선거는 1920년 독일 선거로 32.1의 수치를 보였으며, 1973년 덴마크에서 지각변동 수준의 선거 유동성이 발생했을 때의 수치가 21.2였다. 실제로 1950년대 프랑스의 평균적인 선거 유동성 수준은 22.3이었다. 따라서 이론적으로 나타날 수 있는 최고 수준이 기록된 적은 없지만 서유럽 선거에서 기록된 실제 값의 범위는 때로 사실을 나타내 주는 것이라 하겠다.

그러나 예외가 있다는 점을 지적할 필요가 있다. 서유럽 전체로 보면 매우 안정적인 기간과 매우 유동성 높은 기간이 뒤섞여 있던 1945년부터 1989년 사이의 집합적 유동성 평균은 8.7이었다. 이는 제2차 세계대전 종전 후 서유럽의 선거를 보면 평균 9퍼센트가 안 되는 표만이 순이동을 했다는 것이다. 그리고 이는 다시 말해 순 집합적 안정성이 91퍼센트가 넘는다는 뜻이다.

그러나 더욱 놀라운 것은 이처럼 안정적인 평균 유동성의 수치도 누구나 정당체계가 동결되었다고 생각하는 양차 대전 사이의 기간보다 낮다는 것이다. 그 시기의 평균 유동성은 9.9였다(Bartolini and Mair, 1990: 100). 제2차 세계대전 이후 그 전에 비해 유동성이 감소했으며, 계속 감소되고 있다. 누구나 로칸의 견해에 동조했던 1945년부터 1965년에 이르는 평형상태 당시의 유동성 지수는 9.0이었다. 반면 누구나가 불안정성과 변화, 체계 재편을 이야기했던 1966년부터 1989년 사이의 평균 유동성은 8.5였다. 이는 균형상태의 시기나 양차 대전 사이의 기간보다도 낮은 것이었다. 사실 보통선거 제도와 대중정치 도입 이후의 3대 주요 시기인 양차 대전 사이의

---

[2] 이 지수의 값은 모든 이긴 당의 집합적 선거 득표율의 합계 또는 모든 패배한 정당이 상실한 득표율의 합계이다(페데르센, 1979).

기간, 제2차 세계대전 종전 후 초기, 그리고 가장 최근의 시기에 집합적 선거 유동성은 꾸준히 낮아졌다고 볼 수 있다. 이를 변화나 위기, 심지어는 해빙기로 볼 수는 없다.

또한 집합적인 변화가 이처럼 제한된 방식으로 일어난다 하더라도 균열 경계선이 관련될 만큼 심각하지는 않다는 점을 강조해야 한다. 그보다 집합적 증거를 보면 유권자들의 지지가 언제 바뀌는지는 바로 나타난다. 유권자들은 적대정당 사이에서가 아니라 우호정당 사이에서 더 잘 바뀐다. 전통적인 사회주의자-자본가 균열축의 경우 바르톨리니와 메이어(1990)가 지적했던 제휴가 형성되어 있다. 즉 우파 정당이 표를 잃으면 다른 우파 정당에게 이득이 되고, 좌파 정당이 표를 잃으면 다른 좌파 정당의 이익이 된다는 것이다. 이러한 표의 이동은 거의 균열 경계선을 넘지 않는다.

그 결과 사회주의 진영과 자본가 세력 사이의 집합적 선거 유동성 수준은 정당체계 간의 선거 유동성 수준보다도 낮다. 1945년부터 1989년 사이에 앞서의 0에서 100까지의 지수로 나타낸 균열간 유동성은 2.9였으며, 양차 세계대전 사이 기간에는 그 수치가 3.2였다. 이는 놀라울 정도로 낮은 수준으로 선거에서 다음 선거까지 유동성 지수의 평균이 3퍼센트도 안 된다. 동결 과정이 진행된 시기 이후 유동성 하락이 별로 없음을 다시 한번 보여주는 것이다.

그러나 이 경우 제2차 세계대전 이후의 시기를 전기인 균형상태 시기(1945~1965)와 후기인 혼란과 붕괴 시기(1966~1989)로 나누었을 경우 불안정성은 증가했다고 말할 수밖에 없다. 실제로 서로 다른 계급 진영 사이의 유동성은 전기인 동결기에는 2.85였으며 새로운 정치 시대인 후기에는 2.95였다. 유동성 지수가 0.1이 증가한 것은 실로 놀라운 일이다. 우리는 재미있는 시대에 살고 있다.

세 번째로 알 수 있는 점은 더욱 강조되어야 마땅한데, 모든 국가에서 본질적인 선거 결과의 변화가 없었다는 점이다. 어느 나라에서건 아무리 작은 변화의 증거도 관찰되지 않았다. 근년에 들어 여러 나라에서 유동성이 높아지고 있으며, 덴마크, 아이슬란드, 네덜란드는 대표적인 사례이다.

반면 프랑스, 독일, 아일랜드, 이탈리아와 같이 유동성이 줄어드는 나라도 있다. 또한 선거 변화의 중심이 큰 나라에서 작은 나라로 옮겨가는 것도 분명하다. 그러나 중요한 점은 유럽 전반에 걸쳐 선거 불안정성이 나타나는 추세는 아니라는 점이다.[3] 유럽 전체를 하나로 놓고 본다면 이러한 상황은 현 선거 상태가 유지되고 있다는 증거라고 볼 수 있다. 더구나 로칸 이후 시기, 또는 이른바 재편 시기의 덴마크, 아이슬란드, 룩셈부르크, 네덜란드 등 가장 유동성 높은 국가들도 유동성 지수는 0에서 100의 수치 가운데 10~12 정도의 수준에 그치고 있다.

II. 오래된 정당의 생존

그러나 적어도 선거결과에 변화가 있었다는 믿음을 가진 사람에게 이 모든 정황들은 논외이다. 선거와 선거 사이의 집합적인 변화는 이러한 변화의 방향 및 그것이 누적되면 어떻게 되는지에 대해 알려주는 것이 거의 없다. 선거 때마다 5~10%의 표가 바뀐다고 해도 한 선거에서 다음 선거까지의 변화가 장기간에 걸친 변화를 이끌어내어 구 정당의 점진적인 퇴보와 신당의 점진적인 융성을 가져올 수도 있다는 점을 간과하면 안 된다. 그런데 과연 그런 것일까?

이를 검증하는 가장 좋은 방법은 지속적으로 선거에 참여한 정당의 1960년대 초반의 선거력과 현재의 선거력을 정밀 비교해 보는 것이다. 이러한 정당은 립셋과 로칸이 정당체계가 동결되었다고 결론지은 그 시기부터 현재까지 계속 정치에 참여해왔기 때문이다. 이러한 구 정당에는 립셋과 로칸이 1960년대 초반에 대부분의 국민 선거 이전보다도 오래되었다고 묘사

---

[3] 페데르센(1979)은 유럽 전반에 걸친 추세는 없음을 지적했다. 그의 논문을 파급적인 변화의 증거로 인용하는 사람들은 이 점을 보지 못하는 경향이 있다.

한 여러 정당이 포함된다.4) 그렇다면 구 정당은 최근의 선거에서는 어떻게 대처하고 있는 것일까? 이들도 사실상의 침체를 겪은 것일까? 대다수 유권자들의 나이보다 역사가 짧은 신당에게 패배한 것일까?

이를 뒷받침하는 명백한 증거는 없다. 적어도 구 정당이 상당한 패배에 직면했다는 증거는 없다. 물론 이러한 구 정당들이 1960년대 초반만큼 높은 득표율을 얻지 못하는 것은 확실하다. 그러나 1960년대 초반에 비해 30년이 지난 현재를 돌이켜 보면 이러한 결과가 놀랄 만한 일은 아니며, 이들이 잃은 표가 그렇게 많은 것도 아니다.

예를 들어 1960년대 초반에 구 정당들은 유럽 14개 국가에서 95%를 약간 밑도는 득표율을 보이고 있었다.5) 프랑스민주연합(UDF)을 신당으로 배제하더라도 프랑스의 경우 구 정당들은 75%를 득표했으며, 스웨덴에서는 100%의 지지를 얻었다. 반면 1980년대 후반, 1990년과 1991년 등 최근의 선거에서는 이러한 구 정당이 평균 84%를 득표하는 데 머물렀다. 프랑스에서는 66%, 오스트리아에서는 92%를 얻었다(〈표 4-2〉 참조). 이를 통해 30년이 지났음에도 구 정당들은 평균 11%의 득표율만을 1960년대 중반 이후 데뷔한 신당에 내주었을 뿐임을 알 수 있다. 이 기간에 많은 정치적 변화가 있었음을 감안할 때 이 정도의 변화로 지각변화가 일어났다고 보기는 미약하다. 실제로 오스트리아, 핀란드, 독일 중 구 서독 지역의 최근 선거에서는 이러한 낡고 케케묵은 정당들이 90% 이상의 득표를 했다.

---

4) 이 분석의 목적에 대해서 말하자면 단순히 정당의 이합집산을 가지고 구 정당의 소멸이나 신당 탄생으로 볼 수는 없다. 예를 들어 과거에는 연합했지만 현재는 분열된 벨기에의 기독당, 사회당, 자유당은 구 정당으로 여겨진다. 역사가 긴 3개 종교정당과 연합한 네덜란드의 기독교민주당은 물론 핀란드의 좌익 동맹(구 인민 민주 연맹의 후신) 역시 마찬가지이다. 반면 프랑스 정치계 내에서 중도우익적 신당으로 여겨지는 프랑스 UDF 역시 영국의 사회민주당과 아일랜드의 진보민주당, 노동자당과 마찬가지로 신당으로 볼 수 있다.

5) 1960년대 초반의 선거에서 남아 있는 5퍼센트는 1990년대 초까지 살아남지 못한 구 정당의 것이다. 이는 재편 논의 지지자들에 대한 최소의 지지를 제공한 것으로 인용될 수 있다. 나의 관점은 사라진 정당의 5퍼센트는 살아남은 정당의 95퍼센트에 비교할 때 중요하지 않다는 것이다.

그러나 이렇게 큰 복원력보다도 더욱 놀라운, 1960년대 이전 구 정당의 생존을 알려주는 증거가 있다. 그것은 강조할 가치가 있음에도 최근 유럽 정치를 다룬 글에서 지나치게 무시되고 있는데, 선거연령 저하와 베이비붐 세대의 유입으로 인해 유럽 유권자층이 엄청나게 증가했다는 점이다. 1960년대에 와서야 여성에게도 선거권을 부여하여 유권자 수가 두 배 이상 늘어난 스위스를 제외하더라도, 전 유럽의 유권자 수는 1960년대에 비해 30% 이상 늘었다. 네덜란드 같은 경우 65%, 아일랜드는 45%가 증가했다. 오스트리아나 벨기에 같은 경우도 좀 덜하기는 하지만 각각 17%와 18%가 증가했다(〈표 4-1〉 참조). 모든 국가에서 이러한 유권자 수의 증가는 분명하다

〈표 4-1〉 서유럽 유권자의 성장

국가	1960~64 유권자(천 명)	1987~91 유권자(천 명)	성장률(%)
오스트리아	1962: 4805.4	1990: 5628.9	+17.1
벨기에	1961: 6036.2	1991: 7144.9	+18.4
덴마크	1960: 2842.3	1990: 3941.5	+38.4
핀란드	1962: 2714.8	1991: 4060.8	+49.6
프랑스	1962: 27540.4	1988: 36977.3	+34.3
(서)독일	1961: 37440.7	1990: 48099.3	+28.5
아이슬란드	1963: 99.8	1991: 182.8	+83.1
아일랜드	1961: 1670.9	1989: 2448.8	+46.6
이탈리아	1963: 34201.7	1987: 45583.5	+33.3
네덜란드	1963: 6748.6	1989: 11112.2	+64.7
노르웨이	1961: 2340.5	1989: 3190.3	+36.3
스웨덴	1960: 4972.2	1991: 6413.2	+29.0
스위스	1963: 1531.2	1991: 4510.8	+194.6
영국	1964: 35894.1	1987: 43180.6	+20.3

출처: Mackie and Rose(1982/1991); Mackie(1991; 1992); Koole and Mair(1992 *et seq.*)

(Katz, Mair et al., 1992 참조). 간단히 말해 완전히 새로운 유권자들이 등장한 최근의 선거에서도 선거 환경이 변화하기 이전의 정당들이 여전히 중요한 부분을 차지하고 있다는 것이다.

또한 놀라운 것은 구 정당이 증가한 유권자 중 상당수를 포섭하고 있을 뿐 아니라 절대적인 관점에서 봐도 많은 표를 얻고 있다는 점이다. 필자가 관찰한 12~14개국 가운데 심지어 구 정당의 득표율이 하락한 나라에서도 구 정당은 오히려 득표수 증가를 보였다. 더 자세히 말하자면 득표율에서는 11%가 하락했음에도 불구하고 구 정당이 얻은 표의 숫자는 거의 17%가 늘었으며 스위스의 경우를 포함할 경우 21%가 늘어난 셈이 된다(〈표 4-2〉참조). 실제로 유럽 전체에서 구 정당의 득표수가 감소한 나라는 오스트리아와 벨기에 뿐이다.

앞서 열거한 나라들의 전반적인 구 정당의 득표 수 증가는 선거 변화로 인해 동결 가설이 흔들린다고 믿는 사람들도 자주 인용하며 인정하는 사실이다. 예를 들어, 1990년 덴마크 선거에서 구 정당은 1960년 선거에 비해 14%나 많은 표를 얻었다. 독일의 경우 1990년 구 서독 지역 선거에서도 역시 구 정당이 1961년 선거에 비해 14% 많은 표를 얻었다. 전통적 정당의 위기론이 광범위하게 논의되고 있는 네덜란드에서도 1989년 선거에서 구 정당이 1963년에 비해 33%나 많은 득표를 했다.

간단히 말하자면 1980년대의 유럽 선거는 로칸이 동결 가설에서 말한 시기보다도 더욱 안정적이고 예측 가능한 양상을 보여주는 것이 일반적임이 증명되었다. 적어도 현재까지는 일반적인 양상에서 안정성이 감소했다고 볼 수는 없다. 더구나 영국의 경우 구 정당의 득표율은 로칸이 이론을 발전시키던 1960년대 이래 지난 30년간 11%나 줄어들었지만 여전히 대중적인 인기는 확고하다. 오래된 정당은 30년 전에 비해 매우 커진 표밭에서도 충분히 많은 표를 거두어들이고 있다. 선거 변화의 신화가 널리 확산되었지만 실제로는 선거의 계속성과 지속성이 나타난다는 점은 놀라운 현상이다.

〈표 4-2〉 전통적 정당들의 생존*

국가 (최초 선거년, 최근 선거년)	'오래된' 정당의 최초 선거 득표율 (%)	'오래된' 정당의 80년대 말/ 90초 득표율(%)	'오래된' 정당의 득표율 변화 (%)	'오래된' 정당의 득표수** 변화 (%)
오스트리아 (1962, 1990)	99.5	92.0	-7.5	-2.4
벨기에 (1961, 1991)	97.1	76.1	-21.0	-8.2
덴마크 (1960, 1990)	94.8	81.5	-13.3	+14.1
핀란드 (1962, 1991)	94.5	90.8	-3.7	+13.9
프랑스 (1962, 1988)	75.4	66.8	-8.6	+15.9
(서)독일 (1961, 1990)	94.3	90.6	-3.7	+13.9
아이슬란드 (1963, 1991)	99.8	87.4	-12.4	+54.5
아일랜드 (1961, 1989)	90.9	84.2	-6.7	+31.2
이탈리아 (1963, 1987)	97.4	90.9	-6.5	+17.1
네덜란드 (1963, 1989)	90.5	84.9	-5.6	+33.2
노르웨이 (1961, 1989)	96.9	84.7	-12.2	+25.8
스웨덴 (1960, 1991)	99.9	80.4	-19.5	+5.2
스위스 (1963, 1991)	96.3	78.1	-18.2	+72.1
영국 (1964, 1987)	99.4	87.6	-11.8	+3.7
평균	94.8	84.0	-10.8	+20.7(+16.8)***

* 전통적 또는 '오래된' 정당은 최초 선거와 최근 선거에 모두 참여했던 정당을 대상으로 한다
** 최초 선거에서 정당들이 획득한 표를 기준으로 득표수의 증감을 %로 제시한다
*** 괄호 안의 수치는 스위스를 제외한 것이다
출처: 〈표 4-1〉과 같다

III. 선거 변화의 신화는 왜 유지되는가?

이러한 계속성의 증거가 있는데도 정당 배열이 변하고 있으며 정당체계가 더 이상 동결되어 있지 않다는 믿음은 어떻게 유지되는 것인가? 달리 말하자면 선거 결과가 변하고 있다는 신화를 유지시키는 것은 무엇인가?

이에 관련된 요소는 다음 세 가지이다. 가장 단순한 첫 번째 요인은 새로운 것이 주는 충격과 매력이다. 새롭다는 것은 사람을 흥분시키기 때문에, 중요한 것으로 여겨지는 경향이 있다. 그 때문에 5%의 사람들이 녹색당에 투표했다는 것은 중요하게 인식되는 반면, 95%의 사람들이 투표하지 않았다는 더 중요한 사실은 간과된다. 사회민주당이 녹색당보다 7~8배나 더 많은 표를 거두어들이고 있는데도 녹색당에 대해 더 많이 알려져 있고 더 많은 서적과 논문이 나왔다는 것은 이해하기 어려운 일이다. 비교정치학은 그리 높은 수준의 정밀함을 요구하지는 않지만 확실히 감정에 치우치는 측면이 있다.

그리고 더욱 중요한 두 번째 요소는 사람들이 정치가 사회의 자동적인 반영이라고 생각하는 경향이 있다는 것이다. 우리는 사회가 변하면 정치도 자동적으로 변할 거라고 가정한다. 따라서 계급이나 기타 사회적 경계선이 흐려지면 선거 변화가 필연적으로 도래할 거라고 가정한다. 새로운 계급 구조, 새로운 사회 및 인구학적 양상으로 인해 필연적으로 새로운 정치가 등장하게 된다고 여겨진다.

그러나 각 당의 관심사, 즉 거의 모든 분야에 걸쳐 새로운 사회 문제와 새로운 정부의 관심사의 변화에 따른 필연적이고 본질적인 견해 차이가 항상 바뀌어 온 것은 사실이지만 이러한 사회적 변화가 반드시 신당의 출현을 의미하지는 않는다. 사실 서유럽의 구 정당 생존과 관련해서 가장 놀라운 점은 이들이 엄청난 사회적 변화 속에서도 살아남았다는 것이다.

아일랜드의 경우가 가장 적합한 사례인데, 1961년부터 1989년 사이에 아일랜드인의 서비스직 종사 비율은 39%에서 57%로 증가했다. 반면 농업 종사자 비율은 37%에서 15%로 줄었다.[6] 같은 기간 동안 노동당(장기적 '신데렐라' 정당)의 집합적 선거 지지율은 12%에서 10%로 하락했다. 전통적으로 제2당이던 아일랜드 통일당의 집합적 선거 지지율은 32%에서 29%로 하락했다. 반면 전통적으로 집권당이었던 아일랜드 공화당의 집합적 선거 지지율은 44%를 유지했다. 큰 사회적 변화에도 불구하고 집합적인 선거결과의 안정성 수준은 유지되었다.

이에 대한 타당성 있고, 또한 일반화할 수 있는 하나의 설명은 대규모 사회적 변화와 구조적 이동, 즉 시골 인구가 대규모로 도시로 이동하는 등의 변화나 산업 중심이 농업에서 서비스업, 공업으로 변화함에도 불구하고 상당수의 유권자들은 원래 가지고 있던 투표 선호도를 유지한다는 것이다. 계급 구조가 변하더라도 정치적 경계선은 살아남는다. 하지만 유럽 선거의 재편이나 역전, 전통적 균열구조의 퇴락에 대한 많은 논문을 보면, 다시 말해 선거 변화에 대한 잘못된 믿음을 표현한 수많은 논문을 보면 이러한 지속성의 잠재력은 대부분 무시된다. 계급과 사회적 경계선의 변화를 논할 때 정치적 경계선은 반드시 변해야 하는 것으로 인식된다. 그리고 개인 또는 구조적 이동이 광범위한 정치적 일체화에 영향을 미치지 않을 수도 있다는 점 역시 대부분 무시된다.

여기서 문제점은 상당수의 분석가들이 립셋과 로칸의 동결 가설을 보면서 '일정한 사회 세력은 항상 같은 정당을 지지한다'는 뜻으로 너무 쉽게 생각하는 점이다. 그러므로 동결 이론대로라면 과거 노동자 계급에서 대부분의 지지를 받았던 정당은 언제까지나 노동자 계급에서 많은 지지를 받아야 하고, 과거에 가톨릭 신도들에게서 많은 지지를 얻었던 정당은 언제까지나 가톨릭 신도들에게서, 농민들에게서 많은 지지를 얻었던 정당은 언제까지나 농민들에게서 지지를 얻어야 할 것이다. 그러나 이는 균열과 정치적 편성을 이루는 균열의 능력에 대한 시각이 좁기 때문에 생기는 논의이다. 그리고 이는 균열을 그저 사회적 계급화의 지표로 보고, 사회 계층 자체가

---

6) 아일랜드 하면 떠오르는 고전적 농장과 시골 지역사회의 이미지는 현재 실상과는 큰 차이가 있다. 농업 종사자 중 실업자의 수는 현재 33%가 넘는다.

바뀜에 따라 반드시 변해야 하는 현상으로 오해한 것이기도 하다. 이러한 관점은 균열구조가 가진 가치와 집합적 동일성, 조직적 구성요소를 무시하고 로칸이 서유럽 대중정치 형성과 성장을 분석하는 데 적용하려고 한 균열의 개념을 심하게 평가절하시켰다. 사실 균열구조를 사회 계급화 체계를 부르는 또 다른 용어로만 이해하는 관점에서는 동결된 정당체계, 동결된 균열구조, 동결된 사회라는 결론만 나올 수 있다. 하지만 이는 어불성설이다. 지금으로부터 20년도 더 전에 립셋과 로칸의 분석이 갖는 중요성에 대해 처음 찬사를 했던 사람 중에는 사르토리(1969)도 있었다. 그는 이른바 정치의 사회학(sociology of politics)과 정치를 그저 사회현상의 종속물로 보는 시각을 경계했다. 이렇듯 계속 정치의 사회학을 강조하고 그에 따라 진짜배기인 로칸 학파의 정치 사회학(political sociology)을 무시하는 풍조는 선거 변화에 대한 잘못된 믿음을 유지해주고 있다.

  이어서 세 번째 요소는 반증사례들에도 불구하고 선거 변화는 사회 변화의 필연적인 귀결이라며, 환경 변화에 적응하여 지지도를 유지할 수 있는 정당의 능력을 무시하는 연구자들의 고집을 들 수 있다. 로칸과 사르토리가 계속 일깨워주듯이 정당은 독립적인 행위주체이며 어느 정도는 경쟁 환경을 만들어 나가는 역할도 한다. 그러므로 사회구조의 변화에 따라 정당 지지의 사회적 기반이 변화하고, 새로운 사회 문제와 갈등, 분쟁들로 인해 필연적으로 정당과 정부의 정책과 우선순위가 변화하더라도 정당은 그에 맞게 모습을 바꾸고 지지를 끌어내는 수단도 바꾼다. 이제까지 살아남았다는 것만 봐도 이들이 이 일을 제대로 해냈음은 분명히 알 수 있다.

  하틀리(L. P. Hartley)가 지적하듯이 과거는 사실 외국이나 마찬가지이다. 외국에서는 전혀 다른 방식으로 일이 이루어진다. 정당 또한 마찬가지이며, 과거의 정당은 지금의 정당과 다르다. 하지만 이러한 차이가 그 정당을 반드시 약화시키는 것은 아니며, 정당 구도의 동결을 깨뜨리는 것도 아니다. 단순히 과거의 정당과 현재의 정당이 다른 정당이며, 그들은 완전히 다른 환경에 적합하도록 정책과 전략, 경쟁방식을 변화시켜 생존을 추구해왔다는 점을 의미할 뿐이다. 정당들은 이제까지 오랫동안 그래왔고, 보통은 매우 성공적이었다. 심지어 1990년대에도 선거 변화에 대한 여러 잘못된 믿음이 있지만 정당은 성공적으로 살아남았다.

IV. 정당에 대한 무시

결론을 짓자면 나는 선거 변화를 강조하는 모든 의견은 오해에 기인했다고 생각한다. 이러한 의견을 따르다 보면 정당이 왜 실패하는가, 왜 위기에 처하는가, 왜 시대에 뒤처졌는가 하는 의문에만 신경을 쓰게 된다. 그 결과 그 정당이 어떻게 살아남았는가 하는 데는 신경을 덜 쓰게 된다. 그러나 정당의 생존 비법이야말로 대중정치에 대한 비교연구에서 가장 중요한 의문 중 하나이다.

동시에 우리가 정당의 본질에 대한 분석과 조직으로서의 정당 분석을 도외시할 때 정당의 생존방법에 대한 탐구 역시 무시될 수밖에 없다(Katz and Mair, 1992b 참조). 뒤베르제, 키르크하이머, 노이만(Neumann) 등의 학자들이 제2차 세계대전이 종식된지 얼마 안 되어 실시한 대중정치 연구에서는 정당을 조직으로 보았으며 국민과 국가를 연결해주는 필수적인 정치적 가교로 여겼다. 그러나 1960년대 후반부터 연구의 중심은 국민 자체와, 정당에 대한 국민의 반응으로 쏠렸다. 그리하여 개별 선거 행태에 대한 논문이 쏟아졌다. 또한 정당을 정치지도자나 권력자의 팀으로 파악하여, 그 연합과 정책형성에 대한 논문이 양산되었다. 그리고 이러한 흐름 속에서 정당을 조직으로 보는 시각은 완전히 사라졌다.

그 결과 정당을 이익 대표의 방식으로 보는 시각은 사라졌고 따라서 정당과 다른 이익 대표 집단을 가르는 기준도 사라졌다. 그러므로 시간이 흐르면서 신조합주의부터 신사회운동까지 다양한 대안적 중개 통로가 등장하는 것을 볼 수 있다. 내가 특히 강조하고 싶은 것은 정당을 조직으로 보는 시각이 사라진 탓에 정당을 자신의 권리를 가지고 행동하는 독립적 행위

주체로 간주하는 시각이 많이 줄어들었다는 것이다. 그러나 정당은 외부의 환경 변화에 두 손 놓고 맥없이 끌려다니는 행위자가 아니라, 주변 환경을 조성하며 존속해 나갈 수 있는 행위자이다.

정당은 여전히 중요하며, 계속 생존해 나갈 것이다. 로칸이 동결 가설을 다듬기 전부터 존재했던 오래된 정당들은 현재에도 살아남아 있다. 그리고 신당과 새로운 사회운동의 도전에도 불구하고 대부분의 구 정당들이 아직까지 유력하고 지배적인 위치를 점하고 있다. 이들은 선거를 통해 지지율의 잠식을 크게 겪지 않았다. 지금의 선거 결과 지형은 30년 전과는 다르지만 선거 유동성은 과거에 비해 크게 늘지 않았다.

로칸에 따르면 1960년대의 정당은 대부분의 유권자들보다 오래되었다. 30년이 흐른 지금도 같은 정당들이 서유럽의 대중정치를 장악하고 있다. 간단히 말해, 그들은 그때보다 지금 더 오래되었다.

제3부

정당조직과 정당체계

- 제5장 정당조직, 정당 민주주의, 그리고 카르텔정당의 등장
- 제6장 대중적 정당성과 공공 특권: 시민사회와 국가에서의 정당조직

제5장

정당조직, 정당 민주주의, 그리고 카르텔정당의 등장*

　　정당에 대한 논문, 특히 오스트로고르스키(Ostrogorski, 1902) 이후 시대의 논문과 그 논문에 나타난 다양한 상징과 분석(규범적 및 경험적인)에서 나타나는 공통적 경향이 있다면, 그것은 정당이 시민사회와 맺고 있는 관계에 기초하여 정당을 분류하고 이해할 수 있다는 시각이다(예를 들면, Duverger, 1954; Neumann, 1956; Panebianco, 1988 등을 참조하라). 여기에는 두 가지 함의가 있다. 첫 번째는 대중정당 모델을 모든 것을 판단하는 표준으로 설정하려는 추세이고(Lawson, 1980; 1988; Sainsbury, 1990) 두 번째는 국가와의 관계에서 나타나는 정당 간 차이를 과소평가한다는 점이다.

　　이 두 가지 함의 모두 근거가 빈약하다는 사실을 밝히는 것이 이 장의 논점이 될 것이다. 앞으로도 설명하겠지만 대중정당 모델은 민주주의 개념에 종속되어 있고(Pomper, 1992를 참조하라), 한편으로는 사회구조라는 이념과 밀접하게 연결되어 있는데 둘 중 어느 것도 후기산업사회의 특징이

---

* 이 장의 내용은 필자와 카츠(Richard S. Katz)와의 공동작업으로 이루어진 것이다.

아니다. 더구나 대중정당 모델은 선거 발전의 선형 과정을 의미하는데, 이는 최근의 발전을 고려하더라도(예를 들어, 키르크하이머의 포괄정당이나 파네비안코(Panebianco)의 선거전문가 정당) 안정 또는 쇠퇴라는 두 선택지의 종점이 나오며 진화의 종말에 대한 모든 가설과 마찬가지로 이 선형 과정 역시 타고난 용의점을 가지고 있다. 대조적으로 이는 서구 민주주의의 정당 발전이 새 정당 유형이 더 나은 발전을 끌어내는 반응을 일으키고 또 다른 새로운 정당 유형과 새로운 반응을 만들어내는 변증법적 과정의 반영이라고 논하고 있다. 이러한 관점에서 대중정당은 계속되는 과정 속의 하나의 단계에 불과하다.

이러한 변증법적 과정을 촉진시키는 요인은 온전히 시민사회의 변화에서만 오지 않으며 또한 정당과 국가 간의 관계 변화에서도 온다는 것을 인식하는 것 또한 중요하다. 특히 최근에는 정당과 국가 간의 공생관계가 더욱 긴밀해지는 경향이 있으며 이로 인해 새로운 정당 유형인 카르텔정당이 출현할 배경이 조성되었다. 이전의 정당 유형과 마찬가지로 카르텔정당 역시 민주주의의 특정 개념을 가지고 있으며 더구나 이전의 정당 유형과 마찬가지로 더욱 강도 높은 반응을 촉진하고 더 강력한 진화의 씨를 뿌린다.

I. 대중정당과 포괄정당

대중정당을 모델로서 강조할 경우 두 가지 가정이 따라온다. 하나는 정당을 민주주의의 본질적 의미이자 제도적 필요조건으로 보는 것이고, 또 하나는 정당을 선거 승리를 위한 조직상의 필요조건으로 보는 것이다. 이 두 가지를 가장 눈에 띄게 발전시킨 것은 뒤베르제(1954)였지만 비어(Beer, 1969: 제3장)가 이른바 '사회 민주주의'라고 묘사한 영국 민주주의 모델이나 미국 민주주의에 대한 다양한 처방 중 하나인 흔히 말하는 '책임정당정부(Ranney, 1962)' 등에서도 이러한 전제를 발견할 수 있다.

전형적인 대중정당 모델에서 정치 생명의 핵심 단위는 미리 잘 정의된 사회 집단으로 개인 생활의 모든 부분은 이러한 집단들과 연계되어 있다(Neumann, 1956: 특히 403). 정치란 기본적으로 이러한 집단 사이의 경쟁, 분쟁, 협조에 관한 것이며 정당은 이러한 그룹과 개인 사이에 존재하는 기구로서 국가의 핵심 기구에 대표를 파견하여 정치에 참여하고 정부에 요구하며 궁극적으로는 정권 획득을 노린다. 이러한 프로그램은 단순한 정책 묶음이 아니라 일관적이고 논리적인 체계를 갖춘 것이다. 그러므로 정당의 통일성과 질서는 실질적으로 유익할 뿐 아니라 규범적으로도 정당해야 한다. 이러한 정당성은 국민이 정당 프로그램에 직접 개입함으로써 획득되며, 조직적 관점에서 볼 때 이는 정당의 정책결정과정에 최대한의 영향을 행사하기 위한 방법은 물론 전당대회라는 형식으로 원외정당 내의 주권을 행사하는 방법을 제공하는 지부 및 세포로 이루어지는 강력한 당원 조직이 필요함을 의미한다.

선거에서 개인의 선택은 유권자 대중을 정당이 대변하는 하위 집단의 하나로 그룹화하는 변화의 과정이다. 그리하여 선거 정치는 전환의 변화 정도가 아닌 동원의 변화율에 관한 것이다. 그럼에도 불구하고 시스템 수준에서 보면 사회주의 정당이나 대중정당 모델은 대중이 정책을 통제할 수 있을 것이라는 관점을 제시한다. 즉 유권자들이 정당과 그 정당의 정책을 지지함으로써 가장 많은 표를 얻은 정당 또는 정당연합이 정권을 잡는다는 것이다. 이 관점에서 정당은 시민과 국가 간에 필수불가결한 여러 가교를 제공해준다(Lawson, 1988: 36). 여기에는 조직의 이익을 추구한다는 부분적인 개념도 포함된다. 선거 경쟁은 기본적으로는 전환이라기보다 동원이므로 정당의 승리를 위해서는 그 정당을 지지하는 사람들, 즉 원래 지지자였던 유권자들의 참여도를 높이는 것이 필수조건이다. 정당은 합법성과 이익을 동시에 추구하므로 이러한 방법론은 보통 좌파 정당으로부터 전파되는 경우가 많다. 따라서 다른 이해관계나 사회 집단을 대표하는 정당들도 사회주의정당이나 대중정당 모델의 기본 특징과 전략을 적용하지 않으면 소멸하게 된다(Duverger, 1954: xxvii).

키르크하이머(1966)가 이른바 '포괄정당(the catch-all party)'이라고 명명한 정당의 등장은 정당이 사회의 이미 규정된 분파들을 대표한다는 인식에 큰 도전을 가했다. 처음에는 1950년대 후반과 1960년대에 걸쳐 고전적인 사회 경계선의 침식이 시작되었다. 이는 과거에 분명히 구별되었던 집단적 동질성이 약화됨을 의미한다. 따라서 사회의 각 분야를 구분하기가 어려워졌고 장기간에 걸친 이익을 공유하기도 어려워졌다. 두 번째로 경제 성장과 복지국가의 중요성이 대두되면서 프로그램이 더 이상 불화나 당파의 상징이 아니라 모든 사람, 적어도 거의 모두의 이익에 공헌하는 것이 될 수 있었다. 세 번째로 대중매체의 발전으로 인해 정당 지도자들은 선거에서 다수 유권자들의 마음을 얻을 방법을 찾게 되었고 선거에 참여하는 유권자들의 태도 또한 활발한 참여자라기보다는 소비자에 가깝게 변해갔다.

그 결과 등장한 새로운 정당 모델과 새로운 민주주의 개념은 어느 정도 비체계적이기는 하지만, 유럽 정치의 '미국화'로 규정되었다. 선거의 중심은 이제 정책, 또는 프로그램 선택이 아니라 지도자를 선택하는 것이 되었고 정책과 프로그램을 짜나가는 것은 일반 당원들이 아닌 정당 지도자의 특권이 되었다. 대중 통제와 책임은 더 이상 분명히 정의된 대안 기반을 통해 예상할 수 없었고 그보다는 경험과 기억에 의지해 소급해 나가는 것이 더욱 쉬웠다(Fiorina, 1981). 선거 행태는 경향이 아니라 선택에 따라 정해졌다(Rose and McAllister, 1986). 정서적인 정당 충성심을 발생케 하는 과정으로 알려진 유권자 동원은 더 이상 강조되지 않았고 유권자 전환 역시 마찬가지였다. 그 대신 이제 유권자들은 더욱 유동적이 되었고, 특정 정당에 헌신하지 않게 되었으며 어떠한 경쟁 정당이라도 받아들일 수 있게 되었다.

이러한 새 모델에는 문제가 있다. 정당의 초기 개념은 민주주의 작동에 필수적인 역할을 하는 존재로서 그 때문에 정당의 조직적 생존은 당연한 것이었다. 그러나 정당과 민주주의에 대한 새로운 개념에서는 정당의 역할을 그렇게까지 확고한 것으로 보지 않았다. 따라서 양식도 바뀌었지만 정당은 여전히 정부와 시민사회 간의 연결 고리로 평가받았다. 그러나 이러한 연관성은 점차 침식당하고 있었다. 따라서 정당의 몰락에 대한 수많은 저술이 나왔고 이러한 변화 속에서도 정당이 살아남을 수 있는 이유를 설명하는 글 또한 숱하게 나왔다(예를 들면 Pizzorno, 1981; Finer, 1984 등을 참조). 그러나 시선을 정당과 국가 간의 연결고리에 돌려 본다면 정당조직의 생존과 진화를 더 쉽게 이해할 수 있을 것이다.

II. 정당 발전의 단계

이제까지 논의된 정당 모델은 정당과 국가 간에 분명한 구분을 두었다. 고전적인 대중정당은 시민사회의 정당으로 특정 유권자 집단에 뿌리를 두고, 국가에 진입해 선거권자의 장기적 이익에 맞도록 공공 정책을 바꿀 책임이 있었다. 그에 반해 포괄정당은 시민사회의 정당으로 등장하지도 않았지만 시민사회와 국가 사이에 서서 외부에서 국가에 영향을 미치려고 하고, 실용주의적 소비자들의 단기적인 이익을 만족시키기 위해 일시적으로 감독하는 역할을 맡는다.[1] 간단히 말해 시민사회와의 관계는 다르지만 양 유형의 정당은 정부 바깥에 있으며 원칙적으로는 중립적이고 초당적인 영역에 있는 셈이다.

정당이 국가와 깨끗이 절연된 상태라는 가정은 고전적이고 진부하기까지 하지만 그럼에도 불구하고 이는 역사의 특정 기간에나 해당되는 말이다. 정당과 시민사회를 나누는 경계선의 명확성은 시간이 갈수록 변하고 있으며(포괄정당의 시대에는 명확히 구분되었으며, 대중정당의 시기에는 융합되어 있었다), 정당과 국가의 경계선 역시 마찬가지이다. 우리는 간단하고 정적인 3분법(정당, 국가, 시민사회) 대신 19세기 중반부터 현재까지 일련의 자극과 반응을 통해 움직이면서 정당, 국가, 시민사회 간의 경계선의 명확성과 관

---

[1] 정당 관료가 아니라 전문가들과 컨설턴트들이 조직을 경영한다는 점에서 포괄정당과는 본질적으로 다른 파네비안코(1988)의 선거전문가 정당에도 이 말은 통한다.

계를 바꾸어 온 진화 과정을 관찰할 것이다. 이 과정은 4개의 단계로 요약할 수 있다.

4단계 중 첫 번째는 19세기 후반과 20세기 초반에 걸친 자유주의적 선거권 자격제한체제로서, 무산자에게 선거권과 기타 정치 활동을 금지시킨 체제이다. 시민사회와 국가의 개념적 구분이 타당하던 시기에는 이 체제가 실효성이 있었음은 당연하다. 정치 활동을 금지하자 사회적, 정치적인 권리를 뺏긴 사람들은 시민사회 내에 정치 연관 조직을 만들었고 국가 권력을 점유하고 있던 사람들은 혈연 또는 이해관계에 따라 결속되어 있었는데, 혈연관계와 이해관계는 서로 밀접했을 뿐 아니라 상당히 상호침투적이기까지 했다. 이 시대의 특징은 단일한 국익을 발견하고 실현하는 것이 국가의 역할이라는 정치의 개념이 마련된 것이다. 이 맥락에서 볼 때 자연 발생한 정당은 버크(Burke)의 설명에 따르면 공익, 또는 덜 자비로운 역사적 해석으로 보면 사익을 추구하는 사람들의 모임이었다. 이러한 맥락으로 볼 때 상설편제를 갖추거나 고도의 조직력을 갖춘 조직은 거의 필요없었다. 지역의 상태라던가 확실한 지역적 연결 등 선거에 필요한 자원은 지역 차원에서 조달되는 것이므로 국가에 요구사항을 전달하는 사람은 굳이 매개를 거칠 필요가 없었다.

물론 이익을 조화시키는 것은 실제보다는 이론을 통해, 이론보다는 자신들에게 이익이 되지 않는 것을 배제하는 지배계급의 힘에 의해 더욱 확연히 실행되었다. 이와 비슷하게 한 지역 안의 자본가들과 소자본가들을 조직할 수 있고(예를 들어, 조셉 체임벌린(Joseph Chamberlain)의 버밍햄 코커스) 의회 내에서 단체 행동을 할 수 있는 경우에 가질 수 있는 장점은 곧 분명해졌다. 따라서 당시 시대를 풍미하던 반정당 정서는 곧 사라졌다. 그러나 정당은 여전히 간부형이었다. 그 모습을 도식으로 표현하면 〈그림 5-1〉이 되며 정당은 국가와 시민사회 사이에 끼어 있었다. 즉 당시의 정당은 국가와 시민사회에 모두 발을 걸친 사람들의 모임이었다.

산업화에 따라 도시화가 진행되면서 선거권 자격제한체제에서 규정한 기준 이상의 재산을 갖춰 선거권을 갖게 된 사람들이 늘어났으며 규정도

〈그림 5-1〉 간부정당 또는 코커스정당으로서의 정당

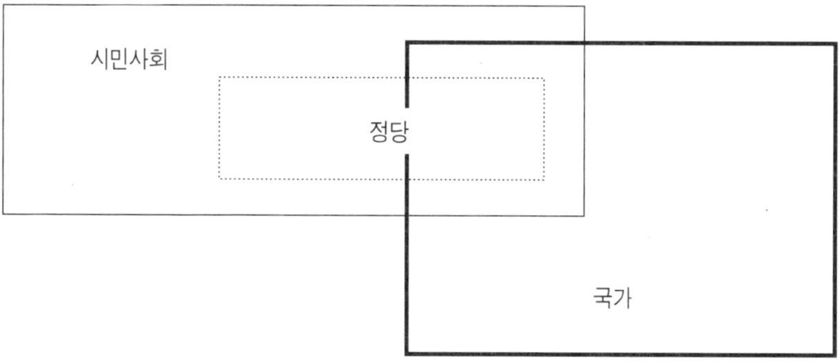

완화되었다. 게다가 노동자 계급 조직에 대한 제한은 점점 자본가 정부의 자유주의적 해석과 공존할 수 없게 되었고 노동자들이 정치권과 산업 부문에서 조직을 결성하고 단체행동을 펼치는 것을 막을 수 없게 되었다. 또한 이러한 과정으로 인해 국가와 매우 거대해진 시민사회의 정치 연관 부분 간에 뚜렷한 분화가 생겨나면서 후자에는 국정 운영에 직접 관여하지 않는 많은 사람들, 즉 국가를 '우리'가 아닌 '그들'로 여기는 사람들까지 포함하게 되었다.

조직적 당원제도, 정형화된 구조와 모임 등으로 무장한 대중정당은 정당, 국가, 시민사회의 관계에 있어 제2단계의 특징이다. 대중정당은 보통 새로 활성화되었고 참정권이 없는 시민사회의 구성원들이 발언권을 얻기 위한 투쟁의 와중에서 생겨나 결국 국가의 지배구조를 점령하고 말았다. 과거의 간부정당은 지지자의 질에 의존하지만 대중정당은 지지자의 수에 의존하며, 개인이 거액의 정치자금을 부담하는 경우가 드문 대신 다수의 당원들에게서 소액의 당비를 받는다. 그리하여 개인으로서는 불가능하지만 조직된 인원을 통한 단체 행동이 가능하며, 상업 언론에 접촉하기 어려운 대신 당보와 정당 관련 의사소통 채널을 통해 자신들의 주장을 피력할 수 있다.

정치적 '표출'의 수단으로서 이들 새로운 정당들은 자신들의 정치적 기반을 정부가 아니라 정당에서 찾는 사람들에 의해 지배되었다. 세력의 기반이 외부의 공식적인 조직에 있었으므로 나중에 원외정당이라고 불리게 된 이러한 지배관계는 공식화되는 경향이 있었다. 그리고 이러한 신당들이 지지자들에게 표를 얻어 정부의 자리를 차지하게 된 후에도 이러한 원칙은 유지된다. 이러한 유형의 정당은 정치적 의제에 대한 강한 행동력, 지지자들의 인생 경험, 호전적인 기질 때문에 자본가 간부정당보다 더욱 강한 결속력과 규율을 따르게 되었다. 이러한 점에서 볼 때 가장 중요한 것은 이들이 사회 구성원 가운데 일부의 이익을 대표한다고 분명히 주장하는 첫 번째 정당이었다는 것이다. 그 결과 대표자의 일은 국익을 추구하는 것보다는, 그가 속한 집단이 추구하는 독자적인 이익을 추구하는 것으로 쏠리게 되었다. 정당은 자신들이 대표하는 사회집단의 정치적 이해관계를 표출하는 공론장이었다. 그러므로 정당의 규율을 세우는 것은 실질적이거나 경험적인 특징일 뿐 아니라 규범적으로 봐도 바람직한 것이었다.

이러한 관점에서 보았을 때 대중정당의 등장, 그리고 궁극적으로 보통선거제의 도입은 정치적 특징의 재정의와 연관되어 있었다. 거의 모든 성인 인구를 선거 제도에 참여시켜 과두정치가 민주적으로 변했을 뿐 아니라, 시민/유권자와 국가 간의 적절한 관계에 대한 개념에도 변화가 있었다. 선거는 수탁자가 아닌 대표를 뽑는 행위로 변했다. 즉 선거는 당선된 사람에게 권력을 주는 기구가 아닌, 국민에게 가장 책임 있는 정부를 뽑는 기구가 되었다. 정당은 이 모든 것을 가능케 해주는 기구였다. 이러한 정치 개념하에서의 국가, 시민사회, 정부의 관계를 도식적으로 나타낸 것이 〈그림 5-2〉이다. 여기서 국가와 시민사회는 명확히 분리되어 있고 정당이 그 가교 역

〈그림 5-2〉 국가와 시민사회를 연결하는 대중정당

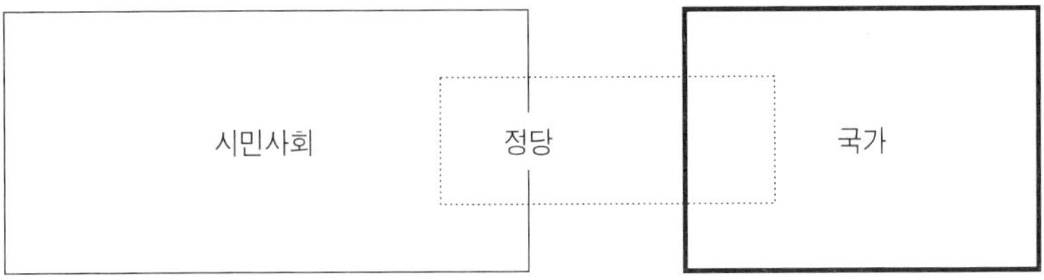

| 시민사회 | 정당 | 국가 |

할을 한다. 물론 정당은 시민사회에 뿌리를 박고 있으며 또한 장관직과 정부 산하단체장직까지 차지하여 국가에도 뿌리를 뻗게 되었다.

민주주의 대중정당 모델과 조직화된 대중정당은 기존의 정당과 정당조직을 위협했다. 대중정당의 유권자는 수백만이나 되는데, 기존 간부정당의 유권자는 수천밖에 안 되므로 이들의 약식 네트워크로는 사람들에게 지지를 호소하고, 사람들을 동원하고, 지지자를 조직하기가 어렵다. 다른 한편으로는 통합된 정당 중에서 선택함으로써 대중이 정부를 통제하는 민주주의 대중정당 모델이 널리 받아들여지면서 전통적인 조직과 행정 스타일을 구사하던 기존 정당에 대한 지지도가 낮아졌고 원래 가지고 있던 선거 기반도 잠식당하게 되었다.

이는 전통적인 정당의 지도자들이 대중정당의 기풍을 온전히 수용하는 식으로 대중정당에 대응할 수 없었다는 얘기이다. 특히 이들은 분명히 정의할 수 있는 사회 구성원을 대표하는 정당의 존재를 받아들일 수 없었는데, 농부나 기업가 등 그들이 대표하도록 남겨진 사회 구성원들은 명백히, 그리고 아마도 언제나 소수일 수밖에 없었기 때문이다. 또한 원외 조직이 주도권을 갖는다는 개념은 이미 정부 내에 기반을 잡은 세력에게는 매력적이지 않았다. 게다가 이들은 유권자들을 동원하고 조직할 필요가 있음에도 재정적 측면에서는 유권자들에게 의존하지 않고 있었다. 중상류층 정당이었기에 개인 기부액에 대한 의존도가 컸으며, 국정 운영에 참여한 정당으로서 정부 재산을 사용해 자신들의 이득을 추구할 수 있었던 것이다. 그리고 기득권을 가진 정당으로서 무당파적 대화 채널을 이용할 특권이 있었다.

그 결과 전통적 정당의 지도자들은 형식 면(정규 당원, 지부, 전당대회, 당보)에서 대중정당과 비슷해 보이는 조직을 만드는 경향을 보였다. 그러나 이러한 조직들은 실질적으로 원내정당의 독립성을 강조했다. 대중조직의 매개체로서의 원내정당의 역할을 강조하기보다는 원내정당의 지지자로서의 대중조직의 역할을 강조했다. 대중정당이 당원을 모집할 때 이런 정당은 모집하지 않았다. 그리고 성공률이 계급마다 차이를 보이기는 하지만, 더 광범위하게 사람들을 유인하여 모든 계급에서 지지를 얻는 대신에 이들은 특정 계급만을 유인했다. 이념적으로 보면 이들은 초기와 마찬가지로 계급적 경계선을 뛰어넘는 단일한 '국익'에 계속 집착했다.

 이처럼 오래된 우파 정당들이 새로운 '포괄' 모델을 적용하는 동안 대중정당 모델의 규범적 이상과 실질적 원칙을 잠식하는 여러 요인들이 등장했다. 여러 면에서 볼 때 대중정당의 성공은 대중정당의 발목을 잡았다. 정치적, 사회적 권리를 얻기 위한 대 전투는 대중정당의 선거권자들을 단합시켰지만, 권리를 획득한 후에는 단합을 유지할 수가 없었다. 정당과 그 "관련자들"의 목표였던 복지 혜택이나 교육 서비스를 정부가 보편적인 수준에서 제공하게 되면 단결의 필요성은 급격히 감소된다. 더구나 사회적 여건이 개선되고 구성원들의 이동능력이 향상되고 대중매체가 발전하면서 과거에 잘 정의되었던 사회 지지층의 경험은 점점 흐려진다. 대중정치의 사회적, 경제적 필수조건도 침식되었을 뿐 아니라 대중정당이 권력 맛을 보고 특히 독자적인 권력을 가지게 되면서 원래의 대중정당의 원내 지도자들은 포괄정당 모델을 더욱 매력적으로 여기게 되었다. 또한 정당과 유권자들이 원하는 대로 정책을 바꿀 수 있음을 의미하는 선거 승리를 만끽한 이 정치인들은 계속 이기고 싶어 했고 원래의 계급적 한계를 넘어 더 큰 지지기반을 포섭하려 했다. 더구나 정부에 들어온 이들은 노련한 정부의 강제와 요구에 맞춰 타협을 강요당했고 또한 과거의 적이었던 정치 단체와도 함께 일해야 했다.

 이 모두는 진화의 제3단계를 이끌어냈다. 대중정당이 발전을 위해 구 정당을 모방하고 따라서 고전적 좌파와 고전적 우파 모두 포괄정당이라는 한 점으로 수렴되는 것이다. 물론 이러한 정당들도 계속 당원을 보유하지만, 이들을 하나로 묶으려는 노력에 그리 공을 들이지는 않으며 정당의 당원 자격은 유지할 수도 유지하지 않을 수도 있는 수많은 자격 중 하나로 취급된다. 이러한 정당은 사회적 동질성을 강조하는 대신 어디에서나 당원들을 긁어모으며 사회적 동질감을 느끼는 사람보다는 정책에 찬성하는 사람들을 당원으로 받아들인다. 이러한 정당은 한정된 지지자들을 동원하고 유지하는 대중정당의 방어적 선거전략 대신에 보다 광범위한 청중에게 메시지를 효율적으로 전달하고 즉각적인 선거전에서의 승리를 노리는 공격적 선거전략을 채택했다(Kirchheimer, 1966: 184). 이러한 전환이 이루어지면서 정당간의 이념적 또는 정책적 구분은 애매해지고 각 정당이 추구하는 정책은 점점 닮아간다. 또한 눈에 띄는 지지층을 확보하는 능력 역시 갈수록 쇠퇴한다. 더구나 대중 의사소통 체계의 변화, 특히 대량으로 보급된 텔레비전이 정치 정보를 전달하는 가장 큰 매체가 되면서 정당은 핵심 지지자들을 주된 표적으로 의사소통하던 과거와는 달리 전 국민을 상대로 자신들의 의사를 표명할 수 있게 되었고, 또 그럴 수밖에 없게 되었다.

동시에 정당과 국가 간의 관계도 바뀌었다. 그 바뀐 새 모델은 〈그림 5-3〉에 나타나 있다. 이 모델에서 시민사회의 대표로서 국가 속에 침투하던 정당의 모습은 약해졌고 정부 속의 정당으로서 시민사회와 국가 사이의 브로커, 야누스적인 존재가 되었다. 말하자면 정부기관 내의 정치국(the political ministry)과 같은 존재가 된 것이다. 이제 정당은 한편으로는 시민사회의 요구를 취합하여 정부 관료들에게 전달하면서, 또 한편으로는 대중들을 대상으로 정책을 펼치는 관료의 대행자로서의 역할도 한다.

대중정당은 이미 이러한 기능을 수행 중이지만 포괄 모델이 개별 정당과 사회의 특정 계층 간의 연결을 느슨하게 함에 따라 대중정당 역시 근본적으로 변화되어야 했다. 다양한 집단들로부터 들어오는 의견의 수용 정도에 따라, 또한 지키고자 하는 정책에 따라, 즉 어느 정당이 정부에 입성하느냐에 따라 아직 정당 간 차이가 존재한다. 대부분의 집단들은 수권 정당과 협력하기를 기대하며 또 그렇게 하리라는 기대를 받는다. 그러므로 예를

〈그림 5-3〉 국가와 시민사회 사이의 브로커로서의 정당

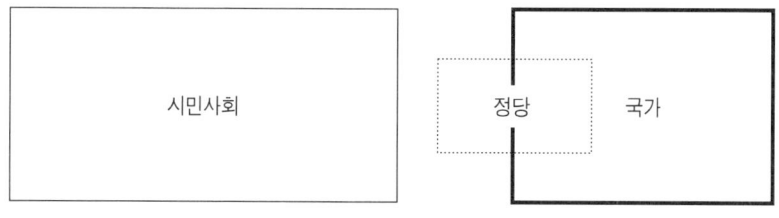

들어 직종별 노동조합과 사회민주당 간에 공식적인 연대가 있다 하더라도, 자본가 정당이 권력을 잡는다면 노동조합은 자본가 정당과도 공식적인 관계를 가질 것이다. 이는 사회민주당이 권력을 잡을 경우 노조가 사회민주당과 공식적인 관계를 맺는 것과 마찬가지이다. 역으로 사회민주당 역시 상황을 통제할 수 없게 된다면 필연적으로 반 노조 정책을 고수할지도 모른다.

 브로커의 역할을 하는 정당이라는 개념이 다원적 민주주의 개념에 특히 적절하다는 것은 결코 우연의 일치가 아니다. 이 개념은 다원적 민주주의와 함께 발전해 온 것이다(Truman, 1951; Dahl, 1956). 이 관점에서 민주주의는 무엇보다 개별적으로 조직된 이해관계를 교섭하고 수용하는 것이다. 정당이란 계속적으로 이러한 이익의 연합을 변화시키며, 정당이 모든 이해관계에 열려 있는 것은 한 집단이 다른 집단을 비합리적으로 수탈하지 못하게 하는 보증인이자 타협자로서의 정당 역할에 필수적이다. 선거는 특정 사회 집단이나 고정된 이데올로기 간의 경쟁이 아니라 지도자들이 이끄는 팀을 고르는 것이다. 미첼(Mitchell, 1962)이 말했듯이 구 대중정당은 그 이념이 의미하는 진정한 민주주의를 구현하기보다는 지도자의 지도력에 따라 지배되어 왔다. 그러나 새로운 개념의 민주주의에서는 정당 과두정치는 악덕이 아니라 미덕이 된다. 그러므로 포괄정당 모델은 정당 지도자들의 이기적 관점에서 매력적일 뿐만 아니라 규범적으로도 매우 바람직한 것임이 입증되는 것이다.

 중재자로서의 정당 모델은 정당의 본질과 활동의 향후 진화방향이라는 측면에서 볼 때 몇 가지 중요한 의미가 있다. 우선 시민사회와 국가 간의 중재자인 정당의 위치로 볼 때 정당은 시민사회의 이익도 국가의 이익도 아닌 독자적인 이익을 추구할 수 있다고 볼 수 있다. 더구나 이들은 서비스를 제공하고 그에 따르는 수수료를 받을 수 있다. 이런 관점에서 흔히 제기되는 것은 아니지만 합리적 정치에 대한 다운즈(Downs, 1957)의 모델에서는 서비스 수수료가 당원의 보수가 될 수 있다고 설명했다.[2] 이러한 수수

---

2) 이는 데이비드 메이휴(David Mayhew, 1974)가 미국 의회에서 지도자에 대한 개인적

료는 개인에 대한 물질적 보상에 그치지 않으며(예: 공직과 그 수입) 조직으로서의 정당 자체에 대해서도, 또한 선호하는 정책의 채택에 의해서도 주어질 수 있다. 두 번째로 정당의 중재자 역할은 유권자를 모으는 능력에만 기반하지 않으며 국가를 조종하는 능력에도 기반한다. 그러나 정당이 시민사회의 이익에 맞춰 국가를 조종한다면 정당 스스로의 이익을 위해 국가를 조종하는 것도 가능하다. 그러므로 엡스타인(Epstein, 1986: 171)이 미국 정당을 분석한 '공익사업으로서의 정당' 모델에서 지적한 것처럼 다른 여러 기업이 그러하듯이 자신의 이익을 지키기 위해 국가의 힘을 사용하는 정당의 모습을 상상할 수 있다.

가장 중요한 것은 〈그림 5-1〉에서 〈5-3〉까지를 별개의 단절된 것으로 보지 않고 연관지어 생각할 경우 정당이 시민사회로부터 국가를 향해 나아갈 뿐 아니라 결국 그 자신이 국가 기구의 일부가 되는 과정이라고 볼 수 있다는 점이다. 실제로 이는 현대 민주주의 체계 속의 정당이 지난 20년 동안 움직여 온 방향을 정확히 나타낸다고 볼 수 있다.

III. 정당과 국가

다양한 사회·문화적 발전, 그중에서도 특히 정치적 발전을 통해 국가 속에 편입하려는 정당의 움직임이 촉진되었다고 말할 수 있다. 이러한 움직임에는 정당활동에 대한 참여와 개입 정도가 전반적으로 낮아지고, 시민들이 다른 활동에 참여하기를 선호하며, 더욱 활동적인 역할을 수행할 수 있는 다른 집단에 참여하는 것이 포함된다. 이런 집단들은 참여자들이 전적으로 동의할 수 있는 협소한 범주의 관심사들을 다루며, 구성원의 힘으로 무엇이라도 변화시켰다는 느낌을 준다. 따라서 쉽게 접근할 수 있는 지방

보상을 설명하기 위해 사용한 용어일 뿐이다.

의 정치무대가, 멀리 떨어져 있고 타성에 따라 움직이는 중앙 정치보다 더 매력적으로 보인다. 또한 단일문제를 취급하는 개방적인 집단이 위계적인 전통적 정당조직보다 더욱 매력적이다(예를 들면 Lawson and Merkl, 1988a; Dalton and Kuechler, 1990). 그 결과 당원들의 규모와 헌신으로는 늘어나는 유권자 수는 물론 폭증하는 정당 활동 경비를 따라잡기에도 역부족이 되었다.

그러므로 정당은 다른 곳에서 자원을 찾을 수밖에 없었고 통치주체와 입법주체로서의 정당의 역할 덕에 국가로 돌아가기는 쉬웠다. 그들이 추종했던 전략 중에 중요한 것은 정당에 대한 국가 재정원조를 준비하고 제도화하는 것이었다. 국가별로 차이는 있지만 의회 안과 밖에서 사용하는 정당활동 자금 중 상당액은 국가의 물질적 보조를 받고 있다(Katz and Mair, 1992a; 뒤의 6장을 참조하라).

국고보조금은 지난 20년간 큰 폭으로 늘었으며 앞으로도 계속 증가할 것이다. 이는 정당활동 환경의 가장 큰 변화를 나타내고 있다. 그러나 동시에 이러한 환경 변화는 정당 외부에서 오는 것이 아니라 정당 자체, 즉 통치주체로서의 역할에서 기인했다는 점을 강조해야 한다. 통치주체로서의 정당은 정당에 대한 국가 보조를 규정하는 법률은 물론 그로 인해 쓰이는 돈과 자원의 양에 대해 최종 책임을 진다. 더구나 보조금은 선거에서의 승리나 의석 수와 같은 과거의 정당 실적이나 위치에 따라 좌우되는 경향이 크기 때문에 국고 보조가 결과적으로 기존 정당의 입지를 강화하고 신규 정당의 성장을 방해할 수 있다는 점 또한 강조되어야 한다. 같은 맥락에서 볼 때 전자 매체는 이전의 인쇄 매체와는 달리 실질적인 정부 통제와 규제 하에 놓여 있다. 따라서 권력을 가진 사람만이 특권적으로 이용할 수 있고, 그 밖의 사람들은 사용에서 배제될 수 있다. 나라마다 법규가 다르고 나라에 따라서는 덜 중요하거나 덜 제한을 두는 경우도 있지만 전자 매체가 중요한 정치적 의사소통 수단이 될 수 있으며 또한 정당이 통제하는 국가의 규제를 받는다는 점을 고려한다면 이는 이전에는 상상도 할 수 없던 정당의 자원인 셈이다.

간단히 말해 정당에 잠식된 국가와 정당이 만든 법규는 정당의 존립을 지키며 새로 조직된 대안 체계의 도전을 극복하는 정당의 능력을 증진시키는 자원의 보고가 되었다. 이렇게 볼때 국가는 내부자를 지지하고 외부자를 내쫓는 제도적 구조가 된다. 정당은 더 이상 시민사회와 국가 간의 단순한 중재자가 아니며 국가에 흡수되었다. 처음에는 수탁자 역할, 그 다음에는 대표, 포괄정당의 전성기에는 기업가의 역할을 했던 정당은 이제 준국가 기관이 되었다.

물론 이런 전략에도 위험은 있다. 그중에서도 가장 위험한 것은 정당이 근본적으로는 자신이 통제할 수 없는 자원에 지속적으로 의지한다는 것이다. 특히 정당이 국가에서 배제될 경우 이러한 자원에서도 배제된다는 점에서 이는 위험하다. 정당의 초기 모델에서는 선거의 승패가 정당의 정치적 목표에는 큰 영향을 미쳤지만, 정당의 존립에는 큰 영향을 미치지 않았다. 정당 자체의 자산만 가지고도 정당의 생존에는 무리가 없었기 때문이다. 반면 새로운 접근방식에서는 선거의 승패는 정당의 정치적 목표에 큰 영향을 미치지 않는다. 정책을 둘러싼 중요한 대결이 없기 때문이다. 그러나 정당의 생존에 필요한 자원을 이전보다 훨씬 더 국가에 의존하고 있기 때문에 선거의 승패는 정당의 생존에 직접적 영향을 미친다. 그러나 정당이 예전에 정책결정 과정에서 경쟁했던 것처럼 생존을 위해 서로 경쟁할 필요는 없다는 점을 강조할 필요가 있다. 한 시기에 하나의 정책만이 있다면 모든 정당이 공존할 수 있기 때문이다. 이러한 관점에서 볼 때 가장 이상적인 조건은 모든 정당이 하나의 자원을 공유하고 함께 살아남을 수 있는 카르텔 형성이다.

IV. 카르텔정당의 등장

　사실 선거 승자와 패자 간의 물질적인 격차는 극적으로 줄어들었다. 한편으로 '여당'의 형세는 과거와 같은 제한을 받지 않게 되었다. 지나친 일반화의 오류는 있지만 현재 대부분의 정당들은 사실상 여당이라고 볼 수 있다. 모두가 관계(官界)와 통해 있다. 물론 덴마크와 노르웨이의 진보 정당과 같은 몇몇 극히 소규모의 정당들은 여전히 권력의 언저리에서 맴돌고 있다. 그러나 이러한 예외를 살펴보더라도 중요한 정당 중에는 이런 식으로 권력에서 배제된 경우가 거의 없다는 것만 강조될 뿐이며, 지방 정부나 기타 준국가 형태의 정부까지 고려한다면 더욱 그렇다. 다른 한편으로 영국 노동당처럼 정부에서 배제된 정당은 재야에 있는 기간 동안 약해지지만 그렇다고 정부의 이권에 개입하지 못하거나 공직을 얻지 못한다는 것은 아니다. 정부에서 배제되어도 매체 접근에는 영향이 없다. 국고보조금을 수령하는 문제에 있어서도 별다른 영향을 받지 않는다. 아일랜드와 영국 같은 경우 재야 정당은 엄청난 액수의 국고보조금을 받고 있다. 여당과 같이 정부 자원을 사용할 수 없다는 이유 때문이다.

　그러므로 우리는 새로운 유형의 정당인 카르텔정당(cartel party)의 등장을 보게 된다. 카르텔정당의 특징은 정당과 국가 간의 상호 침투 및 정당 간 결탁 양상이다. 이런 관점에서 볼 때 카르텔정당의 등장을 말하는 것이 보다 더 적절한데, 이러한 발전은 표면적 경쟁자 간의 결탁과 협조, 합의에 의존하고 있으며 필요한 경우 모든 또는 거의 모든 정당 간의 동의와 협조를 필요로 한다. 이러한 발전의 한 단계에서 전체로서의 정당체계에 연관되며 카르텔 내의 개별 정당조직의 형태에도 중대한 영향을 준다. 따라서 카르텔정당을 하나의 묶음으로 간주하는 것은 적절하다.

　그러나 현재까지 카르텔정당은 초기 단계에 머물러 있다. 더구나 카르텔정당의 등장을 촉진하는 조건의 본질은 비균질성이다. 그것은 정당에 대한 국가의 보조가 가장 잘 된 나라, 정당에 대한 후원 및 '나눠먹기' 그리고 통제가 가장 수월한 나라일수록 분명하게 나타난다. 마지막으로 카르텔정당은 정당 간 협조와 조정을 특징으로 하는 정치문화 전통 속에서 가장 쉽게 발전된다. 더구나 보다 철저한 연구를 해보면 카르텔정당의 생성은 오스트리아, 덴마크, 독일, 핀란드, 노르웨이, 스웨덴 등 정당 간 협조의 전통과 정당에 대한 정부 지원이 풍부하며, 공직 임용에 대한 정당의 특권 등이 있는 선진국에서 가장 잘 나타난다. 역으로 말하자면 영국처럼 정당 간 반목이 심하고 정당조직에 대한 정부 지원이 적으며 공직 임용의 기회가 늘어나고는 있으나 여전히 제한적인 국가에서는 카르텔정당의 등장을 찾아보기 힘들다.3)

V. 카르텔정당의 특징

위에서도 언급했다시피 간부정당, 대중정당, 포괄정당, 그리고 현대의 카르텔정당 등 여러 정당을 구분하는 기준은 그 정당이 속한 사회적·문화적 맥락과 관련이 있다. 그리고 편의를 위해 역사적 시기로도 나눌 수 있다 (〈표 5-1〉에 4개의 정당 모델의 다양한 특징을 열거했다). 동시에 이는 단순히 정당 발전에 끼친 영향과는 거리가 멀다. 특정 유형의 정당은 그 등장을 촉진한 초기의 환경을 뛰어넘어 오래 살아남았기 때문이다. 따라서 대중정당은 간부정당을 간단히 대체하지 못했다. 또한 이들은 보통선거 제도가 도입된 이후에도 공존해왔다. 이와 거의 마찬가지로 대중정당 역시 포괄정당이 발전한 후에도 존재했고 포괄정당 역시 카르텔정당의 등장에도 불구

---

3) 영국은 카르텔정당 모델과 관련된 움직임이 부진한 편인 흥미 있는 국가이다. 의회 정당에 대한 강조가 카르텔 형성을 촉진하는 것처럼 보이지만 이는 정권이 바뀔 거라는 큰 기대에 의지하고 있다. 노동당은 분명 다시 정권을 잡을 능력이 없어 보이며 보수당은 계속 정권을 지킬 것처럼 보인다. 이 때문에 두 정당은 모두 반카르텔적 행동을 보인다. 그러므로 노동당의 경우 2당 독점(현재는 사실상 1당 독점)을 타파하자는 홍보에 더욱 주력하고 있다. 보수당 역시 노동당원들과 관직을 공유할 의지가 별로 없다(Webb, 1994 참조).

⟨표 5-1⟩ 정당 모델과 특징

특징	간부정당	대중정당	포괄정당	카르텔정당
시기	19세기	1880~1960	1945~	1970~
사회정치적 포괄 수준	선거권 제한	참정권 부여와 보통선거	보통선거	보통선거
정치적 자원의 배분 수준	매우 제한적	비교적 집중형	덜 집중형	비교적 산만함
정치의 주목표	특권의 분배	사회 개혁 (혹은 그에 반대함)	사회 개량	직업으로서의 정치
정당 경쟁 기반	생득적 지위	민의 수렴 능력	정치적 효율성	관리기술 및 효율성
선거 경쟁 패턴	관리형	동원	경쟁적	포용적
정당활동 및 선거운동의 성격	관계 없음	노동 집약적	노동집약 및 자본집약적	자본집약적
정당 자원의 주된 출처	개인적 접촉	당비와 기여	다양한 곳에서 기부받음	정부보조금
평당원과 정당 간부와의 관계	간부가 곧 '평' 당원	상향식(미헬스에게는 미안하지만). 간부는 당원에게 책임을 짐	하향식-당원들은 간부의 조직된 치어리더임	계층적 지배-상호 자율
당원의 특징	소수, 엘리트적	규모가 크고 균일함. 활발히 모집 및 포섭활동을 함. 당원 자격은 정체성의 논리적 귀결. 권리와 의무 강조	모든 이질적인 사람들에게 당원 자격이 개방되어 있으며 가입이 독려됨. 권리는 강조되나 의무는 강조되지 않음. 당원 자격은 개인 정체성의 경계임	권리도 의무도 강조하지 않으며 당원과 비당원 간의 경계도 모호함. 조직체보다는 개인당원을 강조함. 당원은 정당성 확보에 도움이 된다는 점에서 인정됨
정당의 의사소통 채널	개인적 연결망	독자적인 의사소통 채널 제공	비정당 의사소통 채널을 확보하기 위해 경쟁	국가가 규제하는 의사소통 채널에 대한 특권적 권리를 확보
시민사회 및 국가와의 관계	국가와 정치적으로 연계된 시민사회와의 경계는 불명확	처음에는 시민사회의 일부 계층의 대표로 시민사회에 소속됨	시민사회와 국가 간의 중개자로서 경쟁함	정당은 국가의 일부가 됨
민의 수렴 방식	수탁자	대표자	경영자	국가 기구

하고 살아남았다. 더구나 현대의 정당이 모두 카르텔정당인 것도 아니다. 역시 마찬가지로 과거에 모든 정당이 간부정당이거나, 대중정당, 혹은 포괄정당이었던 시기는 없었다. 또한 이 모든 모델들은 발견의 편의상 그 특징이 극단적인 유형을 대표한 것일 뿐 각 시기의 개별 정당은 이 모델의 특성과 좀 더 유사할 수도 있고 덜 유사할 수도 있다.

시대에 따라 달라지는 정당의 중요한 특징 중에는 정치의 목적과 정당 간 경쟁의 기반이 있다. 간부정당이 지배적이던 시기에 정치 목표와 분쟁은 대부분 특권의 배분과 관련된 것이었고 정당들은 당원의 생득적 지위를 기반으로 경쟁했다. 대중정당이 발전하면서 사회 개혁의 찬반 여부를 놓고 정치의 주된 대립구도가 정해졌다. 그리고 정당들은 대표능력을 가지고 경쟁했다. 포괄정당이 등장하면서 정치의 목적은 여전히 상당 부분 의미 있었으나 사회의 전면적 개편보다는 개량에 초점이 맞추어졌으며 선거능력에 기반한 정당 간 경쟁이 둔화된 대신 정책결정의 합리성을 기반으로 한 경쟁은 격화되었다. 마지막으로, 카르텔정당이 등장하면서 적어도 현재까지는 정치의 목적이 더욱 정당 자체의 문제로 변해가고 있다. 즉 정치 자체가 독립적인, 숙련을 요하는 직업이 되어가고 있으며 효율적이고 효과적인 경영을 위해 제한적인 정당 간 경쟁은 계속된다.

그러므로 선거 경쟁의 양상 또한 달라졌다. 간부정당 간의 경쟁은 효율적으로 관리 및 통제된다. 이러한 양상은 선거권이 확대되고 대중 동원을 기반으로 선거전에서 승리하려는 대중정당이 등장하면서 급격히 변했다. 새로운 양상의 선거 경쟁은 항상 그런 것은 아니지만 전체 유권자를 상호 배타적인 유권자 집단으로 나누어 놓은 대중정당의 시도에 가장 잘 나타나 있다. 립셋과 로칸(1967: 51)은 이를 두고 '지지 시장의 축소'라고 했다. 포괄정당에서는 선거 전략이 더욱 경쟁적이 되었다. 투표자들을 빼앗아 오려는 경쟁 속에서, 큰 쟁점에 관한 경쟁 대신 정치적 효율성에 얽힌 경쟁으로 경쟁의 성격이 바뀌었다. 그러나 이 패턴도 현재는 카르텔정당의 출현으로 도전을 받고 있다. 경쟁은 다시 한번 억제되고 통제되었다. 물론 정당은 아직도 경쟁을 계속하고 있다. 그러나 현재의 경쟁은 경쟁자들과 집합적 조직 생존 속의 상호 이익을 공유하고 있다는 전제하에서 행해지며, 어떤 경우에는 경쟁하지 않음으로써 오는 큰 이익이 경쟁을 통해 얻는 제한된 이익을 압도할 수도 있다. 아마도 이것의 가장 좋은 예는 이탈리아 주요 정당 간의 공직 나눠먹기일 것이다. 어떤 경우에는 표면적으로 주요 정당에 반대하는 공산당도 이에 포함시켜 준다. 또 다른 좋은 사례로 스위스 연방 위원회의 의석을 4개 주요 정당이 공유하고 의장직도 돌아가면서 맡는 것을 들 수 있을 것이다. 네덜란드의 경우도 주요 정당들이 시장 임명권을 공유하고 있다. 그리고 미국의 많은 주에서 의석 재배분 결정을 내릴 때 나타나는 현직 보호 게리맨더링 역시 마찬가지 사례이다.

이러한 선거 경쟁의 새로운 양상은 정당의 자원적 기반과 정당활동, 선거운동 유형이 변하고 있음을 의미하며, 또한 어느 정도는 그런 변화의 결과물이다. 앞에서도 말했듯이 간부정당은 금전적 자원을 포함한 여러 자원을 개인적 접촉을 통해 획득하므로 선거운동의 필요성을 크게 느끼지 못한다. 반면 대중정당은 대단히 노동집약적인 구조이므로 금전적 자원을 당비와 기부를 통해 충당하며 독자적인 의사소통 채널을 개발한다. 이는 포괄정당에서는 찾아보기 어렵다. 포괄정당은 자금과 캠페인 역량을 주로 당원들에게 의존하고 있지만 한편으로는 다양한 자원 출처로부터 기부를 받기 시작하며 캠페인 방식에서 더욱 자본집약적인 방향으로 움직이기 시작한다. 이러한 새로운 정당들은 독립적 의사소통 채널에 덜 의존하며 비당파적 의사소통 연결망에 접속하기 위해 더욱 심하게 경쟁한다. 그리고 직업적 선전 담당자와 매체 전문가를 고용하기 위해 더욱더 많은 자원을 투입한다(Panebianco, 1988: 특히 220-235). 나중에 등장한 양상은 카르텔정당에 의해 더욱 격화되었다. 카르텔정당의 캠페인은 극도로 자본집약적, 전문적, 집중적이 되었고 국가에서 나오는 보조금이나 여러 혜택, 특권 등에 더욱 크게 의지하게 되었다.

이 모두는 당원의 특징과 당원과 지도자 간의 관계에도 영향을 미쳤다. 물론 간부정당의 경우 정당 지도자들은 최정예 당원들이므로 어떤 의문도 일어나지 않는다. 대중정당은 이와는 반대로 당원 자격의 폭이 넓고 균질하므로 당원들이 규정을 통해 정당 간부를 통제할 권리를 요구한다. 대중정당은 당원을 활발히 모집하며 당원들은 권리와 특권도 누리지만 동시에 그에 따르는 의무와 책임도 있다. 포괄정당 역시 당원의 자격을 강조하며 당원들에게 조직 내에서의 권리를 주지만 대단히 넓은 지지층에 당원 자격이 열려 있으므로 더 이상 동일한 수준의 참여를 요하지 않는다. 지도자들은 당원이 아니라 유권자들에게 설명할 의무를 진다. 이 관점에서 당원이란 치어리더에 더 가까운 존재이며 권위의 양상은 상향식보다는 하향식에 가깝다. 마지막으로 카르텔정당의 당원들은 이제껏 나온 정당 중에서 가장 큰 권리를 가지고 있지만 이들의 위치는 덜 특권적이다. 정당이 모든 종류의 지지자를 받아들임으로써 당원과 비당원 간의 구분은 희미해졌으며 정식으로 당원명부에 기재되었는가, 정당활동과 의사결정 과정에 참가하는가 정도만 남게 되었다. 더욱 중요한 것은 당원이 권리를 행사할 때는 대표자를 통해서가 아닌 개인으로서 직접 행사하게 되었다는 점이다. 후보자와 지도자를 선출할 때 전당대회나 선출회의가 아닌 우편투표로 하는 것을 그 좋은 예로 들 수 있다. 이러한 당원자격의 원자론적 개념은 직접 중앙당에 가입하는 것을 허용하고 지역당과 지역조직의 필요성을 없앰으로써 더욱 촉진되었다. 실제로 모든 업무를 단일 당본부에서 수행하고 특정 후보자를 선출할 때나 준국가정책을 승인해야 할 때만 선거구, 지역, 마을에 따라 우편발송 목록을 나누는 정당의 출현도 기대해볼 수 있다.

  그 결과 다수의, 그리고 큰 영향력을 가진 당원들의 지목을 받은 지도자가 대내외적으로 정당한 지도자로 인정받게 된다. 동시에 정당의 자치 역시 향상된다. 원자화된 당원 자격이 정당에 대한 도전이 일어날 기반을 덜 제공하며 필수 매개자로서의 지역활동가들의 위치가 약해지기 때문이다. 물론 정당은 여전히 지역의 공직보유자가 필요하다. 그리고 이는 국가 지도자들이 발전시키는 정책이나 전략과 배치될 수 있다는 점에서 중앙당의 골칫거리가 될 수도 있다. 즉 이들 지역 지도자들은 항상 국정에 개입하는 것이 방해받을 수 있다. 국가 지도자들은 자신들이 도전을 받을 경우 직접 개개 당원들에게 호소하는 것이 가능하다는 것을 알고 있기 때문이다. 한편으로 지역적 문제가 신경쓰이는 한 양 측은 지방자치의 증진에 관심을 두게 된다. 지역의 공직보유자의 관점에서는 비교적 자유로운 재량권을 원하게 되고 중앙당 측에서는 자치적인 지역당일수록 더 적극적으로 참여하며 정당을 잠재적 당원과 지지자들에게 더욱 매력있게 보일 수 있기 때문이다. 그러므로 양측은 상대방에게 자유 재량권을 주려고 하게 된다. 그 결과 나타나는 것은 계층적 지배이다.

VI. 민주주의와 카르텔정당

이전에 나타났던 정당조직의 모델과 마찬가지로 카르텔정당 역시 관련된 민주주의 모델을 가지고 있다. 따라서 카르텔정당 모델의 대두는 규범적 민주주의 모델의 수정과 연관된 경험적 증거로 볼 수 있을 것이다. 이 수정된 모델에서 민주주의의 핵심은 고정 메뉴인 정당들 가운데 선택을 하는 투표자의 능력에 달려 있다. 정당은 정권을 차지하기 위해 경쟁하는 지도자의 집단이며 정부의 성과는 다음 번 선거를 통해 심판받는다. 어떻게 보면 이는 포괄정당 또는 민주주의의 엘리트주의적 자유주의 모델의 과장이며, 이 구성에서 빠진 중요한 요소이다. 민주주의란 대중의 정책결정 개입이라기보다는 대중의 기호를 엘리트들이 조율해 나가는 것이다. 유권자들은 전문가의 영역인 정책보다는 결과를 더 생각해야 한다. 정당은 전문가들의 연합이지 시민들의 연합이 아니다.

한편 다른 시각에서 보면 민주주의 카르텔정당 모델은 근본적으로 달라진다. 초기 모델의 중심은 정권의 교체였다. 특정 정당이 정권을 잡으면 다른 정당은 패배할 뿐 아니라 권좌에서 내쫓길지도 모른다는 공포 덕분에 정당은 시민들에게 책임을 다하게 되는 것이다. 반면 카르텔 모델은 어느 주요 정당도 결코 권좌에서 결정적으로 내쫓기는 일이 없다. 따라서 선거 민주주의는 지배자들이 국민들을 다스리기 위한 수단으로밖에 보이지 않는 경향이 늘어난다. 정당의 프로그램이 비슷해지고 선거운동이 이론의 여지가 있는 목표보다는 이미 합의된 목표를 향할 때, 선거가 정부의 행동을 결정할 힘은 줄어든다. 더구나 여당과 야당 간의 차이가 희미해질수록 유권자들이 실망한 당에 표로 응징을 가할 여지도 줄어든다. 동시에 선거 과정에 참여한다는 것은 유권자를 전제로 하며 선거가 정치 행동의 적법한 채널임을 의미하게 됨으로써 더욱 효과적인 다른 채널은 덜 적법한 것이 된다. 민주주의는 사회 변화보다는 사회 안정성을 추구하는 도구가 되며, 선거는 헌법에 규정된 '종교적' 예식이 된다.

또 다른 의미에서 본다면 민주주의는 시민사회가 국가를 제한하고 통제하는 과정으로 간주되던 시대는 끝나고 국가가 시민사회를 위해 제공하는 서비스로 변한다. 정치 지도자를 바꿔야 할 때 선거는 교체 과정을 위한 평화적인 의례를 제공한다. 일반적으로 받아들여질 수 있는 정부를 구성해야 할 경우 피드백이 요구되는데, 정책과 결과물에 대한 시민들의 만족도를 표출하는 기제인 제한된 선거는 그러한 피드백을 제공한다. 따라서 국가는 경쟁 선거를 제공한다. 또한 적어도 현재의 개념하에서는 민주적 경쟁 선거에서는 정당이 필요하므로, 국가는 정당을 제공하거나 정당 창당을 보장한다. 물론 정부를 구성하며 이러한 서비스를 제공하는 정당이 권력을 갖게 되므로 이들이 보증하는 것은 결국 자신들의 존재이다.

정당정치를 전일제 직업으로 보는 시각은 초기 민주주의의 개념들을 이제는 바람직하지 않은 것으로 보는 풍조를 수용하거나 부추기는 경향이 있다. 이러한 경향들을 정당 카르텔의 전제조건 또는 결과물로 연관시키는 것이 정직한 시각일 것이다. 이들은 또한 정당과 선거의 방향을 근본적으로 새롭게 바꾸는 것을 의미한다. 가장 중요한 것은 정치가들이 선거 실패로 인해 부담해야 할 비용을 줄일 필요를 점점 강하게 느낀다는 점이다. 이러한 욕구는 보편적인 것으로 선거정치 관련 규범이 공고하게 정착되지 않은 국가의 경우 선거가 중단되어 버리는 사태를 낳기도 한다. 물론 서구 국가에서 이는 있을 수 없는 일이다. 대신 보조금을 지급하고 정당들을 지원한다거나 다양한 수준이나 층위에서 다양한 연합을 허용하는 등의 대안이 등장한다. 물론 이는 정당 간 경쟁을 약화시킨다. 더구나 정치가들이 장기적인 활동을 추구하는 한 그들은 정치적 반대세력들을 동료 직업인으로 볼 수밖에 없다. 똑같이 직업안정성을 추구하고 똑같은 압박에 직면하며, 똑같이 오랫동안 수행해야 할 사업을 경영하는 동료 직업인으로 말이다. 안정성은 승리보다 중요해지며, 정치는 소명(召命)이 아닌 밥벌이가 된다.

VII. 카르텔정당에 대한 도전

그러나 카르텔정당이 정당 간의 경쟁을 제한할 수는 있지만 더욱 일반적으로 나타나는 정치적 반발은 억제하지 못할 수 있다. 이는 정당이 단독으로, 또는 집단적으로 국가에 더 밀착되어, 시민사회와 국가 간의 효율적인 의사소통 채널 역할을 하지 못할 경우 특히 그렇다. 이렇게 되면 정당이 시민사회의 특정 집단을 위해 국가에 요구하는 대신 특정 집단이 정당 또는 국가에 직접 요구를 해야 한다. 그러므로 요구를 표현하는 것은 이익집단의 몫이 된다. 물론 어떤 경우는 더욱 크고 조직력이 강한 이익단체, 즉 노동조합이나 사용자협회 등이 이러한 일을 떠맡을 수도 있다. 이들은 국가와의 관계를 발전시켜 나가며 이 관계는 정당이 국가와 맺는 관계와는 다르다. 이러한 현상은 '신조합주의'라고 불리며, '바람직한 행태(good behaviour)'를 보이는 단체는 반대급부로서 특권적이고 안정된 위치를 차지하게 된다. 그러나 엄밀히 볼 때 이러한 집단들은 체제 내에 편입된 조직으로서 특정한 요구를 할 능력이나 의지가 없는 경우가 많기 때문에, 결국 대안적인 조직들의 발현으로 이어지기 마련인데, 이들은 잘 조직되지 않거나 단명한 경우가 많다.

여기에서 알 수 있듯이 카르텔정당이 만들어내고 소유한 자기보호 시스템은 내부 모순을 불러온다. 카르텔정당이 조직 내의 견해 차이가 생길 가능성을 제한하고, 카르텔 내부의 경쟁을 최소화함으로써 선거에서 유권자들의 불만이 표출되는 것으로부터 스스로를 방어하려 하는 한 카르텔정당은 새로운 민주주의 모델이 선거에 부과한 최소한의 피드백 기능이 생기지도 못하게 한다. 신조합주의자들이 만든 자체방어용 우산 안에 대형 이익집단들이 들어오면 문제는 더욱 악화될 뿐이다. 또한 이전에 우수한 성과를 보인 정당에 대해서만 국고보조금을 준다거나, 선거 참여 기회를 제한하는 식으로 새로운 정당이 시스템 안에 들어오는 것을 봉쇄한다 하더라도, 카르텔의 테두리 밖에서 도전이 일어나는 것은 막을 수 없다. 더 중요한 것은 이러한 배제 체계에 도전하는 것이 비생산적이라는 것이 판명된다면 배제된 신생 정당은 불평불만자들의 지지를 무기로 사용할 수 있다는 것이다. 그러므로 간부정당이 대중정당이 출현할 수 있는 사회적, 정치적 여건을 만들었고 대중정당 역시 포괄정당의 등장과 성공을 위한 여건을, 포괄정당이 카르텔정당의 탄생 여건을 제공했듯이 카르텔정당의 최근의 성공도 새로운 적대 세력을 탄생시킬 수 있다.

물론 체제 내로 치고 들어가려고 하는 신생 정당은 극히 광범위한 이념적 호소를 기반으로 지지 운동을 행하게 된다. 경험을 통해 보면 여러 신생 정당에게 공통적인 목소리, 즉 기존 정치의 틀을 깨자는 주장이 있으면 그것이야말로 지지를 끌어내는 데 특히 유효하다(예를 들면 Poguntke, 1994b; Scarrow, 1994b 등을 참조하라). 대부분의 경우 이들의 주장은 상당히 웅변적이며 지도자들은 신 중간계급으로부터 지지를 얻으려고 한다. 이러한 정당에는 네덜란드의 민주 66당, 영국의 사회민주당, 아일랜드의 진보민주당 등이 있다. 이들은 자신들이 초기에 비판했던 기성 체계에 편입되려고 한다. 다른 나라들의 녹색당 같은 다른 사례를 봐도 이들의 저항은 뿌리가 깊지만 화해와 기존 체계 편입을 요구하고 있다.

그러나 일부 사례를 보면 이러한 저항은 더욱 급진적인 불만세력들에게도 손을 뻗치고 있다. 이는 벨기에의 진보당, 프랑스의 국민전선, 스위스의 국민행동, 스웨덴의 신민주주의당 등의 극우정당에서 잘 나타나는데, 특히 스웨덴의 경우 이웃 덴마크와 노르웨이 진보정당의 전례를 따르고자 했다. 기성정당임에도 불구하고 최근 극우적 발언으로 기존 체계에서 배제된 오스트리아 자유당의 경우 이는 더욱 명확하다. 이들은 모두 현재 서유럽에서 금기시되는 비민주적 가치와 외국인 혐오사상을 신봉하며 이러한 사상적 태도가 분명 지지의 원천이 되고 있다. 그러나 더욱 놀라운 것은 이들이 기존 정당들 간에 존재하는 '신중한' 협력이라고 부르는 것을 와해시키는 능력이 현저히 높아지고 있다는 점이다. 따라서 승자도 패자도 없으며 자신들의 능력으로 국가를 조종해 필요한 자원을 조달, 공유하는 카르텔정당들은 자신도 모르는 사이에 이러한 극우정당의 정치적 공세에 필요한 탄약을 대주고 있는 셈이다. 이러한 새 도전자들은 정당에 대한 도전을 표방하지 않으며 정당에 의해 조직된 것에만 도전한다. 그러나 이들은 자신들이 카르텔정당에 반기를 들고 있는 것으로 여긴다. 그리고 이러한 저항은 카르텔정당의 행동에 의해 촉발된 것이며, 이는 장기적인 관점에서 도전자들의 저항을 정당화할 수 있다.

 이 장의 처음에서도 언급했다시피 현대의 대부분의 논문은 정당의 쇠퇴나 실패에 대해 말하고 있지만 이러한 관점에서 볼 때 그런 논문들은 상당부분 오해에 기반한 것이다. 정당의 시대가 끝났다는 명백한 증거는 거의 없다. 한편으로 정당에 대한 충성도 저하, 지지율 감소, 정책적 독자성 결여 등을 들어 정당이 과거보다 약해졌다는 시각도 있지만, 정당의 입지가 강화되었으며 이는 정당이 속한 정부로부터의 보조가 늘어난 탓만은 아니라고 보는 시각도 있다. 많은 저서들이 그러하듯이 대중정당 모델을 표준으로 삼는다면 분명 주류 정당의 힘은 과거보다 약해졌다. 즉, 현재의 대중정당은 약화되었다. 그러나 이것은 정당이 생존을 위해 적응해 나가고 명백해진 약점을 보충하기 위해 얻은 새 힘을 고려치 않은 부적절한 표준이다. 요약하면 이들은 다른 정당이다. 정당의 쇠퇴나 실패가 아닌, 정당에 대한 도전을 말하는 것은 역시 근본적으로 오해이기는 하나, 좀 더 확실한 기반을 제시해준다. 우리가 현재 서유럽에서 보고 있는 것은 일반적인 정당 자체에 대한 도전이라기보다는 카르텔정당에 대한 도전인 것이다.

제6장

대중적 정당성과 공공 특권:
시민사회와 국가에서의 정당조직

정당과 정당체계에 대한 연구는 아직도 비교정치학의 가장 넓은 범위를 차지하고 활발한 활동을 보이고 있는 하위분야이다(예를 들어 Janda, 1993). 이는 정당과 사회와의 관계를 탐구하고, 정부 내에서의 정당의 역할을 살피는 연구에서부터 정당과 정당체계의 역동성 간 상호작용을 다루는 더욱 이론적인 수준까지 매우 다양한 분야에 대한 연구이다. 우리는 많은 것, 예를 들어 정당 선호의 안정 및 변화의 관점(예를 들어 Dalton et al., 1984b; Crewe and Denver, 1985; Bartolini and Mair, 1990) 또는 정당지지와 관련된 사회학적 관점(예를 들어 Rose, 1974; Franklin et al., 1992)에서 본 2개국 이상에서 나타난 정당과 유권자 간의 연합 또는 연합 실패에 대해 알고 있다. 또한 정권을 잡은 정당에 대해서도 연합 형성의 과정이라는 관점(Pridham, 1986; Laver and Schofield, 1990)에서, 또는 정책결정이나 보다 일반적으로 정부 내 정당이라는 측면에서(Castles and Wildenmann, 1986; Katz, 1987; Budge and Keman, 1990; Laver and Budge, 1990) 정당에 대해 더 잘 알게 되었다. 가장 최근에는 비교분석을 통해 전략적 행위자로서, 그리고 선거운동 행위자로서의 정당의 역할에 대한 연구가 이루어지고 있다(Bowler and Farrell, 1992; Butler and Ranney, 1992). 그리고 이 모든 연구에 더하여 정당과 정당체계에 대한 더욱 광범위한 연구가 진행 중이다(가령 Mair, 1990a: 353-360의 참고문헌을 참조하라).

그러나 동시에 불균형도 존재한다. 특정 분야에 대한 지식 축적이 누적되는 가운데 다른 분야에는 심각한 지식 공백이 생기고 있다. 이러한 공백이 가장 분명히 드러나는 것은 조직으로서의 정당에 대한 경험적 연구이다(Katz and Mair, 1992b). 이는 미헬스와 오스트로고르스키가 이 분야에 대해 중점적으로 수행한 선구적인 정당 연구 및 정당과 정당 변화에 대한 다양한 모델의 검토에 대한 최근의 이론적 논의(예를 들자면 Panebianco, 1988)에도 불구하고 어쩔 수 없는 사실이다. 따라서 우리는 정당과 유권자, 정당과 정부, 정당과 경쟁자에 대해 많은 것을 아는 동안 정당조직의 작동원리와 변화, 적응에 대해서는 비교적 무지한 채로 있었던 것이다.

I. 정당조직의 발전에 대한 새로운 시각

오랫동안 정당조직 발전에 대한 비교 연구가 없었던 가장 명백한 징후 가운데 하나는 아직도 이 주제에 대한 생각들이 한 세대 전의 문헌들에 머물러 있다는 점이다. 좀 더 자세히 말하자면, 물론 현대적 변형을 때때로 강조하기는 하지만, 아직 대부분의 생각들이 대중정당을 모델로 가정하는 상태에 머물러 있다(5장 참조). 이러한 관점에서 정당조직은 기본적으로 시민사회와의 관계를 통해 정의된다. 그리고 정당의 조직 역량은 당원 숫자와 (종종 미리 정의된) 선거구에서 승리를 거둘 수 있는 정당의 능력을 통해 정의된다. 그리고 정당 구조는 내부 대표와 책임의 방식이라는 시점에서 주로 이해되고 평가된다. 그러므로 이러한 구성요소의 약화 즉, 당내 지도부의 특권화, 당원 역할의 축소, 당원 대신 유권자 위주의 프로그램 개발

등은 정당 자체의 약화와 쇠퇴를 수반한다.

이러한 추론의 문제점은 대중정당의 쇠퇴를 보다 일반적인 정당의 쇠퇴로 인식하는 것에서 시작된다. 이 관점에서 볼 때 대중정당은 한물간 모델이 아니라 영속하는 것으로, 당원들에게 무관심하며 지도부의 권한을 강조하고 내부 의사결정 절차의 민주성에 대해 스스로 덜 의식하는 몰락하는 정당이다. 예를 들어, 대중정당의 소멸과 새로운 포괄정당의 등장을 지적했던 최초의 학자들 가운데 하나인 키르크하이머(1966)는 새로운 유형의 정당이 '사회의 기능적인 권력자들과의 연결고리의 역할을 하기에는 너무 무디어지고 있다(p.200)'며 과거 이론에 대한 철회 의사를 나타냈다. 대중정당의 시대는 갔다며, 대중정당을 일시적인 현상으로 치부했던 피조르노(1981)도 이후 정당이 어떻게 살아남았는지를 설명하는 일련의 가설을 발표한 적이 있다. 대중정당이 '선거전문가 정당'으로 교체되었다고 주장한 파네비안코(1988)는 이러한 변화가 '모든 영역에서의' 정당의 입지 약화를 포함할 수 있다고 말했다. 따라서 대중정당의 시대를 정당의 황금시기와 동일시하면, 그 이후 모든 것은 쇠퇴했다. 지난 20년간 정당조직 영역에서의 경험적 연구를 저해했던 이러한 쇠퇴론은 정당을 대체하여 시민사회와 국가를 연결하는 활발한 매개체인 대안적 조직, 예컨대 신사회운동과 같은 조직의 출현을 연구하는 데 유용했다(예를 들면 Lawson and Merkl, 1988b).

대중정당 중심의 논의가 갖는 문제들은 그 외에도 많다. 우선 대중정당의 시대는 갔다고 보며 이것을 정당 일반의 쇠퇴로 연결하는 사고는 경험적 증거를 충분히 고려하지 않은 채 등장했다. 이러한 명제를 지지하거나 반박할 만한 종류의 자료는 모으기가 쉽지 않기 때문이다(예를 들면 Bartolini, 1983b; von Beyme, 1985; Katz, 1990). 두 번째, 더 많은 이론적 추론을 통해 제공된 시각에도 불구하고 서로 다른 정당조직 모델을 가르는 엄밀한 기준은 비교적 불명확한 상태로 있었다. 이 모델들은 정당조직 발전을 장기적 관점에서 일반화하는 데는 유용하지만 더욱 자세한 방식으로, 특히 완전히 경험적인 구조를 다루는 데는 문제가 많았다(Sjöblom, 1981; Dietrich, 1983; Korouwel, 1993). 세 번째, 대중정당 모델의 유산이 아니더라도 정당조직을 시민사회와의 연관을 통해 평가하는 경향은 여전히 남아 있다. 반면 의회 내에서의 정당이나(Hecksher, 1953: 149-159; von Beyme, 1983) 중앙당의 활동 및 정당과 연관된 정당조직의 다른 측면은 무시되는 경향이 컸다.

정당조직의 변화와 적응에 관한 더 큰 연구 프로젝트의 맥락에서 볼 때(6장에서 이루어지는 분석 또한 그 연구 프로젝트의 부분으로 자세한 내용은 Katz and Mair, 1992a; 1994 참조), 이러한 문제를 다루는 데에는 두 가지의 주요 전략이 있다. 첫 번째 전략은 두 번째 전략보다 더 중요한데, 잰더(1980)의 고전적 연구를 뛰어넘어 다양한 서구 민주주의 국가들의 모든 정당 관련 조직에 대해 시간을 두고 교차 국가적 데이터를 체계적으로 수집해 정당조직 발전에 대한 경험적 증거의 결핍을 개선하는 데 목적을 둔다. 이 자료에는 프로젝트에 포함된 12개국 약 80개 정당의 선거 및 정치 이력은 물론 당원 관련 사항, 정당 직원의 수와 배치, 권력의 내부 분배 및 당내 조직의 구성과 기능, 정부의 정당 보조금 공급을 포함한 정당의 재무구조 등에 대해 수집한 자료도 포함되어 있다. 이러한 자료는 별도의 핸드북으로 출간되었다(Katz and Mair, 1992a).

두 번째 전략은 정당조직을 적어도 3개의 상호작용하는 구성요소 즉, 국면으로 나눔으로써 정당을 단일 행위주체로 보는 개념에서 벗어나려는 시도로서, 특히 정당과 시민사회 간의 관련만을 강조하는 시각에서도 벗어나는 것이다. 이러한 정당의 국면 중에 첫 번째 것은 공공기관에서의 정당(party in public office)이다. 이는 정부와 의회에서 활동하는 정당조직이다. 두 번째 국면은 지지기반으로서의 정당(party on the ground)이다. 이는 당원조직, 특히 정당에 대해 충성심이 높은 유권자 조직을 의미한다. 세 번째 국면은 중앙당에서의 정당(party in central office)이다. 이는 공공기관에서의 정당과는 조직상 다르며, 적어도 고전적 대중정당 모델상으로는 지지기반으로서의 정당을 대표하는 조직을 의미한다(Katz and Mair, 1993).

두 전략은 정당조직의 변화와 적응 연구에 대해 더욱 차별화되고 현지화된 접근법을 채택하도록 촉진한다. 또한 두 전략을 사용해 정당 쇠퇴에 대한 광범위한 질문을 더 잘 이해할 수 있다. 예를 들어, 2개국 이상의 자료가 사용 가능하다면 이러한 정당 쇠퇴가 실제로 발생하고 있는지 아니면 허구적인 것인지를 알 수 있을 뿐 아니라, 다양한 국면들을 구분하여 어디에서 변화가 일어나는지를 정확히 알고 정당의 세 국면 가운데 한 국면의 쇠퇴가 반대로 또 다른 국면의 발전으로 이어지는 것인지도 알 수 있다. 사실 이 프로젝트에서 나타난 중심 가설은 약화되고 쇠퇴하고 있는 부분이 지지기반으로서의 정당일 뿐 중앙당에서의 정당, 특히 공공기관에서의 정당이 누리는 자원은 오히려 커지고 있다는 점이다. 이러한 관점에서 우리는 정당 쇠퇴를 강조하는 것이 분명 오해라는 것을 논할 것이다.

II. 정당 민주주의와 정당의 쇠퇴 문제

민주화의 중요한 두 흐름은 20세기 초두와 말엽에 유럽 정치사에서 나타났다. 1900년부터 1920년 사이에는 과거에 정치에서 배제되었던 시민, 즉 무산자와 여성에게 참정권이 주어지는 민주화가 이루어졌다. 그리고 1980년부터 2000년 사이에는 그리스와 포르투갈을 시작으로 권위주의 정권의 붕괴가 광범위하게 나타났으며 다당제 민주주의가 출현했다. 이 두 가지 흐름은 당연히 매우 다르다. 20세기 초반에 민주화란 참정권 부여와 편입을 의미했다. 20세기 후반에 민주화란 체제 교체를 의미했다. 이것이 다른 정치적 변화와 가장 눈에 띄게 다른 점은 민주화 절차의 속도와 제어 가능성이다. 20세기 초반 대부분의 유럽 국가에서 나타난 민주화 과정은 비교적 점진적이고 관리되는 것이었던 데 반해 최근의 남유럽과 구 공산권 유럽의 민주화 과정은 신속하고 급작스럽다.

그러나 이러한 분명한 차이에도 불구하고 두 절차의 중요한 공통점 한 가지는 남는다. 그 공통점이란 바로 정당의 대리권을 강조했다는 것이다. 20세기 초반의 민주화 흐름에서 민주화는 대중정당의 성장과 결정적 승리를 수반했다. 피조르노의 말을 빌면 '새로운 대중이 정치체계에 접근하는 것을 강화하고 동시에 통제하게 되었다(Pizzorno, 1981: 272)'는 것이다. 이러한 정당들은 시민사회에 깊이 관여하고 있었으며 참여와 개입을 강조했고 위계와 규율이 잘 서 있었다. 이들 정당은 시민사회에서 탄생된 시민사회의 재산이었으며 유권자의 이익을 공공정책이란 틀 안에서 전달하고 표현하는 것을 추구했다. 최근 발생한 민주화의 흐름 역시 정당의 역할을 중심에 둔다. 거의 50년 이상 정당을 강조한 탓에 대중정당의 등장이 촉진되고 남유럽과 동유럽에서 발전한 정당은 비교적 느슨한 조직구조를 갖추며 당원 자격 제한이 적거나 없는 것이 특징이다. 그러나 고전적 대중정당의 양상과 구조에서 많이 벗어나기는 했지만 새로운 민주주의를 건설하는 정당의 역할은 역시 중요하다. 정당의 중요성은 이러한 새로운 민주주의를 정의하는 방식에서도 나타난다. 선거권 부여가 아닌, 정권 교체로 인해 생긴 민주화에서 민주주의란 시민의 권리라는 측면이 아니라, 자유 선거를 통해 정당들이 경쟁할 수 있는 정당 다양성이 존재하는가의 측면에서 정의된다.

현대 민주주의에서 오래된 민주주의나 새로운 민주주의나 정치란 정당정치이다. 달리 말하자면 20세기는 민주화의 세기, 따라서 민주주의의 세기였을 뿐만 아니라 정당 민주주의의 세기였다. 그러나 20세기가 끝나면서 오래된 정당 민주주의가 이상 징후를 나타내기 시작했다. 그렇지만 나는 현대 민주주의에서 차지하는 정당의 중요성 때문에라도 정당 민주주의는 더욱 더 논란이 많은 민주주의의 형태가 될 것이라고 생각한다.

10년 이상, 학계나 언론의 중요한 화두는 '정당의 쇠퇴'였다. 정당은 퇴물 취급을 받았다. 신조합주의의 도전이 그 원인이라는 주장은 너무 성급하지만, 정당 쇠퇴론을 뒷받침하는 현상이 지속적으로 나타난다. 지지기반의 측면에서도 대중의 선호 변화가 눈에 띄며, 이는 결국 변화의 촉매가 되리라 여겨진다. 이러한 새로운 변화 과정에는 두 가지 연관 요소가 있다. 하나는 시민들이 분열되고 개인화되며, 선호 역시 '특화' 되어 가고 있는데 (van der Eijk et al., 1992: 406-31), 이는 고전적 정당정치의 본성에 비추어 볼 때 저주와도 같은 일이다. 다른 하나는 시민들을 의사결정 과정에 더 효율적이고 만족스럽게 연결해주는 것으로 판단되는 신사회운동과 '대안 조직(Lawson and Merkl, 1988a)'들이 대표 채널의 자리를 놓고 정당과 경쟁하게 된 것이다.

두 요소는 정당이 점점 무시되고 비효율적이 되어가며 그 결과 시간이 지남에 따라 고사됨을, 또는 사람들이 그렇다고 믿는다는 것을 의미한다. 그러나 이는 필연성이 있다고 보기 어렵다. 정당이 쇠퇴하고 사라지는 것을 일종의 건전한 과정으로 보는 시각에서는 정당정치를 시대에 뒤진 '쥬라기 공원'식 정치로 보며, 정당의 쇠퇴란 결국 시민의 이익을 더 잘 대변해 주고 시민들이 더욱 직접적이고 책임 있는 역할을 수행할 수 있는 정치로 바꾸는 과정으로 본다. 이러한 발전은 더욱 자족적인 시민권의 발전을 의미하여 이는 민주주의에 순기능만을 더할 뿐이다. 간단히 말해 정당의 쇠퇴는 필연적인 변화를 반영한다고 볼 수 있으며, 결코 부정적이 아니라 긍정적인 변화이다. 더 건전하고 참여적이며 자주관리적인 민주주의로 가는 길인 것이다.

그러나 정당 쇠퇴에 대한 이러한 가정에 진실이 있다고 해도 그것은 부분적인 진실이며, 정당의 한 측면, 즉 시민사회와의 관계만을 본 것이다. 그 결과 이러한 가정은 도전에 대처하고 생존을 도모하는 정당의 탁월한 능력을 얕잡아보는 경향을 갖게 된다(앞의 제5장을 참조하라). 그 외에도 정당에 대한 대중의 관계가 축소되더라도 결국 문제가 되지는 않을 것이라는 이러한 가정은 미심쩍다. 이 장에서도 말하겠지만 후자의 가정은 대표로서의 정당의 기능은 약화되는데, 공직자로서의 정당의 기능은 강화된다는 필연적인 모순을 간과하는 문제가 있다. 따라서 이런 관점에서 볼 때 정당의 타당성과 가시성과의 모순, 또는 더 정확하게 말해 정당의 정당성과 특권적 지위 사이의 모순은 정당 쇠퇴를 논하는 간단한 가설에서 의미하는 것보다 더욱 심각한 문제를 지니고 있다. 그러나 이 질문으로 돌아가기 전에 나는 대표 기구로서의 정당의 역할에 관한 증거를 간단히 검토하려고 한다. 여기에는 지지기반으로서의 정당의 위치와 목적 있는 행위 주체로서의 타당성, 그리고 공직자로서의 위치에 관한 증거 등이 포함된다.

1. 지지기반으로서의 정당

가장 간단하고 자주 인용되는 현대 유럽 민주주의에서의 정당 쇠퇴 증거는 일반적인 유권자와 시민의 시각을 통해 나타난다. 정당과 정치 계층에 대한 환멸과 각성이 일반화되고 늘어만 가는 현상이 정당 쇠퇴의 증거다. 사실 이러한 환멸은 더 많이, 더욱 뿌리깊게 나타나고 있으며 표현하는 데 새로운 용어가 등장할 정도이다. 용어야 어찌되었건 전 유럽에서 실시된 여론조사에서 정치에 대한 환멸은 명백하다. 예를 들어, 1989년 노르웨이에서 실시된 설문에서는 응답자의 거의 절반이, 정치인들은 근본적으로 자기들도 모르는 것을 떠들고 있다고 답했다. 1991년 프랑스에서 실시된 설문에서는 응답자의 삼분의 이 이상이 정치인들이 국민들의 문제에 별 관심이 없는 것 같다고 응답했다. 1989년 오스트리아에서 실시된 설문에서는 응답자의 삼분의 이 이상이 정치인들이 근본적으로 부패하고 뇌물을 좋아한다는 의견에 찬성했다. 1991년 독일에서 실시된 설문에서는 응답자의 사분의 일만이 정당을 신뢰한다고 말했으며, 거의 삼분의 이에 이르는 응답자가 정치인들이 자신들만의 고립지대에 있다고 답했다. 1994년 영국에서 실시된 설문에서는 응답자 중 거의 삼분의 이가 보수당은 '타락한 저질'이라고 답했다.[1]

둘째, 이러한 태도가 정당에 대한 애착이나 일체감이 느슨해지고 있는 징조로 해석되는 것은 놀랄 일이 아니다. 그러나 이러한 부분적인 추세가 전체적인 것과 혼동되어서는 안 되며 정당이 유권자들과 긴밀하게 연결되

---

[1] 자료 출처는 다음과 같다. 안데르센과 비요크룬트(Andersen and Bjorklund, 1990: 203); 이스말(Ysmal, 1992: 407); 뮐러(Müller, 1994: 52); 빈(Veen) 외(1993: 45); 「데일리 텔레그래프」, 1994년 10월 10일자 등. 영국에서는 기반을 잡은 안정된 언론사를 제외한 다른 언론사에서 이러한 비판적인 태도가 퍼지기 시작했다. 「인디펜던트」지는 1994년 1월 12일자 사설에서 현재 여당인 보수당은 심각하게 부패했다고 주장했다. 또한 「데일리 텔레그래프」지는 "각 주의 나이든 대의원들이 있어야 할 국회의 의석에 공직자정신이 해이하고 자기발전만을 추구하는 사람들이 우글거린다"며 당시 보수당 국회의원들의 자질을 심각하게 비판했다.

어 있다는 생각이 건재한 경우도 있다는 점을 강조해야 한다. 물론 정당의 쇠퇴가 분명한 나라들도 있지만 말이다. 예를 들어, 오스트리아에서는 정당에 대해 많건 적건 일체감을 느끼는 투표자의 비율이 1969년 75%에서 1990년에는 59%로 줄었다. 서독에서도 1972년 82%였던 것이 1987년에는 75%로 줄었다. 아일랜드에서는 이러한 비율이 1981년 72%에서 1989년에는 40%로 줄었다. 스웨덴에서는 정당에 강한 일체감을 느끼는 투표자의 비율이 1960년 52%에서 1988년 27%로 줄었다. 영국에서는 노동당 또는 보수당에 강한 일체감을 느끼는 투표자의 비율이 1964년 22%에서 1987년 7%로 줄었다(Katz and Mair, 1992a: 39, 330, 398, 633-634, 789-790, 846; Mair, 1984; Schmitt, 1989를 참조하라).

정당 입장에서 가장 우려되는 침체의 세 번째 징후는 당원 비율에서 나타나는 추세이다(〈표 6-1〉 참조). 어떤 기준에서 보면 변화는 확연히 드러나지 않으며 쇠퇴의 징후 역시 특별히 눈에 보이지 않는다. 1960년대부터의 비교 자료를 가진 11개국 중에 6개국(벨기에, 핀란드, 프랑스, 독일, 노르웨이, 스웨덴)이 1960년대부터 1990년대 초까지 당원 수가 증가했다. 그리고 같은 기간 당원 수가 감소한 나라는 5개국(오스트리아, 덴마크, 이탈리아, 네덜란드, 영국)이다.[2] 하지만 이 시기에 유럽의 전체 유권자 수가 크게 늘어난 것을 감안할 때 당원 수가 그 증가분을 따라가지 못한 것을 본다면 분명 큰 문제가 있다고 볼 수 있다. 즉 이 기간 내에 당원 수가 동일하게 유지되거나 심지어는 늘었더라도 상대적인 당원/유권자 비율은 축소되었을 수 있으며 이는 사회 내에서 정당조직의 존재감이 약해졌다는 것을 의미한다. 사실 비교 자료가 있는 나라 11개국 중 벨기에와 독일 두 나라만이 전체 유권자 중 당원 비율이 늘었다. 벨기에는 7.8%에서 9.2%로, 서독은 2.7%에서 4.2%로 늘었다. 그리고 프랑스는 전반적으로 낮지만 안정적인 당원 비율을 보여주고 있다. 반면 다른 모든 나라들은 상대적으로 당원 비율이

---

[2] 프랑스에 관한 수치는 이스말(1989: 163)을 참조하라. 다른 국가의 수치는 카츠와 메이어(1992a; 1994)를 참조하라.

〈표 6-1〉 정당 당원 비율의 추이

	1960년대 초		1980년대 말	
	당원수 (천 명)	유권자 중 당원비율(%)	당원수 (천 명)	유권자 중 당원비율(%)
오스트리아	1,380.7	26.2	1,311.8	21.8
벨기에	468.8	7.8	654.4	9.2
덴마크	599.1	21.1	260.5	6.5
핀란드	513.1	18.9	520.1	12.9
독일	1,001.9a)	2.7	1,907.5	4.2
아일랜드	자료 없음	자료 없음	129.3	5.3
이탈리아	4,332.8	12.7	4,405.2	9.7
네덜란드b)	648.4	9.4	326.4	2.9
노르웨이	363.7	15.5	432.0	13.5
스웨덴	1,092.1	22.0	1,343.3	21.2
영국	3,258.8	9.4	1,426.3	3.3

주) a) 약 5만 명으로 추정되는 자유민주당 당원 수를 포함
 b) 1만 명으로 추정되는 1963년의 네덜란드 공산당, 그리고 1989년의 적록연합을 포함
출처: Katz and Mair(1992a; 1994)

대폭 축소되었다. 가장 큰 하락폭을 보인 덴마크의 경우 1960년대 초반 21%에서 1980년대 후반에는 7%로 줄었다. 스웨덴의 경우 같은 기간 동안 당원비율이 1% 미만 줄었을 뿐이다.

이렇듯 유권자 중 당원 비율이 저하되는 것은 유권자들에게 정당이 차지하는 비중이 낮아졌다는 것이며 이전에 언급했던 다른 증거들과 함께 놓고 볼 때 지지기반으로서의 정당의 입지가 좁아지며 따라서 대의 기구로서의 정당의 민의 수렴 능력이 저하되고 있음을 뒷받침할 수 있다. 특히 놀라운 것은 이러한 정당 기능의 약화가 총선 투표율의 변화에 눈에 띄는 영향을 미치지 않으며, 이러한 맥락에서 투표의 양상을 해석하기 힘들다는 것이다.

한편으로 대중적 기반에서 나타나는 정당 입지의 약화는 투표율이 줄어드는 경향이 반영된 것이라는 예측하에, 장기적인 투표 수 추세를 언급하는 것이 가능하다. 하지만 이것을 뒷받침하는 근거는 부족하다. 총선에서 투표율은 여전히 상당히 높다. 그리고 기본적으로 유권자 수가 늘어났기 때문에 투표자의 숫자도 그만큼 늘어났다. 서유럽 대부분 지역에서 1960년대 초반에서 1980년대 후반 사이에 평균 투표율은 84%에서 80%로 완만히 줄어들기는 했지만 총선에서 투표를 하는 사람의 수는 1960년대 초반 1억 4천만 명에서 1990년대 초반 1억 8천4백만 명으로 늘어났다. 이러한 수치는 환멸이나 침체의 증거가 될 수 없다. 한편으로 이는 여러 나라에서 우파, 또는 좌파 성향의 '신정치'를 표방하는 정당에 대한 선호를 나타내는 사람들이 아직까지는 소수이지만 늘어가고 있다는 사례로 보일 수도 있다. 이러한 '신정치' 정당은 기존 질서에 반대하는 '기성 정당에 반대하는 정당(anti-party parties)' 세력을 규합한다. 이러한 정당에 대한 투표율 증가는 반정당 정서의 증거 및 정당 침체의 증거로 볼 수도 있지만 투표자 수가 지속적으로 증가하는 가운데 이러한 결과가 나온다면 이는 정치에 대한 신뢰와 타당성이 유지되고 있다는 증거로 볼 수도 있다. 그러므로 투표자 수만 가지고 바로 정당에 대한 잠재적 환멸이라는 확고한 결론을 내리기는 어렵다.

2. 목적을 가진 행위 주체로서의 정당

한 가지 관점에서 보면 정당이 유권자들에게 공약을 하고 그들의 정서적 헌신을 이끌어내는 능력이 점점 줄어들고 있다고 볼 수 있다. 반면 전통 정치학의 또 다른 관점에서 보면 유권자들이 정당을 목적을 가진 행위 주체로 인식하도록 만드는 정당의 능력이 점점 줄어들고 있다고 볼 수도 있다. 그러한 문제 중 일부는 민족 국가들 사이에서 변화하는 국제정세, 그리고 중앙 정부와 정부를 구성하는 정당들이 국내 정책결정을 유도하고 조절하려는 시도 속에서 발견된다. 한편으로 모든 유럽 국가들은 현재 개방적 경제 시스템을 취하고 있으며, 직접 통제할 수 없는 강제와 설득 속에 놓인 '준주권자(semi-sovereign: 원래의 표현은 Katzenstein, 1987을 참조하라)'가 되어가고 있다. 따라서 국민국가와 중앙 정부의 운신의 폭은 매우 제한되었고 정당의 재량권 역시 줄어든 상태이다. 이는 정부 안에서 활동하는 대의 기구로서의 정당의 능력에 두 가지 큰 영향을 끼쳤다. 우선 정치 및 사회 문제에 대한 중앙 정부의 대응이 지방은 물론 국제적인 압박을 받게 되었다는 점이다. 따라서 중앙 정부는 자신들에게 정당성과 권위를 부여하는 지방의 이익을 완벽히 충족시키는 방향으로 국내의 요구에 항상 부응할 수는 없게 되었다. 두 번째로 더 중요한 것은 세계 경제가 점점 더 복잡해짐으로써 정책결정 과정에 대한 감시와 통제에 상당한 문제가 생기게 되고, 효율적이고 권위 있는 행동을 취할 능력이 저하되었다는 점이다.[3] 그 결과 정부와 소속 정당은 비판적인 투표자들에게 맞서 자신들이 추진하는 정책의 이점을 납득시키기가 거의 불가능해졌다.

사실 정당 간 차별성을 분간하기는 점점 더 어려워지고 있다. 서유럽의 모든 기성 정당들은 한두 곳의 예외를 제외하면 지난 15~20년간 여당의 경험을 가지고 있다. 모든 정당들이 연합의 형태를 취했든 혹은 그렇지 않든 집권 경험이 있다. 그리고 그들 모두는 1973년 이후 시기의 국제경제 환경 제한 속에서 움직이고 있다. 많은 정당들이 중앙 정부가 통제할 수 없는 경제·사회 문제가 급증하고 있는 현실에 직면하고 있지만 타당한 해결책을 내놓는 정당은 하나도 없다. 더구나 리처드 로즈(가령 1990)가 지적했듯이 현대의 대부분의 정책결정은 그저 관성에 의해 이루어진다. 정부는

---

[3] 스텁스와 언더힐(Stubbs and Underhill, 1994)을 참조하라. 이러한 논의에서 국제적 압력에 직면한 모든 정부가 꼭 유사한 정책을 채택하거나 특정한 신자유주의적 합의로 집중된다는 것은 아님을 강조해야 한다. 실제로 이러한 주장은 이미 정책방향과 결과에 대한 국가 간 차이를 지적한 학자들 사이에서 논쟁거리가 되고 있다(예를 들면 Scharpf, 1988; Garrett, 1995). 그보다는 어떤 국가에 대한 논의에서건 그 국가가 이웃, 경쟁 국가들과 갈라섰는지 아닌지는 불문에 붙이더라도 정책 선택지의 범위는 제한된다. 그 결과 국가의 당파적 차이는 약화되고 국가의 당파적 정책은 수렴된다.

물려받은 프로그램의 주변부만 손볼 뿐, 어느 정당도 새롭고 차별적이며, 최소한 목적성이 분명한 공약을 제시할 능력이 없다. 1980년대 초반 정치학계의 가장 엄격한 학자들 중 일부는 정당들이 진정으로 차별성이 있는지 단언하기 어렵다고 인정했다(예를 들어 Castels, 1982; Rose, 1984). 하물며 일반적인 유권자의 입장에서라면 정당들의 의도에 실망하는 것이 이상한 일이 아니다.

유럽 각국이 유럽연합으로 통합되는 와중에도 개선된 부분은 전혀 없다. 정반대로 우선 통합의 추가 진행에 대한 대중적 회의주의에도 불구하고 거의 모든 서유럽 국가의 주류정당들은 유러피언 프로젝트를 따라야 한다고 생각하고 있다. 이 여론에 도전하는 세력은 주로 극좌 및 극우 정당들, 또는 기성 정당 내의 이단세력들이다. 그러나 여기에서도 주류세력의 차이는 거의 없다시피 할 정도로 흐려졌다. 두 번째로, 앞에서도 말했듯이 정책결정의 유럽화는 중앙 정부 및 정부 소속 정당의 재량권을 제한하고 운신의 폭을 제한함으로써 이들의 권위를 명백히 추락시킨다. 마지막으로 정당의 중재 대신 정부 부서의 밀실 회의실에서 활동하는 중앙정부의 대리인들이나 또는 원래 대리적인 역할은 거의 하지 않는 장관, 또는 국가 단위에서 조직된 정당과는 크게 상관없는 의회 그룹이 조직한 유럽 의회가 유럽 내에서의 의사결정을 하는 것으로 여겨지므로 이는 정당의 대표적 기능을 더욱 잠식하는 것으로 볼 수 있다.

당파적 목적의 쇠퇴와 기성 정당들 사이에서 나타나는 무차별성은 다른 각도에서도 살펴볼 수 있다. 가장 눈에 띄는 직접적인 증거는 정당을 좌우 이념에 따라 나누는 거리의 감소에서 찾을 수 있다. 두 건의 비교적 전문적인 조사를 통해 나타난 비교자료에 따르면(〈표 6-2〉를 보라) 지난 10여 년 동안 13개 유럽국가 중 11개 국가에서 중도좌파 정당과 중도우파 정당 사이의 간격이 감소했다고 한다. 오래된 정치적 반대자들과의 관계가 놀랍도록 가까워진 사례도 있다. 벨기에 같은 경우 입장 차이가 41% 이상 축소되었다. 오스트리아는 약 40%, 영국에서는 35% 정도 격차가 줄었다. 노르웨이나 스웨덴에서는 이러한 변화의 차가 비교적 적다. 반면 이탈리아의 경

〈표 6-2〉 좌파 주요 정당과 중도우파 주요 정당의 거리로 본 좌-우 이념 격차

국가	정당	1983년의 격차	1993년의 격차a)	변화율
오스트리아	사회당-국민당	2.8	1.7	-39.3
벨기에	사회당-기사/기민당	3.4	2.0	-41.2
덴마크	사민당-보수당	3.5	3.6	+2.9
핀란드	사민당-국민연합	4.2	3.3	-21.4
프랑스	사회당-공화국연합	5.6	4.2	-25.0
독일	사민당-기민당	3.4	2.9	-14.7
아일랜드	노동당-공화당	2.7	1.9	-29.6
이탈리아	공산/사회당-기민당	3.8	4.2	+10.5
네덜란드	노동당-기민당	3.1	2.3	-25.9
노르웨이	노동당-보수당	4.7	4.3	-8.5
스페인	사회당-국민/인민당	4.8	3.9	-18.8
스웨덴	사민당-보수당	4.8	4.7	-2.1
영국	노동당-보수당	5.5	3.6	-34.6

주) a) 1993년의 수치는 양자 비교를 위해 조정된 것이다. 본래 1983년의 지표는 11단위를 기준으로 했고, 1993년의 지표는 10단위를 기준으로 했었다
출처: 1983년도는 Castles and Mair(1984); 1993년도는 Huber and Inglehart(1995)

우 공산당이 좌파 사회당에 흡수되었음에도 불구하고, 정당 간 이념 격차는 10% 이상 증가했으며, 덴마크의 경우에도 3% 가량 늘었다.

그리고 더욱 인상적인 두 번째 증거는 전통적인 정당 간의 차이가 흐려짐으로써 정당연합의 범위 및 정부구성을 위한 무차별 야합 양상이 더욱 심해진다는 것이다. 이는 당의 본질에 어긋날 수 있으며 끝없는 당내 분쟁을 유발할 수도 있다. 예를 들어, 서독에서는 지난 30년간 주요 3당 간에 상상할 수 있는 거의 모든 양당 간 연합이 이루어질 수 있다는 것이 이론뿐 아니라 실제로도 증명되었다. 네덜란드에서도 지난 10년간 주요 3당이 상

상할 수 있는 거의 모든 연합을 구성하여 집권당 노릇을 했다(그 가운데는 기독교민주당을 배제한 정권도 포함된다). 이탈리아에서는 과거 다수당이던 기민당이 이탈리아 사회당은 물론, 덜 공식적이지만 공산당(좌파 사회당을 포함하여)과도 연합할 수 있다는 것이 증명되었다. 아일랜드에서 노동당은 아일랜드 공화당, 아일랜드 통일당과 연립정부를 구성한 적이 있다. 더욱 최근에는 아일랜드 통일당이 좌파민주당과 연합할 의사가 있음이 확인되었다. 오스트리아에서는 지난 10년간 사회당이 자유당 및 국민당과 함께 정권을 잡았다. 벨기에에서는 사회당, 자유당, 기독당이 최근 공조하고 있으며 때때로 보수민족당(Volksunie), 왈룬 자유당(Rassemblement Walloon)과도 공조한다. 오랫동안 양 진영이 날카롭게 대립해오던 스웨덴에서도 1994년 선거에서는 사회민주당과 자유당 간의 연합이 오랫동안 논의되었다.

　마지막으로 이러한 요인에 여러 가지 다른 요소를 더하면 이제 개별 정당에서 자기들만의 개성을 찾아보기란 점점 어려워지고 있다. 과거에(물론 상당 부분 미화된 과거이지만) 정당 하면 떠오르는 이미지는 닫힌 공동체였다. 이런 황금 시대의 정당은 자기만의 색채를 분명히 가지고 있었다. 크건 작건 간에 자신들만의 원래의 지지층이 있었고 이러한 지지층은 계급, 종교, 직업, 지역 등으로 구분되어 그 당의 핵심을 이루고, 당이 우선적으로 관심을 갖는 대상이 되었으며, 이들이 다른 당에 투표한다는 것은 거의 상상할 수 없었다. 각 당은 고유한 조직적 자원을 운용했고 그 자원은 보통 일반적인 지지자들이나 당원들, 또는 기부자들로부터 충당했다. 또한 정당보나 자신들에게 우호적인, 그렇지만 표면상으로는 독립적인 일반 신문을 통한 독자적인 의사소통 연결망도 갖추고 있었다. 그리고 각 당은 지지층의 이익을 위한 독자적인 프로그램과 이념을 가지고 있었다. 또한 각 당의 목표는 자신들의 정부를 구성하는 것이었고 그렇지 못하더라도 최소한 추구하는 이익이 유사하거나 충돌하지 않는 정당과 연합하는 것이었다.

　반면 현대 정치에서는 정당들이 앞서 열거한 모든 측면을 다른 정당과 공유하는 상황하에서 이러한 독자성이 점점 퇴색되어가고 있다(앞의 제5장 참조). 그 원인 중 하나는 시민사회 내의 집합적 개성이 무너져 가는데서 찾을 수 있다. 즉, 계급과 종교의 전통적 경계선이 희미해지고 사회 계급화의 패턴이 바뀌며, 개인적이거나 특수한 주체성이 대두되는 등이 바로 그것이다. 따라서 정당은 기존에 있던 자신들만의 지지층을 잃고 동일한 선거시장을 공유하게 되었다(Franklin et al., 1992). 정당조직 변경에 관련된 두 번째 요소는 국내, 혹은 국제적으로 이루어지는 정당조직 스타일의 수렴이다. 이는 단순히 조직구조적 관점에서, 또는 정치적 의사소통의 관점, 조직 자원의 속성이라는 관점에서 볼 수 있다. 예를 들면, 대부분의 거대 정당은 독자적인 의사소통 수단을 포기하고 있다. 그 대신 공영 또는 민영의 전국 매체에 출현하여 관심을 끌려고 한다. 대부분의 나라에서 정당은 독자적인 조직적 자원에 대한 의존을 줄이고 대신 국고보조금이나 공공 장려금에 의존한다. 실제로 정당을 나누는 분명한 기준은 과거의 이야기가 되었고 각 당은 공공 장려금의 도입을 동반한 새로운 정당법을 제정할 필요뿐만 아니라 같은 경험을 공유하고 있다. 세 번째 요소는 위에서도 말했듯이 정당이 똑같은 정책적 매개변수에 의해 제한받고 있으며 적어도 주류 내에서는 갈수록 난잡하게 구성된 연립내각이라는 맥락 내에서 동일한 정책적 우선순위를 가지고 있다는 점이다. 이렇게 놓고 볼 때 아마도 포괄정당이 등장하면서부터 정당 간의 본질적인 정책이나 목적의 차이는 인식하기 어려워졌다고 볼 수 있다.

이 모두는 정체성을 유지하고 그럼으로써 다른 정당과 구별되는 목적을 갖는 개별 정당의 능력에 대해 명백한 함의를 가진다. (주류) 정당 간의 차이는 갈수록 모호해지고 이는 유권자의 시각에서 봤을 때 더욱 그렇다. 외견상 주요 정당들은 유권자들의 정치적 계층성이 모호해지면서 한 덩어리로 연합하고 있다(von Beyme, 1993). 따라서 이러한 전통적 정당이 반정당체계의 공격에 취약해지는 것은 최근 북아메리카에서의 로스 페로(Ross Perot)와 프레스턴 매닝(Preston Manning)의 선거운동, 그리고 현대 유럽 정치에서도 입증된 바이다(von Beyme, 1993: 195-209; Betz, 1994: 36-67). 결국 아무리 정당이 약화되고, 정당 간 차별성이 줄어들더라도 정당과 이른바 정치인 계층에 대한 유권자들의 분노를 이끌어내기에 충분하지는 않다. 실제로 나타나는 것은 대부분의 경우 무관심과 무감동이다. 역으로 정당의 지지기반 감소가 중앙당, 더 나아가서는 모든 공직에서의 정당의 지위, 자원, 특권의 성장을 동반할 경우 분노를 느낄 수 있다.

III. 정당과 국가

사실 중앙당이나 공공기관에서의 정당을 보면 정당 쇠퇴라는 단순명제에 반하는 가장 강력한 증거를 찾을 수 있다. 우선 가장 명백한 증거로 더 많은 정당이 공직에 접근하고 있으며, 이들은 더 많은 자원과 또 다른 정당성 획득 수단에 접근한 것으로 볼 수 있다. 이런 측면에서 오늘날 무시할 수 있는 정당은 거의 없다. 핀란드 공산당과 독일 사회민주당은 1960년대에 제2차 세계대전 종전 후 처음으로 연합했으며, 같은 시기에 노르웨이에서는 2차대전 이후 최초의 중산계급 연합이 생겨났다. 1970년대 말까지 벨기에 왈룬 자유당, 보수민족당, 브뤼셀 프랑스계 민주전선 같은 정당들은 네덜란드의 D66과 마찬가지로 최초로 정부에 입성했다. 스웨덴에서는 1970년대에 최초의 부르주아 연합이 형성되어 16년간의 야당 생활 끝에 집권에 성공했다. 1980년대 말까지 집권에 성공했던 유럽 정당의 순위에는 오스트리아 자유당, 덴마크 중도민주당(Danish Centre Democrats), 기독국민당, 핀란드 농민당 등이 포함되었다(Katz and Mair, 1992a; Woldendorp et al., 1993). 최근에 창당한 좌파 '신정치' 정당들, 그리고 거의 모든 극우 신정치 정당을 제외하고 주요 정당 중에서 오랫동안 집권하지 못한 정당은 영국 자유당 뿐인데, 그마저도 1970년대 후반에 과반을 차지하지 못한 노동당 정부에서 연정에 참여했다. 그리고 구성원의 다수가 바뀐 이탈리아 공산당과 연합 성향이 늘어나고 있는 좌파민주당 등이 사례이다.[4] 대부분

---

4) 이러한 결성 직후인 1993년 4월, 이 당은 카를로 치암피(Carlo Ciampi)의 신개혁주의

의 정당은 산발적이라도 집권 경험이 있으며, 집권에 따른 자원은 정당 유지의 중요한 재원이 되고 있다.

〈표 6-3〉에서 제시된 요약 수치에서도 알 수 있듯이 비교 가능한 자료를 통해 보면 각 당의 전체 자원은 대부분 성장세이다. 거의 모든 곳에서 정당 직원이 늘어났다. 아일랜드에서는 330%가 늘어났으며 독일이 그 뒤를 잇고 있다. 영국과 네덜란드의 성장세는 보다 완만하다. 정부 직원의 수와 계약제로 고용된 전문 컨설턴트의 수는 포함되어 있지 않은 이 수치로 볼 때

〈표 6-3〉 정당 자원의 추이

	정당 임용 당료 증가율a)	중앙당 수입 증가율b)
오스트리아	+61	+286
덴마크	+112	+50
핀란드	+55	+6
독일	+268	+35
아일랜드	+330	+123
이탈리아	+140	-25
네덜란드	+17	+41
노르웨이	+50	+14
스웨덴	+55	-4
영국	+24	+46
미국	자료 없음	+145

주) a) 이 변화는 1960년대 후반 또는 1970년대 초와 1980년대 후반의 위치를 비교한 것이다. 이 시기에 직접적 비교가 가능한 정당의 사례만 포함했다
b) 이 변화는 1975년 경과 1989~1990년의 수입(고정 가격으로) 차이를 비교한 것이다. 이 시기에 직접적 비교가 가능한 정당의 사례만 포함했다
출처: 〈표 6-1〉과 같음

정부에 가입했으나 하원의 거부로 사회당수 베티노 크락시(Bettino Craxi)의 불신임이 실행되어 24시간 만에 쫓겨나고 말았다.

정당의 가용 자원은 20년 전에 비해 아주 많아졌다. 당 본부의 수입도 모든 국가에서 지난 15년 동안 크게 늘어났다. 독일은 300% 이상, 오스트리아는 200% 이상, 아일랜드는 100% 이상 증가했다. 오직 스웨덴과 이탈리아만 수입이 줄어들었다. 이탈리아의 경우 지난 15년간 정당 수입이 25%나 감소했다는 것이 공식적인 주장이지만 이는 잘못된 수치로 보여진다.

두 가지 측면은 관련성이 있다. 공직에 대한 실질적 또는 잠재적 접근은 정당이 직원이나 자금 같은 조직적 자원을 축적할 기회를 높인다. 이런 점에서 정부는 정당이 필요로 하는 자원의 출처이며 정당의 존속과 생존을 위한 수단이 된다. 사실 정당조직 프로젝트 내에서 실행된 다양한 분석들 중에서 도출된 단일 주제가 있다면(Katz and Mair, 1994), 그 주제는 정당조직의 변화와 적응에 대한 이해가 필요하다는 것이며, 그 주제를 확장할 경우 더 나아가 정당과 정부, 정당과 시민사회 간의 연결까지도 연구해야 할지 모른다. 그러나 기존의 정당 변화와 관련된 평가에서 정부, 혹은 시민사회와의 연결이 무시되거나 저평가되어 왔지만 현재는 정당과 시민사회의 관계에 관심이 집중되고 있는 것은 틀림없다(예를 들면 Lawson, 1988; Sainsbury, 1990; 주목할 만한 예외로는 Müller, 1993).

또한 지난 10년간 정당과 정부와의 관계가 특히 중요해졌다는 것 역시 분명하다. 이러한 관점에서 키르크하이머(1966)가 포괄정당을 묘사할 때, 혹은 파네비안코(1988)가 선거 전문가 정당을 묘사하면서 강조했듯이, 시민사회와 정당 간 관계가 약화된다는 의미를 함축하고 있는 하향식 정당조직 생활은 정당과 국가 간의 관계를 점점 더 강조한다고 볼 수 있다. 국가는 정당에 필요한 잠재적 자원을 제공한다(제5장 참조). 그러므로 정당 자체가 변하는 것과 마찬가지로 연결의 균형은 바뀌고 있다.

1. 중재자로서의 국가?

　극단적으로 보자면 이러한 움직임으로 인해 정당을 시민사회와 국가 간의 중재자로 보았던 고전적 개념, 즉 정당이 시민사회의 이익을 대변하거나 이익을 그저 중재하기만 한다고 보았던 개념을 바꿔야 할 필요가 있다. 정당이 자원을 얻기 위해 국가와 더욱 밀착하는 경향을 보이기 때문에 기존의 국가에 대한 고전적 개념 대신 국가를 정당과 시민사회 간의 중재자로 보는 더욱 유용한 발견적 개념을 떠올릴 수 있다. 이는 분명 극단적이고 어느 정도는 추상적인 개념이다. 그러나 이 개념을 통해 정당과 시민사회와의 관계에 점차 실망하는 것에서 벗어날 수 있으며, 시민사회-정당-국가의 연결을 잘못 강조하는 경향에서 벗어나, 정당과 국가 간의 연결의 중요성을 인식하게 해 줄 수 있다. 예를 들어, 특히 이탈리아의 경우 바르디와 몰리노(Bardi and Morlino, 1994)의 정당지배체제 논의에서 드러나듯이 국가를 중재자로 보는 개념을 이용하면 정당이 생존을 위해 어떤 방식을 이용하는가에 대해 더 잘 알 수 있다.

　국가는 공직을 통해 정당에 부여할 수 있는 정당성 면이나 정당에 수여 또는 규제할 수 있는 자원과 능력 면에서 시민사회와는 비교가 되지 않을 만큼 중요하다는 것은 의심의 여지가 없다. 그것을 묘사할 방법은 많이 있다. 우선 앞서도 말했듯이 현재 당보나 당 방송국 등의 독자적인 당파적 의사소통 채널을 유지하고 있는 정당은 극소수이다. 대신 그들은 광고지면을 구매할 수 있거나 편집장을 설득할 수 있는 독립적인 인쇄매체, 공적으로 운영되거나 엄격히 통제되지만 그 중요성이 점점 높아지고 있는 방송매체(텔레비전과 라디오)에 전적으로 의지하고 있다. 그리고 방송사용과 관련된 태도나 관련 주파수 할당은 국가가 마련한 법과 절차에 상당 부분 좌우된다.

　두 번째로 인적 자원에서 국가가 정당의 입지를 보증하는 더욱 직접적인 방법을 찾을 수 있다. 앞에서도 말했듯이 예를 들면(〈표 6-3〉을 참조) 정당 직원의 수는 지난 20년간 크게 늘었다. 이러한 증가분 중의 상당 부분은 월급의 상당 부분이 국고에서 지원되는 원내정당 직원의 증가이다. 이탈리아를 제외하면(그리고 갈수록 비교하기가 힘들어지는 영국도 아마 포함될지 모른다) 원내정당 직원들의 증가세는 꾸준히 중앙당 직원들의 증가율을 뛰어넘고 있다. 여러 나라(오스트리아, 핀란드, 독일, 노르웨이, 스웨덴)의 사례를 보면 원내정당 직원의 수는 중앙당 직원 수에 비해 3~4배의 증가속도를 보인다. 덴마크에서 원내 직원수의 증가는 중앙당 직원 증가속도의 10배에 달한다. 아일랜드의 경우 그 수치는 12배에 달한다.

하지만 그렇다고 해서 보다 사적인 조직이라고 볼 수 있는 정당조직에서 더욱 공적인 의회 정당 세계로 전면적인 인원 이동이 일어난다고 볼 수는 없다. 물론 당 본부에 대한 원내정당 직원의 비율은 시간이 지남에 따라 점차 늘어났으며 그런 까닭에 의회로의 편향이 강조되고는 있지만 현재 원내정당 직원의 수가 중앙당 직원의 수를 뛰어넘는 나라는 덴마크, 독일, 아일랜드, 네덜란드, 미국 등 극소수에 불과하다. 그러므로 중앙당 직원의 수 증가를 국가 자원의 사용 가능성 증대로 설명할 수 있다는 점을 강조하여야 한다. 이러한 현상은 원내정당 사무실과 더불어 중앙당 사무실에 직접(간접인 경우도 간혹 있다)적인 공공 장려금을 지급하는 제도를 동시에 채택하거나(핀란드, 스웨덴) 좀 늦게 채택한 나라(오스트리아, 벨기에, 덴마크, 독일, 노르웨이) 대부분에서 나타난다. 더구나 직원의 입장에서 보더라도 정당은 정부에서의 정당에 제공되는 자원을 통해 이익을 얻을 수 있으며 정당의 홍보요원과 컨설턴트를 임시직으로라도 공적 관료제의 요직에 앉힐 수 있다. 그러므로 정당이 보유한 인사를 통해 자원을 얻는 능력은 직접적으로건 간접적으로건 일반적으로 국가에 의해 제공된다고 볼 수 있다.

세 번째로 국가는 정당의 재정과 관련하여 점점 더 중요한 비중을 차지한다고 볼 수 있다. 오스트리아와 덴마크에서 정부의 정당보조금 총 예산은 정당이 다른 출처를 통해 자체적으로 조달하는 수입과 맞먹는다. 핀란드, 노르웨이, 스웨덴에서는 정당이 수령하는 국고보조금의 총액이 정당이 다른 출처를 통해 자체적으로 조달하는 수입을 초과한다. 아일랜드에서는 국회에서 지원하는 소위 '국회 보조금'을 제외하면 국고보조금이라는 것이 공식적으로 존재하지 않지만 1989년 정당이 국가에서 수령한 금액은 자체적으로 조성한 기금의 1.5배가량 된다. 독일의 경우에는 다양한 정당 관련 재단들이 받는 보조금을 모두 합치면 국고보조금은 다른 출처에서 나온 보조금의 10배나 된다. 반면 네덜란드와 영국, 미국의 경우에 한해서지만 개인이 기부한 정당 기금(당비, 당원의 기부 등)이 공적 예산보다 더 많은 수입을 이루고 있다.

네 번째로 현대 정당조직과 정당활동의 특성은 점점 더 정부 규제의 영향을 강하게 받고 있다. 이러한 정부 규제는 국고보조금이 점점 더 많이 지급되는 상황 속에서 채택된 것들이다. 포군트케(1994a)가 강조하듯이 1967년 정당법을 공포한 독일의 사례는 국가가 정당활동을 규제하고 당내 민주주의 원칙을 규정한 전형적인 사례이다. 스웨덴의 경우 피에르와 비드펠트(Pierre and Widfeldt, 1994)가 논의했듯이 1970년대 이후의 조직적 집중 과정에 국고보조금과 관련된 새로운 규칙이 큰 영향을 미쳤다. 쿨(Koole, 1994)이 네덜란드의 '원내 정당 복합체'라고 부른 현상도 원내정당에 대한 국고보조금 정책 도입 후에 나타났다. 노르웨이에서는 특정한 방식으로 실행되는 지명 회의를 위해 국고보조금을 지급하는 오래된 법으로 인해 정당이 후보자를 선출하는 방식이 통일되었다(Svåsand, 1994). 오스트리아에서는 헌법이 보장하는 '자율권 원칙'으로 인해 원내정당을 원외정당의 제어하에 두려는 모든 공식 시도가 저지되었다(Müller, 1994). 보다 넓게는 정당조직의 근간은 적어도 어느 정도 국가 구조에 의해 영향을 받기 때문에 정당의 기본조직 또는 지부 수의 변화는 국내적 개혁 과정에 따르는 것으로 볼 수 있다. 벨기에와 네덜란드가 그 사례라고 할 수 있다.

마지막으로 공공기관에서의 정당은 지지자들에게 보상하기 위해 공적 자원을 이용하려는 경향이 커지고 있다. 이하에서 제시하는 증거들이 피상적이고 불명료하지만 국가 내에서 행해지는 정당 후견제가 점차 일반화되고 있으며, 적어도 눈에 띄는 추세가 되어간다는 것을 뒷받침하고 있다. 가장 분명한 사례는 이탈리아이다. 이탈리아에서는 광범위한 정당 부패가 '마니 풀리테(깨끗한 손)' 수사로 밝혀졌다. 오스트리아, 독일, 핀란드,

벨기에의 경우, 이보다는 덜 눈에 띄는 후견제의 증거를 보이고 있다. 아일랜드에서는 쇠고기 업계에 대한 정부의 편애를 둘러싼 의혹이 불거졌으며 영국에서는 보수당 정부의 임용 정책의 당파성, 보수당과 민간 재정가 간의 결탁 등에 대한 의혹이 불거졌다. 이 모든 사례로 볼 때 당원들에 대한 반대급부는 공적인 명예 부여, 또는 공적인 자금 혜택 등이라고 볼 수 있다. 동시에 정당 자체의 입장에서 보면 이는 반당적 반발을 야기할 수 있는 위험하고 비싼 전략이다. 이탈리아의 사례가 이를 명백하게 보여주며, 오스트리아의 경우만 봐도 전통적인 정당과 그 당원에 대한 대중들의 환멸감이 높아짐을 알 수 있다.

　후견제를 위해 정부 자원을 사용하는 것은 넓은 의미에서 정당에 대한 국고 보조 개념과 관련된 보다 일반적인 문제를 제기한다. 앞서도 지적했듯이 국가는 분명 정당의 생존에 중요한 역할을 하며, 그 역할은 점점 커지고 있다. 또한 정당은 국가의 통제를 받는 소통 채널에도 크게 의지하고 있다. 정당은 공공기관에서 제공한 시설을 기반으로 조직과 인원을 확장하고 있으며 국고보조금이 당의 수입에서 차지하는 비율은 높아만 간다. 정당의 활동은 법에 의해 규제를 받으며 국가 후견제는 정당의 지지자들을 위한 선택적 혜택을 더 많이 제공하고 있다. 이러한 것들이 정당이 병든 조직에 외부 점적을 하여 더 많은 자양분을 긁어모으는 방식을 어느날 갑자기 발견했음을 의미한다고 간단하게 볼 수는 없다. 다시 말해 이러한 다양한 발전을 두고 '국가' 자체를 정당활동에 영향을 미치는 외인성 요소로 볼 수 있다고는 말할 수 없다. 그렇지만 정부 규제, 정당법, 국고보조금의 규모 어느 것이건 간에 그것은 항상 의회나 정치계층, 즉 정당 자체가 내리는 결정이다. 그러므로 이러한 규제 맥락을 반드시 받아들여야할 외부적 요소로 보는 정당이 혹여 있다 하더라도 이러한 규제의 성격을 고안하고 결정하는 것은 전체로서의 정당, 혹은 적어도 대부분의 정당이다. 이렇게 볼 때 국가가 정당을 돕는다기보다는 정당이 국가라는 미명 아래 스스로를 돕고 생존을 도모하여 스스로를 규제하고, 자신들에게 돈과 자원을 제공한다고 보는 것이 더욱 타당한 생각이라 할 수 있다.

IV. 정당의 변화

 지지기반으로서의 정당에 어떤 변화가 생겼다고 해서 공직에서의 정당의 쇠퇴로 이어지는 경우는 거의 없으며, 정당이 분명히 쇠퇴한다고 볼 근거는 더더욱 없다. 대신 우리가 보는 것은 정당이 변화하고 있으며, 서로 다른 국면 간의 균형이 변화되면서 더욱 자율적인 모습으로 변모하고 있다는 점이다. 연합 형성을 위해 교섭이 필요한 벨기에(Deschouwer, 1944)나 스웨덴(Pierre and Widfeldt, 1994) 같은 나라에서는 공직에서 정당에 중점이 두어지며 체계적인 특징에 의해 자율성이 신장된다. 또한 이러한 당내 자원 균형의 변화는 두 가지 중요한 질문을 낳는다. 첫째, 이러한 변화는 정당조직의 3번째 국면인 중앙당에서의 정당의 위치에 어떤 영향을 미치는가? 둘째, 이런 변화가 당원들에게 어떤 영향을 미치는가?

1. 중앙당으로서의 정당

 중앙당은 대중정당의 개념 정립에 중요하다. 이는 지지기반으로서의 정당의 목소리 또는 수호자 역할을 하며, 공직으로서의 정당이 일반 당원에게 책임 있는 상태를 유지할 수 있게 하는 수단이다(Katz and Mair, 1993). 그러나 최근에는 명백하게 해석되지는 않지만 이러한 특징들이 점점 약화되고 있다는 증거들이 나타나고 있다. 우선 여러 정당에서 중앙당 당직자들의 수가 늘어나는 것을 볼 수 있으며, 정당 기층조직의 대표자들보다는 공직에서의 정당 대표자들과 전직 당직자들로 다양한 행정 부서를 구성하는 경향이 있다. 이런 추세들은 자유주의 정당(예: 오스트리아, 벨기에, 덴마크, 독일), 사회민주주의 정당(예: 아일랜드 노동당), 보수주의 정당(예: 노르웨이 보수당) 등 다양한 범주의 정당들에서 나타난다. 이들은 정당의 행정기구 정원 중 공직자의 수를 엄격하게 제한하는 다른 정당의 일관성 있는 태도와는 차별성을 보인다. 물론 정당에 따라서는 이러한 기준이 갈수록 엄격해진 경우도 있다(예: 네덜란드 노동당, 덴마크 사회인민당, 핀란드 국민연합 등). 반면 이러한 기준을 낮추고 심지어는 정해진 규정이 아예 없는 당도 많다. 그러나 이러한 기준 차이에 따라 정당 내부의 행정기구 안에서 나타나는 공직 대표의 실제 범위와 영향력의 변화를 평가하기는 어렵다. 실제로 벨기에의 예를 들면 데쇼우어(Deschouwer, 1994)가 주장하듯이 정당의 내부 행정기구에 공직에서 일하고 있는 정당인들을 포함시키는 것은 의원들의 영향력이 강화되고 있음을 반영한다기보다는 중앙당이 공직에 선출된 당원들을 통제하기 위한 수단으로 사용된다.

두 번째로, 중앙당의 중요한 업무를 전통적인 당 관료들이나 정당활동가들이 아니라 전문가나 컨설턴트들이 맡는 경우가 많다는 것이다. 이들의 전문성이 당직자들의 "책임감"보다 더 중요하게 여겨지며, 따라서 중앙당의 전문적인 관료들이 지지기반으로서의 정당(혹은 공공기관에서의 정당까지도)의 입장을 얼마나 잘 대변하는가의 측면에서 접근하려는 시도는 적절하지 않다. 이 경우 오히려 중앙당의 자율성의 증가에 대해 질문하는 것이 타당할 것이다. 즉 이 새로운 프로페셔널리즘은 중앙당에서의 활동목표가 조직과 지지기반으로서의 정당을 유지하는(대중정당의 주된 관심사) 것에서 벗어나 파네비안코의 선거전문가 정당에서처럼 유권자의 지지를 얼마나 끌어내느냐로 변하고 있다는 것을 나타낸다. 더구나 이러한 변화가 시작되면서 중앙당은 필연적으로 지지기반으로서의 정당보다는 정당 지도부와 의원들의 시각과 요구를 따르게 된다.

그러므로 중앙당이 더욱더 자율성을 확보하는 시나리오를 상정할 수 있다. 한편으로는 중앙당이 원내정당의 통제를 더욱 강하게 받는 시나리오도 생각해 볼 수 있다. 세 번째, 중앙당의 자원이 원내정당으로 흘러들어가면서 중앙당이 축소되는 시나리오도 있다. 이러한 시나리오들 가운데 중앙당이 지지기반으로서의 정당의 대표자이자 수호자로서의 입지를 강화한다는 증거는 거의 없다시피 하다.

2. 당원의 역설적 역할

당원 정당 또는 지지기반으로서의 정당에 관한 두 번째 질문은 더욱 복잡하다. 표면적으로는 공직 정당의 자원과 입지의 강화 및 중앙당의 자율성 확대 또는 중앙당 조직의 축소가 지지기반으로서의 정당의 입지 향상에 큰 도움이 되는 것으로 보이지는 않는다. 이런 의미에서 당원들은 스스로 과소평가되고 있다고 느끼거나, 불필요하다고 간주되고 심지어는 무시당하고 있다고 인식할 것으로 예상할 수 있다(Katz, 1990 및 또 다른 관점에서 본 Scarrow, 1994a를 참조하라). 그러나 사실 대부분의 국가에서 당원의 수가 줄어들고 있음에도 불구하고(〈표 6-1〉 참조) 많은 정당이 아직도 당원들의 가치를 중요하게 평가하고 있다는 증거가 있다.

우선, 국고보조금의 광범위한 도입에도 불구하고 당비와 기부는 정당의 수입 가운데 큰 비중을 차지한다. 또한 쿨(Koole, 1994)이 네덜란드의 사례에서 강조하듯이 현대판 간부정당으로 분류할 수 있는 당일수록 이런 경향이 크다. 네덜란드 이외에 국고보조금이 비교적 제한적인 국가에서도 당원들의 기부는 정당 수입의 중요한 부분을 차지한다. 예를 들어, 오스트리아에서는 사회당과 보수당의 경우 최근에도 당비가 중앙당 수입 가운데 27% 가량을 차지한다. 덴마크에서는 사회민주당, 진보당, 사회인민당, 기독교민주당 등의 경우 당원과 지부를 통해 모으는 돈이 중앙당 수입의 평균 45%에 달한다. 독일에서는 사회민주당과 기독교민주당의 경우 평균 수입의 20%를 이렇게 충당하며, 아일랜드의 아일랜드 통일당의 경우 당원, 지부, 유권자들로부터 들어오는 돈이 총 수입의 80%를 넘는다. 따라서 당비가 더 이상 정당 수입의 주된 부분이 아니라 할지라도 여전히 중요하다고 볼 수 있으며, 당비가 없다면 정당의 약화를 초래할 수 있다. 이것 하나만 보더라도 당원은 곧 당의 자산이다. 실제로 당원을 통해 발생되는 수입과 공공 보조금 간의 균형을 논한다면 독일의 경우는 매우 주목할 만한 사례가 될 것이다. 독일에서 현재 논의되는 공적 자금에는 부분적으로 당원 수에 의거해 장려금 기준을 정한 규정이 있으며, 이러한 공적 자금은 정당의 입지를 강화할 인센티브를 제공하기 때문이다. 유럽에서 가장 국고보조금이 많은 노르웨이와 스웨덴의 경우 노르웨이 노동당, 스웨덴의 사회민주당과 중도당은 중앙당 수입 가운데 당원들이 내는 당비가 10% 정도이다. 이 경우 당원 조직을 유지하기 위한 경비가 당원들이 내는 당비보다도 더 많다.

두 번째로, 준트베르크(Sundberg, 1994)가 핀란드의 사례를 들면서 길게 이야기했고, 뮐러(1994)가 오스트리아의 사례에서 지적했듯이 당원은 당직자나 공적 직위에 추천하기 위한 노동력으로서 가치가 있다. 핀란드의 경우 당내 위원회에서 필요로 하는 인력이 55,000명이고, 지역의원 선거에 내보낼 후보자는 6만 명 이상 필요하다. 군의회 선거에 내보낼 후보 또한 31,000명 이상이 필요하고, 지방행정조직의 다양한 위원회의 회의에 참석할 수 있는 신뢰할 수 있는 위치에 있는 인물이 30만 명 이상 필요하다. 핀란드 민주주의가 갈수록 조직화되어 가고 있다는 점은 분명하며, 이러한 관점에서 볼 때 극단적인 사례가 될 수도 있다. 하지만 아무리 조용하게 이루어진다 할지라도 이러한 징후는 점차 강화되고 있으며 정당은 공공정책결정에 영향을 미치기 위해 당원을 유지할 필요가 있다. 준트베르크의 결론은 핀란드 이외의 국가에서도 일반적으로 통용된다. 사회와 지역 기반에서 강한 영향력을 추구하는 당일수록 더 많은 당원을 보유해야 한다는 것이다. 그를 위한 인간 노동력은 중요한 존재이며, 대체재는 없다.

세 번째로, 당원은 조직적·정치적 목적을 이루는 데 여전히 중요한 존재라는 것이 증명되고 있다. 피에르와 비드펠트(1994)가 스웨덴의 경우를 들어 강조했듯이 정당은 대중정당의 이미지를 유지하기 위해, 그리고 자신들이 정치적으로 대표될 수 있는 가용 채널로 보이기 위해 계속 당원 수에 의지하고 있다. 이 경우 당원들은 당의 정당성을 입증해주는 역할을 한다. 이를 통해 독일 정당의 공적 자금을 개편하려는 움직임 뒤에 숨은 의도를 설명할 수 있다. 또한 비슷한 이유로 당원들은 유권자를 동원하는 데에도 유용하다. 이러한 기능은 정당성을 보여준다는 기능보다는 확실히 덜 중요하다. 정당은 현재 당원보다 더욱 효율적인 것으로 증명된 의사소통의 대안적 기술과 연결망을 가지고 있기 때문이다. 뮐러(1994)가 오스트리아 사회당의 경우에 지적했듯이 정당 지도부는 정당조직을 유권자 전체와의 의사소통 채널로 보는 데 점점 회의적이 되어간다. 그러나 한편 최근에야 당원들을 선거 동원의 수단으로 강조하기 시작한 노르웨이 보수당의 경우 사이드와 휘틀리(Seyd and Whiteley, 1992)가 영국 노동당원에 대해 비교분석한 논의가 그대로 통용된다. 정당에 당위성을 부여하는 수단으로 사용되건, 혹은 활동적인 선거운동원이건 간에 당원은 정당 간 경쟁에서 중요한 역할을 하는 자원이다. 따라서 영국과 아일랜드의 여러 정당이 당원 수 확충에 열을 올리는 것도 이상한 일은 아니다. 이 모든 근거로 볼 때 정당이 일부러 당원들을 버리거나 당내 의사결정에 참여하지 못하도록 막을 것 같지는 않다. 당원은 어떤 때는 귀찮지만 또한 유무형의 이득을 가져올 수 있기 때문이다.

더구나 앞에서도 언급했듯이 정당은 당원들에게 더 많은 것을 주려고 하고 있으며 더 큰 권한을 부여하려고 하고 있는 것 같다. 일부 정당은 후보 선출 과정에서 당원들에게 더 큰 발언권을 주고 있다. 공직에서의 정당일수록 더 큰 힘과 자율성을 주려고 하고 있다. 또한 중앙당으로서의 정당은 더욱 전문화되어 가고 있으며 일반 당원들은 민주화가 진전되면서 수는 적지만 더 큰 역할을 맡고 있다. 이는 분명 흥미로운 양상으로 오스트리아, 덴마크, 독일, 아일랜드, 네덜란드 등의 다양한 정당 변화의 특징으로 보인다.

그러나 동시에 이러한 양상은 표면적으로 역설적이다. 이는 지지기반으로서의 정당과 공직에서의 정당 모두의 중요성이 커진다는 것을 의미한다. 통념인 시소 효과에 따르면 한 쪽의 중요성 증대는 필연적으로 다른 한쪽의 중요성 약화를 수반한다. 이러한 역설을 어떻게 이해할 수 있을까? 민주화를 수행하는 정당이 어떻게 동시에 공직으로서의 정당에 더 많은 자율성과 권력을 줄 수 있는 것일까? 이러한 모순적인 행동을 어떻게 동시에 할 수 있단 말인가?

답을 찾자면 정당은 지지기반으로서의 정당 내에 있는 다양한 요소들에 대해 신중하고 의도적인 구분을 하고 있다. 당내 민주화는 지지기반으로서의 조직된 정당보다는 당원 개인으로까지 연장되기 때문이다. 달리 말하면 정당 지도부와 공직에서의 정당이 제안한 정책과 후보에게 더 복종하고 지지하는 세력은 중간급 간부나 활동가들, 혹은 전당대회가 아니라 일반 당원들이다. 이는 현재 흔히 볼 수 있는 추세이다. 일반 당원들은 집에서 우편투표를 통해 정당 지도부의 문의에 응답하는 경우가 많아지고 있으며, 정당의 결정을 정당화하는 과정에 더 많이 참여하고 있는데, 이는 당원의 중앙집중적 인증을 더 많이 사용함으로서 촉진된다. 한편 오스트리아 정당들이나 네덜란드 종교정당들처럼 당원들이 더욱 조직화되어 있고, 의회와 중앙당의 대표성이 강한 정당일수록 이러한 영향을 덜 받는 경향이 있다. 그러므로 이는 공직에서의 정당이 득세하면 지지기반으로서의 정당이 잃는 식의, 또는 그 역인 단순한 시소게임이 아니다. 그보다는 이 둘은 표면상 더욱 중요해지며 예로부터 성가신 존재였던 정당 내의 활동가 층은 평가절하된다는 것이다. 이는 정당 지도부에게도 마찬가지이다. 평범하고 흩어진 당원들은 활동가들에 비해 지도부가 임명한 사람들에 대해 반발을 일으킬 확률이 적기 때문이다(예를 들면 Zielonka-Goei, 1992를 참조하라). 이에 대해 명확한 수치를 들기는 물론 어렵다. 더구나 핀란드와 스웨덴에서 당원들이 정당 지도부를 압박했던 사례를 통해서도 알 수 있듯이(Sundberg, 1994; Pierre and Widfeldt, 1994) 이는 그리 일반적인 현상으로 볼 수는 없으며 수동성이 강한 당원들이라도 당원의 권리를 사용해 지도자들에게 반발할 수는 있다는 것이 증명되었다. 그럼에도 불구하고 영국 노동당의 사례처럼 완전히 민주화된 정당은 일반 당원(활동가는 아닌)이 효율적으로 배제된 정당보다 행정부 내 정당의 통제에 더 잘 따른다고 볼 수 있다(Webb, 1994).

유사한 맥락에서 당내 민주화 과정은 의미 없거나 허상이라고 논할 수도 있다. 그러므로 예를 들어 일반 당원들이 당수 선거 과정에 투표할 권리가 있다고 해도 선택의 폭은 매우 제한적이다. 네덜란드의 민주 66당은 전국위원회에서 제시한 순서에 따라 정해진 자문단 명단을 가지고 우편투표로 당수를 선출한다(Koole, 1994). 영국 및 아일랜드 노동당의 일반 당원들은 당수 선거에 직접 투표를 하고 있지만 후보자 지명은 여전히 원내 정당의 영역이다. 그리고 후보자들은 오직 현역의원 중에서만 선발된다(Webb,

1994; Farrell, 1994). 벨기에의 경우 사회당, 자유개혁당, 그리고 신당인 플랑드르 자유민주당에서 직접 선거를 도입했을 뿐 아니라 실질적인 임원 선출 기회가 늘어났음에도 불구하고 정당 집행부가 여전히 당의 정책결정에 주도권을 쥐고 있다(Deschouwer, 1994). 덴마크에서도 당 대표 선거는 개방되었다기보다 관리된다(Bille, 1994). 더구나 정당 내의 어떤 곳을 보더라도 새로운 원칙을 정할 때 후보 선출 절차를 개방해 당원의 역할을 증대시키거나 당원의 참여를 증대시키는 것이 확산되고 있다. 예를 들면, 오스트리아에서처럼 원내정당의 일원이 될 후보에게는 강력한 통제력과 함께 강한 규율이 부과되는 것이다(Müller, 1994). 서류상의 민주화는 간부의 강력한 영향력과 실제로 공존할 수 있다.

그리고 마지막으로, 앞에서도 살펴보았듯이 정당의 어느 국면은 강해지고 또 다른 국면은 약해지는지에 대한 의문은 상호 성장하는 자율화 과정을 놓고 볼 때 오해의 가능성이 있다. 고전적인 대중정당 모델에서 다양한 국면 간의 관계는 본질적으로 계층적이며 지지기반으로서의 정당이 전당대회에 비중을 둠에 따라 정당 집행부에도 힘이 가게 되고 전당대회와 집행부는 정당활동을 조사하고 통제하게 된다. 포괄정당 모델에서도 이들의 관계는 계층적이다. 흐름이 거꾸로이기는 하지만 공공기관에서의 정당이 중앙당과 전당대회를 지배하게 됨으로써 지지기반으로서의 정당은 평가절하된다. 그러나 어떤 정당 모델도 앞서 말한 분석을 통해 명확히 말할 수 없으며, 현재 널리 퍼진 관계는 계층제라기보다는 계층 지배에 더 가깝다. 그리고 정당의 여러 국면은 다른 국면과의 연관 속에서 더욱 자율적이 되어가고 있다. 예를 들면, 보다 계층적인 모델에서 전국정당의 지역적 참여가 전당대회에 중점을 두고 이를 통해 중앙당으로 간다면, 공직에서의 정당을 구성하며 규율과 행동에 대한 자율적 규약을 정할 지역 후보자 선출에 초점이 맞추어질 것이다. 물론 상호 자율성 때문에 지역당이 전국조직으로서의 당에 어떤 실질적인 참여도 하지 않는 수준으로 나아가(그 역도 가능하다) 해당 지역 정치에만 신경을 쓰게 될 수도 있다.

이 모든 것은 카츠와 콜로드니(Katz and Kolodny, 1994)가 묘사했듯이 유럽 정당이 거의 완전히 비중앙집권적이고 후보자중심적인 미국식 정당 모델을 따라갔다는 주장을 뒷받침해 준다. 이는 분명히 오해이다. 즉 유럽 사회에서 정당의 색채는 명백히 약해져가지만 유럽 정치 내에서는 정당 색채가 약해지지 않았다(제1장 참조). 반면에 유럽 정치에서 국정과 공공정책 수립에 조직적으로 관여하는 정도가 늘어나는 정당을 빈 배와도 같은 미국 정당과 동일하게 취급할 수는 없다. 미국 정당은 집행부로서의 기능은 하지만, 매우 중요한 한계를 가지고 있다. 반면 현대에도 정당 정부를 유지하고 있는 유럽에서는 민주주의 역시 정당 민주주의이고, 정당은 빈 배와는 거리가 멀다.

V. 정당과 특권

귀족들이 진짜 권력과 특권을 가지고 통치권을 얻게 되었을 때 그들의 권리는 광대해졌고 공격받을 일은 줄어들었다…. 분명 귀족들은 부당할 정도의 특권과 권리를 누리고 있으며 그 권리를 사용해 평민에게 큰 짐을 지웠다. 그러나 반면 그들은 질서를 지켜야 하고, 재판을 주재해야 하며, 법 집행을 참관하고, 억압받는 자를 구제하고, 모두의 이익을 살펴야 한다. 귀족들이 이러한 기능들을 잃을수록 그들의 특권은 더욱더 불필요해졌으며, 결국 귀족이란 존재는 무의미한 시대착오적 존재가 된 것이다(Tocqueville, 1966: 60).

적어도 조직적인 관점에서 볼 때 정당은 분명 쇠퇴하는 것이 아니라 변화하고 적응하고 있다. 정당은 두 가지 중요한 점에서 변하고 있다. 첫째, 정당 구조는 더욱 계층지배적으로 변해가고 있으며 지지기반으로서의 정당, 공직에서의 정당, 중앙당에서의 정당 역시 독자적인 행동의 자유를 강조하고 있다. 이렇게 볼 때 정당 내의 연결고리에 부식이 생겼다고 볼 수도 있다. 둘째, 특히 공직에서의 정당 국면에서 볼 때 정당은 더욱더 정부 지향적으로 움직이고 있으며 그만큼 시민사회와의 거리는 멀어져가고 있다.

이는 정당이 생존과 정당성을 보증하기 위해 사용하는 자원이라는 면에서 볼 때 특히 명백해진다. 실제로 앞에서도 지적했다시피 정당의 국가 의존이 심해짐은 정당이 스스로에게 강하게 의존하고 있다고 해석할 수 있다. 왜냐하면 정당은 목적과 의도로 볼 때 곧 국가이기 때문이다. 또한 정부가 공포하는 모든 법규는 정당이 고안하며 정당에게 특권을 부여하는 것도 결국 정당이기 때문이다.

이러한 과정의 결과물을 통해 단기적 관점에서 볼 때 특히 지도부 수준에서의 정당의 자기충족성을 잘 파악할 수 있다. 분명 정당은 아직도 유권자를 원하고 있다. 앞에서도 보았듯이 많은 경우 정당은 아직 당원들을 필요로 한다. 그러나 정당의 여러 국면은 갈수록 서로 자율적이 되어가고 있으며 정당 지도부는 당내·외에서 점점 약화되어가고 있는 자원과 책임, 대표성을 얻기 위해 국가로 눈을 돌리고 있다. 그러므로 정당이 특권을 많이 얻으면 얻을수록, 그들은 점점 더 멀리 떨어지게 되며 이는 최근 서구 민주주의에서 보이는 특징인 반정당정서의 광범위한 확산 기반을 제공하는 특정한 발전의 결합이다. 지지기반으로서의 정당은 민의 수렴자로서의 핵심적 역할에서 멀어져 가고, 관련성 역시 잃어 가고 있다. 반면 공직에서는 국가와의 관계를 볼 때 이전보다 더욱 많은 특권을 누리고 있다. 실제로 우리가 정당의 고전적 기능을 생각해 보면(가령 King, 1969: 111-141), 그 기능 중 일부(이익의 표현과 요구의 종합, 아마도 공공정책 수립까지)는 쇠퇴하고 있고, 또 다른 일부 기능(정치지도자 선출과 정부 조직)은 더욱 중요해지고 있다는 결론을 내릴 수 있다.

그러나 이는 반드시 새로운 균형이나 평형으로의 전환을 반영하는 것은 아니다. 역으로 균형이나 평형이 부재한 상태를 의미할 수도 있다. 이러한 상태에서는 극단적인 경우지만 정당 정부의 정당성이 무너져 내릴 수도 있다. 어떻게 보면 이는 토크빌이 앞에서 언급한, 프랑스 구체제의 귀족 계급을 몰락시키는 데 기여한 것으로 본 대중과의 무관계성과 공공적 특권 간 불균형의 맹아라고 볼 수도 있다. 한편으로 토크빌이 언급한 귀족들같이 공직에서의 정당은 분명 특권적 존재이며 그 특권은 시간이 갈수록 증가하고 있다. 또 한편으로는 앞에서도 말했듯이 정당이 실질적인 대표 책임과 목적을 상실한 듯이 보이고, 그러한 경향은 시간이 갈수록 심화되고 있다. 즉 정당의 입지는 향상되었지만 대중과의 관계는 멀어진 것이다.

그러나 토크빌이 귀족에게 했던 언급처럼 정당이 의미 없는 시대착오적 존재가 될 위험에 처해 있다고는 할 수 없다. 지도자를 선출하고 정부를 조직하는 정당 역할의 중요성을 감안한다면 정당주의가 사라진 의회 정치 형태는 생각하는 것조차 불가능하다. 물론 문제는 존재한다. 정부와 국정을 조직하는 데 정당이 아무리 중요한 역할을 한다 하더라도 토크빌이 명확하게 지적했듯이 공적인 특권이 향상되고 대중과의 연계가 줄어드는 데서 오는 위험은 있기 때문이다.

이러한 현상은 이 장의 초반에 언급했던 대중들의 정치에 대한 불신감의 근간을 이루고 있다고 본다. 또한 반정당 정서와 기성 정당에 반대하는 정당들이 팽배하는 현상 이면에 숨겨진 가장 중요한 요소이다(이에 대한 최근의 논의로는 Ignazi, 1992; 1994; Betz, 1994; Poguntke, 1994b; Scarrow, 1994b 등을 참조하라). 이러한 팽배는 항상 대규모로 일어나는 것은 아니지만 공공 영역의 특권이 잠재적 무관심을 잠재적인 분노로 바꾸어 놓고, 정당의 약점을 키울 때 나타난다. 정당에 대한 환멸과 분노를 곧바로 정당 쇠퇴의 징후라고 볼 수는 없다. 공직자로서의 정당의 면모와 대표 기구로서의 정당의 면모가 함께 쇠퇴할 때 이러한 불만은 사라지기 때문이다. 이 문제는 그보다는 정당의 능력은 감퇴되는데 존재는 더욱 부각되고, 대중들과의 연관은 줄어들면서 특권은 더욱 많이 누리는 모순적인 발전 속에 숨어 있다.

제4부

정당체계와 경쟁구조

- 제7장 선거 시장과 안정된 국가
- 제8장 탈공산주의 정당체계의 특성은 무엇인가?
- 제9장 정당체계와 경쟁의 구조

제7장

선거 시장과 안정된 국가

　이 장에서는 먼저 다음 세 가지 점을 분명히 하고자 한다. 첫째, 여기서 시장이란 선거 시장을 의미한다. 그리고 이 시장 안에서 벌어지는 경쟁의 패턴은 정당 간 경쟁을 말한다. 정당들이 경쟁적인 시장 상황에 놓일 때, 즉 유권자를 두고 경쟁해야 할 상황일 때, 서로 경쟁한다는 점은 명백하다. 그리고 필자의 가설(다소 신중할 필요가 있으나)은 정당 간 경쟁의 규모와 정당의 경쟁성의 규모는 적어도 상대적인 선거 시장의 규모로 결정된다는 것이다. 시장이 커짐에 따라, 또는 경쟁 대상인 유권자들의 수가 늘어남에 따라, 정당은 더 경쟁적이 될 수 있다. 반면 시장이 축소되고 경쟁 대상인 유권자들의 수가 줄면, 정당 간 경쟁이 줄어들 수 있다.
　그러나 이 가설의 적용은 신중해야 하며, 우선 두 가지 제한 조건이 필요하다. 그중 첫 번째는 정당의 경쟁성이 단지 선거 시장의 규모에 좌우되지는 않는다는 것이다. 예를 들어 완전히 균형 잡힌 양당제라면, 경쟁 대상이 되는 유권자는 매우 소수일 것이다. 하지만 이 경우 단지 한 사람이 입장을 바꿔도 다수당이 되느냐 소수당이 되느냐, 또는 이기느냐 지느냐가 갈릴 수 있다. 따라서 이때 두 정당은 매우 경쟁적인 상황에 처하게 될 것이고, 선거 결과 유동성이 매우 제한적인 상황에서조차도 경쟁은 치열할 수 있다. 예를 들어 오늘날 스웨덴에서는 사회주의 정당들과 비사회주의 정당들 사이의 경계가 뚜렷하게 나뉘어져 있고, 선거 시장 규모가 상대적으로 작음에도 불구하고 매우 열띤 선거 경쟁이 계속되고 있다.

두 번째 제한 조건은 대규모의 선거 시장이 있는 상황에서 경쟁이 불가피하다고 볼 수는 없다는 것이다. 특정 상황에서는 경쟁 대상이 되는 유권자 수가 많더라도 선거에서의 지지와 관련해서 얻을 수 있는 보상이 적거나 없을 수 있고, 따라서 정당들은 유권자들의 지지를 얻는 데 그다지 큰 노력을 기울이지 않을 수도 있다. 가령 스위스에서는 항상 네 개의 주요 정당이 정부를 분점한다. 따라서 어떤 당이 다른 당보다 더 많이 득표한다고 해서 특별한 의미가 없다. 그러므로 설령 스위스의 선거 시장이 크게 확대된다 해도, 정당 경쟁의 강도가 높아질 가능성은 별로 없다.

달리 말해서, 선거 시장의 규모와 선거 시장의 활동 수월성만이 아니라 경쟁의 강도 자체도 문제가 된다. 말하자면 처음 세운 가설을 제한할 필요가 있지만, 그렇다고 아예 폐기해서는 안 된다. 다른 조건이 같다면 정당은 경쟁 대상인 유권자가 많고 선거 시장이 클 경우 더 경쟁적이 될 가능성이 높기 때문이다. 따라서 선거 시장의 존재는 정당 경쟁의 충분조건은 아니더라도 필요조건은 된다. 달리몽테(D'Alimonte, 1989)가 "민주주의 자체가 보다 일반적인 경쟁을 위한 충분조건은 아니나 필요조건"이라고 말한 것과 비슷한 맥락이다.

이 장에서 밝히고자 하는 두 번째 점은 정당이 처음 선거 시장에 직면했을 때 반드시 확연히 구분되지는 않는 두 개의 전략을 놓고 선택을 고민하게 된다는 것이다. 먼저 정당은 시장을 규제하거나 좁히려고 시도할 수 있으며, 그에 따라 기본적으로 방어적인 전략을 채택, 새 지지자를 찾기보다 기존의 지지자들을 잃지 않는 데 주력할 수 있다. 둘째, 단순히 시장에서의 경쟁을 선택하고, 따라서 팽창지향적 선거 전략을 채택하여 새 지지자들을 모으는 일에 몰두해 기존 충성파들의 동원에는 상대적으로 무관심할 수 있다. 이중 전자를 선택한다면, 시장은 갈수록 위축될 것이며 경쟁 자체가 수그러들 것이다. 반면 후자의 대안이 현실화되면, 시장은 활짝 열려 있는 상태를 유지하며 경쟁은 치열해질 가능성이 높다.

하지만 정당들이 단 하나의 선거 시장에서 경쟁하는 경우는 아주 예외적임을 인식해야 한다. 경쟁(또는 경쟁의 부재)이 다차원적 환경에서 진행될 때, 정당은 다수의 시장에 직면할 수 있다. 이들 시장의 규모나 개방성은 저마다 다르며, 이들 시장에서 각 정당은 각각 방어 전략이나 팽창 전략을 쓰게 된다(Sani and Sartori, 1983; Koole and van Praag, 1990). 예를 들어 어떤 종교정당은 '종교 대 세속'으로 나뉘는 선거 시장에서는 방어 전략을 쓰는 것이 적절하다고 여길 수 있다. 그러나 '좌파 대 우파'로 나뉘는 시장에서는 팽창을 지향할 수 있다. 따라서 하나의 시장 또는 준시장이 협소하고 닫힌 시장이 되더라도, 같은 정당체계 내의 다른 시장은 여전히 열린 채로 있을 수 있다. 가령 벨기에에서는 좌-우 차원에서 상대적으로 열린 시장이, 언어 문제에서는 놀랄 만큼 폐쇄적인 시장이 존재한다. 북아일랜드의 경우 연합파와 독립파 사이에 벌어지는 기본적인 갈등에서는 경쟁 대상이 될 유권자가 거의 없다. 그러나 연합파와 독립파 내부에서는 선거활용성이 높고 경쟁이 치열하다.

세 번째로 분명히 해야 할 것은 일반적으로 시장의 규모, 그리고 선거활용성의 정도가 해당되는 집합적 정치 정체성의 강도 및 침투도와 관계가 있다는 것이다(Bartolini and Mair, 1990). 그러한 집단 정체성은 자기귀속적일 수 있으며, 종종 정당 스스로보다 오래된 것일 수 있다(언어, 문화, 인종, 성(性) 등이 그런 경우가 많고, 종교는 아닐 경우가 더 많다). 다른 경우에 이런 집단 정체성은 직업 또는 계급 등의 차이에서 나오는 지위에 기반할 수 있다. 물론 어떤 경우에는 그런 정체성은 있으되 정치적 의미는 없을 수 있다(Sartori, 1969). 그리고 그것이 선거 시장에 미치는 영향은 기껏해야 간접적인 것에 그칠 수 있다. 가령 아일랜드에서는 계급 정체성이 매우 두드러지지만 계급이 선거 결과 배열의 중심점이 되지는 않는다. 반면 영국에서는 계급이 정치에 영향을 크게 미치는 유일한 집단 정체성이며, 종교와 인종 혹은 준 민족주의(ethnic/sub-national identities)는 약간의 역할만 할 뿐이다. 하지만 집단 정체성의 실체와 성향이 어떻게 구별되든지, 개별 유권자들이 그에 상응하는 일련의 집합적 정치 정체성으로 통합되는 정도가 선거 시장을 좌우한다고 볼 수 있다. 그런 정체성이 널리 침투해 있으며(있거나) 주목받고 있을 때(가령 오랫동안 오스트리아가 그랬던 것처럼), 선거 시장은 상당히 제한적이다. 한편 그런 정체성이 약하거나 제한된 부분에서만 강하게 나타날 때(미국의 경우처럼), 시장은 상대적으로 개방된다.

I. 서유럽에서의 발전 추이와 여러 비교점들

다소 과장이 될 우려가 없지 않지만, 또 지나친 일반화일 수 있겠지만, 서유럽 정당의 발전사는 대중의 정치적 정체성을 발전시키고 훈육시킴으로써 선거 시장을 축소하려고 시도한 역사로 해석할 수 있다. 이 과정은 19세기 말과 20세기 초, 즉 노동계급과 무산자들에게까지 선거권이 확대된 직후에, 대중통합정당이 등장할 때 가장 두드러졌다. 촘촘한 조직 네트워크를 가지고 있는 이들 정당은 보다 엘리트주의적이고 선거 중심적인 '간부' 정당과 뚜렷이 대조되었다. 간부정당은 개인 중심으로 대표성을 얻으며, 대중민주주의 시대 이전의 정치를 풍미했다(앞의 5장 참조). 반면 새로운 노동자 정당은 새로운 정치 전략의 가장 분명한 예를 보여주었다. 노이만(1956: 404-5; 또한 Duverger, 1954; Kirchheimer, 1966)은 간부정당과 대중정당을 간결하게 비교한 다음(그런 용어는 쓰지 않았지만), 서로 다른 정당 경쟁과 선거 시장 개념 역시 잘 보여주었다.

새로운 정당의 첫 번째 사례는 유럽 대륙의 사회주의 정당에서 나타났다. 그들의 조직은 '요람에서 무덤까지' 이어진다고 희화적으로 표현되었다. 즉 공동육아에서 무신론자들을 위한 화장 협회까지 망라하고 있다고. 그러나 그런 표현은 자유당의 대민 활동 성격과의 대조를 제대로 나타내지 못한다. 자유당은 부동층 유권자들을 "공짜로 끌어들이기"를 원칙으로 하고 있었다 … 반면 새로운 정당은 지지자들에게 의존하는 한편, 그들의 사회적 존재의 상당 부분을 떠맡았다.

이 새로운 유형의 통합지향적 대중정당의 가장 뚜렷한 사례는 계급에 기초한 대중정당이다. 가톨릭이든 개신교든 종교정당들은 자율적 조직 네트워크를 새로 구축할 필요가 적었다. 기존의 교회 조직을 활용하고 이미 뚜렷이 정의되어 있던 종교적 정체성에 기대면 되었기 때문이다. 그러나 노동자 정당은 그들이 대표하려고 했던 유권자 집단 자체가 새로운 집단이었으며, 특정한 경우에만 새로운 출발을 하지 않아도 되었는데, 가령 영국에서는 이미 존재했던 노동조합 기반의 조직 네트워크를 이용할 수 있었다.

동원, 통합, 그리고 키르크하이머(1966: 184)의 용어를 빌면 "대중의 지적·도덕적 간부화(encadrement)"를 통해, 새로운 대중통합정당은 일련의 집합적 정치 정체성을 형성하고 강화할 수 있었으며, 이는 다시 선거에서 당선가능한 대상을 감소시키는 작용을 했다. 그 결과, 서유럽 정당체계에서는 "지지 시장의 협소화"와 "동결"이라는 더 중대한 결과를 초래했다(Lipset and Rokkan, 1967: 50-1). 물론 이 동결 과정은 유럽 전체에서 빠짐없이 진행된 것은 아니며, 심지어 개별 국가의 유권자들에게도 완벽히 침투했다고 볼 수 없다. 조직 네트워크와 지속적인 정당 정체성 확립은 가령 프랑스에서는 언제나 부진한 상태로 남아 있었다(Bartolini, 1981). 그리고 그 결과로 전체적인 선거 시장이 놀랄 만큼 개방된 상태로 남았으며, 프랑스의 선거는 유난히 선거 유동성이 높은 상태가 지속되었다. 그러나 다른 경우, 가령 아일랜드의 경우에는 그 과정에 불균형이 심했으며, 중요한 정치 전선 가운데 "강력한 민족주의" 진영이 뚜렷한 정체성을 수립한 반면 "약한 민족주의" 진영에서는 정체성이 미미하거나 아예 존재하지 않았다. 여기서 나타난 결과는 아일랜드 공화당과 다른 정당들 사이의 경쟁을 놓고 볼 때 상대적으로 제한적인 선거 시장이 수립되는 동시에 공화당 외의 정당들 사이에서는 언제나 열린 시장이 유지되는 형국이었다.

 요컨대, 선거 시장은 어떤 나라에서는 다른 나라들에서보다 더 제한적이며, 어떤 경우에는 하위 시장 역시도 제한적이다. 더욱이 제한의 정도가 집단적 정치 정체성의 깊이와 침투도에 달려 있고(적어도 부분적으로는), 어느 정당이 얼마나 경쟁적인지의 정도는(역시 최소한 부분적으로) 선거 시장의 개방성에 달려 있으므로, 경쟁성 자체가 해당 정체(政體)에서 집합적 정체성이 강하게 또는 약하게 나타나는지에 달려 있다고 하겠다. 따라서 다른 조건이 같을 때, 정체성이 뚜렷하게 나타나는 정체는 그런 강력한 정체성이 결여된 정체에 비해 경쟁성이 낮을 가능성이 높다. 더 정확히 말해, 정체성이 높은 정체는 국론이 보다 통일되었을 가능성이 높으며(적어도 일정한 경우에서는), 하나의 집단이 전반적인 다수를 점할 수 없는 경우도 그런 정체성 문제가 따를 가능성이 높다.

II. 선거 시장과 협의민주주의

 그것은 특별히 놀라운 결론이 아니다. 사실 이는 협의민주주의(consociational democracy)라는 개념의 배경이 되는 논리를 반영하고 있다(Lijphart, 1968; 1977). 뚜렷이 분할된 사회(즉 매우 뚜렷하며 상호배타적인 정체성이 존재하는 사회. 대체로 언어나 종교가 그런 정체성을 구성한다)는 엘리트의 절충과 경쟁적 행동의 거부를 통해 안정적인 민주 질서를 구축할 수 있다. 반면 그런 분할된 사회가 경쟁적 행동의 격화로 나아간다면, 정체 자체의 붕괴 또는 비민주적인 통제 수단의 채택을 초래한다고 여겨진다.

 한편 다양한 요인들은 분할된 사회(뚜렷이 분할되고, 엘리트의 권위가 특별히 큰)에서 협의민주주의적 해결책 또는 엘리트 절충적 해결책으로 이어지는 것처럼 보인다. 서로 다른 사회 분파들 사이에는 다중적인 세력균형이 있어야 한다. 국가의 규모는 작아야 하고, 해당 체계에 대한 적어도 일정 수준의 전반적 충성이 있어야 한다. 그리고 엘리트 절충의 전통이 있어야 한다(Daalder, 1974; Lijphart, 1977: 3장). 그러나 이 장의 주제인 선거시장의 규모 자체가 미치는 영향에 대해서는 거의 관심을 기울이지 않았다. 사실 이 특수한 요인을 놓고 보면, 그리고 유권자들의 '정당 연대성 확보'가 경쟁을 줄이고 정당과 정당 엘리트에게 서로 적응하는 것 외에 다른 대안이 없도록 만든다는 점을 생각하면, 어째서 엘리트들이 기꺼이 경쟁전략을 포기했는지 이해하기 더 쉬워진다.

이는 파팔라도(Pappalardo, 1981)가 협의민주주의자들을 대대적으로 비판하면서 지적했던 핵심 요소들 중 하나다. 그는 협의민주주의의 전제조건들이 절충적인 엘리트의 자발성이라는 점에서 잘못 설정되어 있다고 비판했다. 그런 자발성 전제는 바로 그 엘리트들이 경쟁적이 되도록 '선택'했다는 명제를 내포한다. 한편 우리가 파팔라도의 주장처럼(1981: 367-75), 선거 시장의 제한이 비용이 많이 드는 경쟁전략을 포기하게끔 엘리트들을 '압박'했다는 명제를 받아들인다면(정체성이 널리 침투하여, 경쟁 대상이 될 투표자가 거의 없는 경우, 그리하여 선거 경쟁으로 얻을 수 있는 보상이 미비한 경우), 그것은 단지 엘리트의 선택이라거나 엘리트의 적극적 의지라거나 하는 문제가 아니게 된다. 그보다는 엘리트와 정당이 서로 절충하는데, 그것은 달리 대안이 없기 때문이라고 보는 편이 맞다. 사실 '경쟁'이란 의미는 불분명하다. "협의민주주의는 평형 상태에 있는 소수자들끼리의 협약 또는 소수자들의 약식 협약 같은 것이 아니다. 기존의 권력 분배 방식을 바꾸기를 원하지 않거나, **바꿀 만한 위치에 있지 않은** 소수자들끼리의 협약이라고 할 수 있다(Pappalardo, 1981: 369. **강조**는 필자)."

서유럽의 유서 깊은 협의민주주의 국가들 가운데 상대적으로 제한된 선거 시장이 존재한다는 증거는 그 사회에 경쟁의 동인이 없으며, 소수자들이 기존의 권력구도를 바꿀 만한 처지에 있지 않았다는 사실을 입증한다. 예를 들어 1차 세계대전 이후 2차 세계대전까지의 기간 동안 벨기에, 네덜란드, 스위스는 한때 전형적인 협의민주주의 형태를 보였다. 그 나라들의 선거 유동성 평균(8.4)은 서유럽의 비협의민주주의 국가들 평균(12.0)의 삼분의 이에 불과했다.[1] 더욱이 같은 시기, 서유럽 민주국가 중에서 선거 유동성이 높은 순서대로 13개국을 꼽으면, 스위스, 네덜란드, 벨기에는 각각 9위, 10위, 11위에 위치해 있다. 이들보다 유동성이 낮은 국가는 핀란드와 덴마크 정도였다.

비슷한 패턴이 전후 20년(1945~1965) 동안 지속되었다. 당시 협의민주주의 방식은 건재했고, 위에 언급한 세 나라 외에 오스트리아가 새로이 협의민주주의 국가로 추가되었다. 이 기간 중 4개 국가의 평균 선거 유동성은 5.8이었고, 나머지 비협의민주주의 국가의 평균은 8.9였다. 그러나 유동성의 순서를 꼽으면 벨기에가 상당히 높게 나타나 5위였다. 오스트리아는 7위, 네덜란드는 8위, 그리고 스위스는 13위로 선거 유동성이 가장 낮았다. 그렇더라도 두 시기에 전반적으로 협의민주주의 특유의 패턴이 존재했음은 분명하다. 협의민주주의 국가로 분류될 수 있는 3개국(오스트리아가 추가된 이후에는 4개국)은 상대적으로 제한된 선거 시장을 가졌고 그에 따라 경쟁전략이 별로 활성화되지 않았다. 그리고 엘리트들은 사실상 서로 협력하는 이외에 별다른 대안이 없어 보였다.

물론 그 밖에도 그렇게까지 분명하지는 않지만 일정한 패턴을 찾을 수 있다. 가령 스토몬트(Stormont) 정권 시기의 북아일랜드는 선거 유동성이 특별히 낮았으며, 선거 시장은 폐쇄적이었고, 경쟁은 미미했다. 1918년에서 1970년 사이에 북아일랜드의 의회 의석 중 40% 정도가 비경쟁적이었고(McAllister, 1977: 16), 20% 이하의 의석만이 독립파와 연합파의 직접 경쟁 대상이었다. 이것은 최고 수준의 비경쟁적 체계라고 할 수 있다. 여당의 지위에 있던 연합파의 엘리트들은 잘 알려진 대로 철저히 비타협적이었다. 협의민주주의의 경우와는 다르게, 북아일랜드의 경쟁 부재는 반대파 추방과 효과적인 다수파 독재로 이어졌고, 이는 결국 체제 붕괴를 초래했다.

---

[1] 선거 결과 유동성 평균은 하나의 선거에서 다른 선거에 이르기까지 집합적 선거 결과 변화를 측정하기에 유용한 지표다. 그리고 그에 따라 선거 시장의 잠재적 개방성에 대해서도 유용한 요약적 지표가 된다. 이 장에서 제시된 수치는 바르톨리니와 메이어(Bartolini and Mair, 1990)에서 인용했다.

그러나 이러한 점에서 협의민주주의의 다른 전제조건들이 주목된다. 북아일랜드와는 달리, 대다수 협의민주주의 국가들은 다중적인 세력균형을 특징으로 하며 어떤 분파도 북아일랜드 연합파처럼 압도적인 다수파의 지위를 누리지 못하는 상태다. 더욱이 협의민주주의 국가에서는 분파를 초월하여 체제를 유지하고자 하는 관심과 노력을 기울이는데, 이는 얼스터(Ulster)에서는 거의 찾아볼 수 없는 것이다.

III. 작은 국가와 큰 국가

여기서 살펴볼 필요가 있는 범주는 협의민주주의만이 아니다. 선거 시장과 안정성과의 관계는 그 이상의 논리를 갖는다. 원칙적으로 협의민주주의 국가를 다른 서유럽 국가와 구분하는 기준은 경직된 선거 시장의 존재만이 아니다. 그러한 경직성은 강력한 집단적, 그리고 정치적 정체성이 널리 퍼져 있는 현실에서 비롯되는데, 그것도 충분하지 않다. 그보다 이들 체제를 특별하게 하는 것은 그 분할이 다원화된 사회의 산물이라는 것, 말하자면 근본적으로 언어나 종교의 측면에서 사회가 분할 또는 양극화되었다는 것이다. 서유럽의 다른 나라들에서는, 알몬드(1956)가 처음 강조했고 또 레이파트(1968)도 인정한 것처럼, 민주주의의 안정성(협의민주주의든 아니든)이 비다원적(또는 동질적) 정치문화와 상관성을 보였다. 즉 근본적으로 분할되지 않은 정치가 더 안정적이었다. 협의민주주의의 논리는 다른 정치체계에는 맞지 않는 것 같았다. 따라서 협의민주주의 국가의 행태, 그리고 다소간 협의민주주의와 관계 있는 듯한 행태는 이런 동질적인 정치문화 체제에서는 다른 요인으로 설명이 되어야 한다.

이것이 바로 카첸스타인(Katzenstein, 1985)이 그의 유명한 『세계시장에서의 소국가들』에서 수행한 과제였다. 서유럽의 산업정책 패턴 분석에서, 그는 일반적으로 작은 국가들은 협의민주주의 여부나 다원주의 사회 여부와 무관하게, 큰 나라들의 정책과는 뚜렷이 다른 패턴의 정책을 취한다는 사실을 발견했다. 그리고 이 경우 서로 다른 엘리트 및 정당들 사이의 타협, 절충, 협력이 주된 특징이었다. 그러나 분할의 정도와 협의민주주의의 전통이 벨기에, 네덜란드, 스위스, 그리고 심지어 오스트리아까지도 그런 특징의 패턴을 설명할 수 있었지만, 덴마크, 노르웨이, 스웨덴처럼 더 동질적 정치문화를 가진 작은 나라에서 나타나는 비슷한 패턴은 설명할 수 없었다.

따라서 카첸스타인의 연구가 대안적인, 또는 적어도 추가적인 설명을 제공하는데, 그는 이들 작은 나라들이 국제경제의 변화에 특히 취약하다는 점을 강조했다. 그는 바로 이 취약성과 잠재적으로 위협적인 교역 조건에 맞서 생존을 확보할 필요성 때문에 작은 국가들은 대립적인 정책결정보다 합의지향적 정책결정 스타일을 추구한다고 주장했다. 이 주장은 설득력이 있었으며, 카첸스타인은 국가경제의 개방성이 국내정치의 패턴에 중대한 영향을 미친다는 명제를 뒷받침하기 위해 강력하고도 대체로 그럴듯해 보이는 사례를 제시했다. 더욱이 그것은 단지 그 하나의 변수에만 의존하는 것이 아니었고, 일정한 제도적 특성(가령 비례대표제 등)의 영향력과 동질적인 소국가들의 정치 분화상 나타나는 특수한 패턴 성향(가령 우파의 약세와 분할)도 평가하는 논증이었다.

하지만 나는 카첸스타인이 근본적으로 중요한 한 가지 요소를 빠뜨렸다고 지적하고 싶다. 그것은 이들 소국가에서 나타나는 합의의 패턴이다. 이 패턴은, 전통적인 협의민주주의 국가들과 마찬가지로 이들 소국가의 선거 시장에서도 나타난다. 달리 말해서, 덴마크, 노르웨이, 스웨덴 같은 나라에서 나타나는 경쟁적 정책결정 스타일의 부재 현상은 그들이 협의민주주의 국가들과 마찬가지로 경제적 취약성을 갖고 있기 때문만이 아닐 수 있다. 그보다는(또는 덧붙여서), 그들 나라가 한결같이 경직된 선거 시장을 가진 때문일 수 있다. 더 중요한 것은 이 경직성이 한편으로 강력한 집단적·정치적 정체성이 널리 퍼져 있는 현실에서 비롯되며, 효과적인 사회 분할 패턴에서 비롯된다고 볼 수 있다는 점이다. 그러나 '동질적' 국가에서는 협의민주주의 국가와는 달리 이런 분할이 언어나 종교 등의 차이에서 발생되지 않으며, 일차적으로 계급 정체성이 그 원인이다.

이 장의 제한된 관점으로는 단지 그 가능성을 언급하는 것 이상을 논의할 수 없지만, 제한적이나마 지금 찾을 수 있는 근거를 보면 이 논증에 대해 어느 정도의 뒷받침이 된다. 일단 소국가들이(언어와 종교로 분할되지 않았더라도) 큰 나라들보다 더 경직된 선거 시장을 경험했음은 의심의 여지가 없다. 예를 들어 두 세계대전의 중간 시기는 작은 나라들의 국민적 합의 도출을 위해 절실했던 시기로 보인다(Katzenstein 1985: 4장). 당시 덴마크, 노르웨이, 스웨덴의 평균 선거 유동성은 7.8에 불과했던데 반해, 더 크고 더 경쟁적이던 프랑스, 독일, 영국에서는 평균 유동성이 14.1로 스칸디나비아 국가들의 두 배에 달했다. 사실 이 기간 중 이탈리아에서 실시된 몇 안 되는 민주적 선거까지 포함하면, 큰 나라들의 평균 유동성 수준은 16.8까지 올라간다. 스칸디나비아의 소국들보다 두 배를 더 넘어서는 수준이다.

비슷한 대조가 전후 초기, 즉 1945년에서 1965년까지의 시기에도 있었다. 이번에는 4개 대국의 평균 유동성이 11.5였는데, 이것은 당시 '버츠켈리즘(Butskellism)'[2] 상황이었던 영국의 4.6이라는 낮은 수치를 포함한 결과이다. 영국을 제외하고, 당시 서유럽에서 유동성이 가장 높았던 나라들인 프랑스, 서독, 이탈리아의 수치는 13.8에 달한다. 반면 덴마크, 노르웨이, 스웨덴의 경우에는 평균 6.2였다. 이런 수치와 더 앞선 시기의 협의민주주의 국가들의 유동성 수치는 〈표 7-1〉에 정리되어 있다.

따라서 이처럼 간략한 집합적 수치는 서유럽의 더 큰 나라들에 비해 스칸디나비아의 작은 나라들에서는 훨씬 적은 유권자들이 경쟁 대상이 된다는 사실을 시사한다. 그리고 이런 나라들이 협의민주주의 국가들처럼 경직된 선거 시장을 가지고 있음도 알 수 있다. 따라서 다른 조건이 같다면,

---

[2] 전후 정부개입과 중앙정부의 계획주의, 사회적 조화와 같은 정책들이 강조되면서 보수당과 노동당의 정책이 비슷한 것을 빗대어 이코노미스트지의 기자가 1951년 집권한 보수당의 버틀러(Butler) 재무장관과 그 이전 노동당 정부의 재무장관이었던 게이츠켈(Gaitskell)의 이름을 혼합하여 버츠켈(Mr. Butskell)이라는 이름을 만들어냈으며, 이후 이러한 정책기조를 버츠켈리즘(Butskellism)으로 부르게 되었다(역자 각주).

〈표 7-1〉 국가 유형에 따른 선거 결과 유동성 평균

기간	협의민주주의 국가*	소규모 동질적 국가들	대국들
1918~44	8.4	7.8	16.8(14.1)**
1945~65	5.8	6.2	11.5(13.8)***

주) * 1945~65 기간의 오스트리아를 포함
　** 이탈리아를 제외한 수치
　*** 영국을 제외한 수치
출처: Bartolini and Mair(1990)

이들 작은 나라들의 정당과 엘리트들은 팽창지향적 경쟁전략에서 별로 얻을 것이 없음을 인식할 가능성이 높다. 선거에서의 승리를 위해 포섭해야 할 유권자의 수가 많지 않기 때문에, 그들을 놓고 경쟁하는 일은 무익하게 보인다. 더욱이 북아일랜드와는 다르게, 승리를 낙관하기가 어려울 경우(특히 사회주의 정당과 부르주아 정당의 대결에 관해서는),[3] 타협과 합의의 전략이 더 매력적이다. 반면 더 큰 규모의 민주국가, 특히 1~2차 세계대전 중간 시기와 전후 초기의 프랑스, 독일, 이탈리아에서는 경쟁이 치열했다. 이 경우에는 경쟁으로 얻을 것이 많았기 때문이다.

하지만 이것이 분할 문제와 어떻게 연관이 될까? 간단히 말해, 규모도 작고 더 동질적인 민주국가들은 제한적 선거 시장이라는 특징으로만 설명할 수 없다. 그런 제한이 적어도 부분적으로는 잘 짜인 조직 네트워크의 존재로부터 비롯된다는 점 역시 또 다른 특징이다. 이는 협의민주주의 국가에서 언어 그리고(또는) 종교적인 '분열(verzuiling)'이 유권자들을 일련의 강력한 정체성을 중심으로 편성하는 것과 비슷한 패턴이다. 그러나 덴마크, 노르웨이, 스웨덴의 경우에는 분할의 패턴이 계급 조직과 계급 정체성에서 비롯되었다.

---

[3] Bartolini(1983a), Przeworski and Sprague(1986)를 보라. 또한 Katzenstein(1985)이 선거 결과의 수량적 추이와 정치 분화 사이에 존재하는 상관성을 강조한 점을 참조하라.

〈표 7-2〉가 시사하는 바는 분명하다. 노동조합의 조밀도와 그 회원이 좌파 정당의 당원을 겸하고 있는 비율을 의미하는 노동계급 조직화 강도 지표(Bartolini and Mair, 1990: 231-8)는 덴마크, 노르웨이, 스웨덴의 계급 조직의 네트워크 밀도가 유난히 높으며 특히 영국이나 프랑스와 같은 큰 나라에 비해 훨씬 상위에 있음을 보여준다. 가령 양차 세계대전 중간 시기에 이들 3개 민주국가는 조직 밀도에 있어 2, 3, 5위를 차지했으며 독일, 영국,

〈표 7-2〉 서유럽 민주주의 국가들의 노동계급 조직 조밀도 순위*

1918~44**		1945~65	
고밀도		고밀도	
1.	오스트리아		스웨덴
2.	덴마크		오스트리아
3.	스웨덴		덴마크
4.	스위스		노르웨이
5.	노르웨이		이탈리아
6.	벨기에		스위스
7.	독일		벨기에
8.	네덜란드		아일랜드
9.	영국		영국
10.	아일랜드		네덜란드
11.	핀란드		핀란드
12.	프랑스		서독
13.			프랑스
저밀도		저밀도	

주) * 노동조합 조밀도와 좌파계급정당의 당원 비율로 본 수치에 따른 순위
　　** 이탈리아는 자료 없음
출처: 〈표 7-1〉과 같음

프랑스는 각각 7위와 9위 그리고 최하위를 차지했다. 이러한 대조는 전후 초기에 더 두드러졌다. 스웨덴, 덴마크, 노르웨이는 각각 1, 3, 4위를 차지했고 영국은 9위, 독일과 프랑스는 최하위에 머물렀다.

따라서 계급 조직 네트워크의 밀도는 대국보다 소국에서 높게 나타날 뿐 아니라 소국 중에서도 보다 '동질적인' 나라에서 특별히 높게 나타난다. 이는 이런 작은 나라들의 계급적 '하위문화'가 협의민주주의 국가의 언어나 종교 하위문화만큼이나 선거 시장에 중요한 영향을 미칠 수 있음을 시사한다(오스트리아와 스위스의 경우에는 계급 조직 밀도 역시 상대적으로 높음을 강조할 필요가 있지만). 이는 다시 내부 분할된 협의민주주의 국가에 존재하는 절충주의로의 유인(誘因)이 작고 보다 동질화된 국가의 유인과는 많이 다를 것임을 시사한다. 협의민주주의 국가의 분할 원인은 분명 뚜렷한 기준, 즉 계급보다는 종교나 언어의 차이에서 나온 것임에 비해, 그 분할의 결과로 나타난 현상은 비교 가능한 것으로 보인다.

달리 말해서, 종교와 언어의 차이에 따라 발생한 분할선이 협의민주주의 국가에서 선거 시장을 제한하고 팽창지향적인 전략을 좌절시킨 것처럼, 계급 분할 또한 보다 동질화된 작은 국가에서 경쟁지향성을 억제했다. 사실 파팔라도(1981: 369)가 묘사한 선거 결과의 정체(停滯) 현상은 협의민주주의에서 두드러진 것과 마찬가지로 덴마크, 노르웨이, 스웨덴에서도 두드러졌으며 특히 사회주의 세력과 부르주아 세력 간의 경쟁과 관련해서 그러했다. 따라서

> 정당들 사이에서 나타나는 표의 이동은 적어도 세 가지의 서로 긴밀히 연관된 요인의 방해를 받는다. 첫째, 긴밀한 사회적·조직적 유대관계, 호환이 불가능한 신념체계, 상대 하위문화 진영에 대한 적대감과 상호 불신 등. 둘째, 그러한 진영 내의 통일성, 그 구성원들이 교차적인 압력에 노출되지 않을 것, 또한 다른 진영에서 오는 호소력에 둔감할 것. 마지막으로, 높은 수준의 정당 정체성과 이로 인한 유권자들의 해당 하위문화 대표자에의 장기적 충성이 그것이다.

이런 맥락에서 일부 결론적인 언급과 제약 조건이 필요하다. 첫째, 카첸스타인이 강조한 일부 요인들(국제경제에 대한 취약성, 정치적 권리를 둘러싼 분열 등)이 합의지향적 정치행태에 기여하는 역할이 없거나 거의 없다고 지적하고 싶지는 않다. 단지 사회 분할 또는 '분열'이 계급 정체성에서도 비롯된다는 사실을 간과하고 있다는 점을 지적하고자 한다. 다시 말해서, 다원적 사회 이외에도 적용이 가능한 개념이 되어야 하며, 종교나 언어 말고도 다른 균열이 영향을 미칠 수 있다는 것이다(Rokkan, 1977도 참조).

둘째, 특히 계급 배열을 기반으로 해서 사회가 분할될 수 있다고 한다면, 덴마크나 노르웨이, 스웨덴처럼 동질적 정치문화를 가진 국가들의 국민적 합의 행태를 더 잘 이해할 수 있을 뿐 아니라, 상대적으로 예외에 속하는 오스트리아의 사례도 이해할 수 있다(Katzenstein, 1985: 181-9). 〈표 7-2〉에서 보았듯이, 오스트리아는 협의민주주의 국가일 뿐 아니라 계급 조직 밀도 역시 높은 나라이기 때문이다.

셋째, 이 논증의 진실성 여부를 실제로 검증하는 방법으로(카첸스타인의 설명을 검증할 뿐 아니라), 두 가지 분석에서 모두 무시된 사례 중 일부를 면밀히 살펴볼 필요가 있다. 이런 점에서 이탈리아의 사례는 특히 흥미롭다. 이탈리아는 큰 나라에 속하면서 오랫동안 매우 경직된 선거 시장을 유지했고, 상대적으로 강한 조직 네트워크를 가지고 있다(계급과 종교 모두에서). 더욱이, 그 크기에도 불구하고, 이탈리아는 상당 수준의 비경쟁적인 절충주의가 두드러지기도 했다. 이는 분명 이탈리아 공산당의 "역사적 타협" 전략과 1970년대 후반의 정부 운영 관련 협약의 산물이었다. 아일랜드와 핀란드의 사례도 흥미롭다. 이들은 경제적 취약성이 높은 작은 국가이면서, 매우 특이하게도 상대적으로 계급 조직 밀도가 낮은 나라들이다(〈표 7-2〉를 보라). 그러나 이들은 또한 선거활용성에서 뚜렷한 대조를 보이기도 한다. 핀란드의 경우에는 서유럽에서 가장 낮은 수준의 선거유동성을 가진 나라 중 하나인데, 아일랜드는 가장 유동성이 높은 국가군에 든다. 따라서 여기서도 경쟁지향적 정치행태가 유지되는 서로 다른 패턴을 살펴본다면 매우 흥미로울 것이다.

넷째, 이 논증의 대부분이 양차 세계대전 중간 시기와 전후 초기 모두의 다국가 비교 자료에서 얻은 패턴임을 강조해야 한다. 당시는 동질적 국가와 협의민주주의 국가 모두에서 선거 시장이 특별히 경직되어 있었다. 반면 가장 최근의 상황을 보면 뚜렷한 정체성을 유지해온 조직 네트워크들 일부의 약화가 눈에 띌 뿐 아니라(가령 네덜란드와 덴마크에서, Irwin and van Holsteyn, 1989; Sundberg, 1987 참조), 선거 시장의 대규모 개방과 선거 유동성 증대까지 이들 나라들 일부에서 관측된다. 이는 지금은 다시 팽창지향적 경쟁에 상당한 인센티브가 있음을 의미한다.

마지막으로, 이 장을 시작하며 제시했던 제약 조건들도 염두에 두어야 한다. 경쟁지향적 행태는 열린 선거 시장의 행태일 가능성이 높고, 닫힌 선거 시장의 맥락에서는 잘 어울리지 않는다. 그러나 반드시 불가피하게 그렇다는 의미는 아니다. 시장의 성격 또한 중요하다. 가령 스위스의 경우, 닫힌 시장이라는 점만이 아니라 선거 결과가 어떻게 변화되든지 4개 정당이 지배 카르텔의 지위에서 밀려나는 일은 있을 수 없다는 사실이 중요하다. 반면 미국에서는 닫힌 선거 시장이라도 고도로 경쟁적일 수 있음을 보여준다. 약간의 표심 변화로도 여당과 야당이 변할 수 있기 때문이다.

IV. 새로운 동유럽 민주주의가 보여 주는 몇 가지 함의

이 논증을 아무 제약이 없는 상태에서 요약한다면, 다음과 같을 것이다. 강력한 집단적, 그리고 정치적 정체성이 널리 퍼져 있는 현실은 선거 시장을 경직시키는 경향이 있다. 또한 그런 정체성은 강력한 조직 네트워크와 하위문화에서 비롯되는 경향이 있다. 정체성은 언어, 종교, 계급 등을 근거로 할 수도 있으며, 그 추종자들을 다른 구성원들과 구분하고 그들의 정치적 충성을 확고히 하는 작용을 한다. 그런 상황에서, 팽창지향적 경쟁 선거 전략은 그다지 도움이 되지 않는다. 그리고 다른 조건이 같다면(무엇보다도 다중적인 세력균형과 전반적인 체제 충성이 존재한다면), 보다 타협지향적이고 합의지향적인, 그리고 불가피하게 안정적인 민주주의 체제가 유지될 것이다. 마지막으로, 이 패턴은 선거에 걸린 이권이 대단치 않을 경우에, 그리고 승리가 대단한 보상으로 이어지지 않을 경우에 강화될 것이다.

이것이 사실이라면, 동유럽에서의 민주주의는 적어도 단기적으로는(뒤의 8장 참조) 안정되기 힘들 것이다. 첫째, 동유럽의 새로운 민주국가들은 선거를 통해 얻을 수 있는 이권이 크다. 사실상 선거의 승리자가 국가를 전적으로 장악할 수 있다. 권력을 쥔 측은 단지 가장 중요한 자원을 결정할 수 있는 위치에 설 뿐 아니라, 새로운 관료제와 정부출연기관들의 요직을 획득할 수 있다. 그렇게 본다면, 타협의 여지가 있는 부분은 없거나 드물 것이다. 정당은 불가피하게 전부 아니면 전무라는 입장을 취하게 될 것이다.

둘째, 이는 보다 결정적인데, 동유럽의 새로운 선거 시장은 새롭게 시작된다는 점에서 특히 개방적이다. 그리고 새로운 유권자들은 거의 완벽한 선거 활용성을 가진다. 물론 어떻게 보면 이 상황은 유럽의 다른 지역 국가들이 20세기 초에 맞이했던 상황과 전혀 다르지 않아 보인다. 즉 투표권이 확대되고 새로운 유권자들이 물밀듯이 들어오며 유권자층이 급증함에 따라 선거 결과 유동성이 현저히 커졌던 상황과 흡사해 보인다(Bartolini and Mair, 1990: 147-51). 그러나 동유럽의 새로운 민주주의 국가의 경우에는, 모든 유권자들이 새로운 유권자라는 점, 기존의 정당 충성파가 없다는 점에서 차이를 보인다.

셋째, 1989년의 혁명 이전에는 모든 것을 국가권력이 장악했었기 때문에, 동유럽 시민사회는 대체로 미개발된 상태로 남아 있다. 이것 역시 새로운 유권자들의 가용성을 높이며, 별도로 집단 정체성을 유발하면서 대중통합의 경로를 제공하는 독립적인 조직 네트워크가 존재하지 않는다. 독립적인 노동조합은 대체로 약하고 미성숙한 상태다. 일부 두드러진 예외를 제외하면, 종교 조직은(존재하기나 한다면) 약하고 미발달되어 있다. 실제적으로 아직까지 대중정당이란 존재하지 않는다. 그리고 사실 준국가적 정체성이 서유럽의 경우보다 더 두드러지고 폭넓게 퍼져 있지만, 그 영향력은 통합적이라기보다 해체적이라고 볼 수 있다.

간단히 말해서, 동유럽의 새로운 선거 시장은 개방적일 가능성이 높고, 유권자들의 가용성은 높으며, 그 상황은 20세기 초 유럽 역사와 비슷하다. 그리고 선거에 걸린 이권이 매우 크고, 혹독한 경제난과 경제적 기대치가 상승했다는 점까지 고려하면, 극단적으로 경쟁지향적인 민주정치가 예상된다. 이는 다시 민주주의 자체의 안정성을 위협할 것이다. 1990년 여름에도 벌써 그런 경쟁의 징조가 나타났었다. 루마니아에서는 광부들과 학생들이 충돌했고, 그 나라의 첫 자유선거에 부정과 강압이 개입되었다는 의혹이 일었다. 불가리아의 경우 소피아에서 재조직된 공산당의 선거 참여에 항의하는 연좌시위가 벌어졌다. 동독의 붕괴가 임박함으로써 최초의 독일 전역 총선거가 무산될 위험에 처했다. 이 밖에도 여러 가지 불안이 있었다. 선거에 걸린 이권은 크고, 유권자 활용성이 높으며, 그에 따라 대립하는 상대방과 타협해야 할 필요성이 적었다. 오직 시간만이 안정적인 정당 정체성이 가능할 것인지, 마침내 안정적인 민주질서가 수립될 것인지 알려줄 것이다.

서유럽에서 찾을 수 있는 몇 안 되는 교훈은 그다지 고무적이지 않다. 지금 동유럽에서 진행되고 있는 변혁과 흡사했던 과정이 1970년대 스페인, 그리스, 포르투갈의 민주화 과정에서 나타났다. 세 나라 모두, 민주주의가 안정적으로 유지된다고 보기 어려웠고, 정치 경쟁은 치열했다. 보다 최근 그리스에서는 과반수 확보로 정권을 창출하기 위한 선거가 세 차례 연속으로 치러졌다. 여기서도 선거운동 자체는 부패와 강압의 의혹에 싸였다. 스페인에서는 전체 정당체계가 단일 정당의 지배하에서 운영되었고, 중도민주연합(UCD)이 그 첫 번째 정당이었다. UCD는 겨우 3년 사이에(1979~1982) 지지율이 35%에서 7%로 급락했으며, 그 뒤에는 사회주의 노동자당이 패권을 넘겨받았다. 사실 최근까지도, 사회당을 제외하면, 그리고 다양하고 분화된 준민족주의정당들을 제외하면, 다른 모든 스페인의 '정당'들은 대체로 소집단들의 느슨하고 분절된 연합체에 지나지 않고, 선거 유동성 또한 여전히 매우 높다. 포르투갈 역시, 유동성은 유난히 높으며, 정체성이 뚜렷한 정당은 많지 않다. 최근에 사회민주당의 약진으로 비교적 안정적인 민주주의가 수립되었는데, 사민당의 지지율은 1985년의 30%에서 1987년에는 50%로 급상승했지만 이러한 안정성은 아마도 단기에 그칠 것으로 전망된다.

따라서 남부 유럽의 신생 민주주의 국가들은 개방성이 지속되는 선거 시장, 강화된 선거 활용성(심지어 계급 조직 밀도조차 극단적으로 낮다), 치열한 정당 간 경쟁을 특징으로 하고 있다. 이 모두는 필연적으로 지속적인 민주 질서의 공고화를 위협한다. 그런데 이들 나라들은 보다 취약한 동유럽 민주국가들보다 두 가지 점에서 매우 유리하다. 첫째, 그 나라들은 상당 수준의 경제성장과 번영을 누리면서(특히 1980년대 중반) 민주화에 진입했고, 이것은 민주화 과정에 든든한 안정 기반이 되어주었다는 점이다. 둘째, 이 점이 더 중요한데, 이 나라들은 유럽공동체에 통합되었다. 이와는 대조적으로, 동유럽의 신생 민주국가들은, 적어도 그 일부는, 상대적인 빈곤과 고립을 오랫동안 면치 못하고 있다. 여기에 그들의 선거 시장의 특징인 극도로 경쟁지향적인 성향이 더해지며, 동유럽 국가들이 과연 안정적인 민주질서를 구축하고 유지해 나갈 수 있을지에 대해 지속적으로 의문이 제기되고 있다.

제8장

탈공산주의 정당체계의 특성은 무엇인가?*

　이 장은 새로 등장한 정당체계, 특히 신생 탈공산주의(post-communist) 정당체계의 구체적 특징에 대한 일부 시론(試論)을 다루기 위한 장이다. 이 논의는 유럽정치의 맥락에서 다루어질 것이다. 이런 시론들을 비유럽적인 조건에 확대 적용한다면 너무 서두르는 것이 될 것이므로 그렇다. 물론 신생 정당체계라는 개념 자체가 용어상 모순일 수도 있다. 체계(system)라고 한다면 그 소속 정당들끼리의 상호작용에 어느 정도의 안정성과 예측 가능성이 있음을 내포하는 의미이기 때문이다. 또한 신생 '정당체계'에 소속된 정당의 수가 안정적인 것과는 거리가 멀고, 개별정당들 자체로도 결코 안정적이지 않음을(그 크기, 구조, 심지어 당 명칭에 상관없이) 생각하면, 이런 정당들 사이의 상호작용을 두고 체계라는 용어를 쓰며 어떤 고정적이고 확실한 정의를 시도하는 것은 시기상조라고 볼 수도 있다.
　그렇다고는 해도, 이 장의 목적은 신생 탈공산주의 정당 '체계'가 어떤

---

* 이 장의 내용은 1995년 베르겐대학교에서 행한 스테인 로칸 추모 강연에서 처음 제시되었다.

점에서 기존의 정당체계와 다르게 보이며, 다르게 작동하는지 그 주된 까닭을 밝히는 것이다. 요컨대, 나는 민주화 과정에서의 차이점을 제시하려고 한다. 그 차이는 유권자의 성격과 경쟁의 맥락, 그 두 요인이 더해져서 궁극적인 공고화에 심각한 장애물로 나타난다는 점과 기존 민주주의 국가에서는 찾아볼 수 없는, 보다 갈등지향적이고 적대적인 정당 경쟁의 패턴에 있다(앞의 7장 참조). 한편 처음부터 분명히 밝혔듯이, 이 장에서 내가 열거하고 간단히 논의할 원인들은 기본적으로 가설일 뿐임을 강조하고 싶다. 더 정확히 말해, 신생 탈공산주의 정당체계를 실제로 면밀히 관찰하여 얻은 구체적 결론들에 근거했다기보다, 기성 또는 공고화된 정당체계들에서 외삽적(外揷的, extrapolation)으로 역추출해 낸 추론에 기대어 세워진 것들이다. 달리 말해, 나의 접근법은 기성 정당체계의 안정화와 제도화를 촉진하는 일정한 요인들을 추려낸 뒤 그 중에서 이들 신생 정당체계에, 특히 탈공산주의 정당체계에 결여된 것이 없는지 살펴보는 것이다.

I. 신생 정당체계

거듭 말하지만 여기서 다루는 내용은 매우 가설적인 접근이며, 주로 논의의 범위를 확보하고 다음의 추론을 해나갈 기반을 얻기 위한 시도다. 한편 이는 다소간 탈공산주의 민주정체만이 아니라 탈권위주의 민주정체들, 가령 1940년대 말과 1950년대의 독일과 이탈리아, 1970년대와 1980년대의 포르투갈과 스페인 등에 적용해 볼 수도 있을 것이다. 또한 신생 독립 직후 성립된 정당체계에도 적용해 봄직 한데, 가령 1920년대의 아일랜드, 그리고 보다 느슨한 모습일지 몰라도 20세기 초 보통선거가 실시되어 완전한 민주화가 이루어진 직후의 서유럽 정당체계에도 적용할 법하다.

물론 각각의 상황은 중요한 측면마다 서로 다를 것이다. 그리고 가장 뚜렷하게는 그 시대 구분에서, 선거 동원에 쓰이는 차별 전략에서, 새로운 민주주의 체제를 구축할 때 마주치는 과제의 다양한 성격에서, 그리고 민주화에 앞서 자율적이고 잘 발달된 시민사회가 있었느냐, 있었다면 어느 정도였는지 등에서 차이가 난다. 가령 이미 대중매체 네트워크가 있는 맥락에서 출현한 정당과 정당체계, 그리고 유권자들과 곧바로 연결이 가능한 경우의 정당 및 정당체계(탈공산화된 유럽이 그 사례이다)는 20세기 초에 출현한 정당 및 정당체계들(가령 1920년대의 아일랜드, 또는 심지어 1940년대 말의 독일과 이탈리아)과 매우 다른 환경에서 움직인다고 할 수 있다. 마찬가지로, 시민사회가 대체로 빈약하고 미숙한 상태(가령, 다시 한번, 탈공산 유럽의 경우)에서 출발한 정당체계는 이미 잘 발달된 이익집단 네트워크와 집단 정체성이 있는 상태(포르투갈과 스페인 같은)에서 시작한 체계에 비해 다른 문제에 직면할 것이고, 이론의 여지가 있으되 아마 더 큰 문제에 직면하게 될 것이다.

이런 점에서, 그리고 시민사회의 성격, 동원 전략, 제도 재구축의 필요성이라는 잠재적 변수를 고려할 때, 유럽은 네 가지로 구분 가능한 신생 정당 및 정당체계 사례를 보여준다. 그리고 이들은 각기 다른 공고화의 문제를 겪는다. 첫째, 스테인 로칸이 그의 정치발전 모델에서 가장 관심을 두었던 고전적 사례이다. 이 경우에는 정당체계가 새로 출현하여 그 위치에서 '동결'되어 버리는 것으로, 20세기 초 유럽에서 "보통·평등 선거의 민주주의가 성립(Rokkan, 1970: 75)"된 직후가 그 사례이다. 여기에는 거의 독립된 범주가 될 뻔한 다른 예도 포함되는데, 아일랜드 정당체계의 경우 민주화의 여파 속에서 탄생했을 뿐 아니라 새롭고 독립적인 정치체계의 창설이라는 맥락에서 탄생했다. 둘째, 새로운 또는 재활성화된 정당체계로서 1950년대 말 독일과 이탈리아처럼 오랜 권위주의적 지배가 끝난 뒤 유럽 대륙에서 수립된 경우이다. 셋째, 아마도 두 번째 경우와 가장 비교되는 경우일 텐데, 1970년대에 수십년 동안의 권위주의 체제가 종식되자 나타난 신생 정당체계가 있다. 마지막으로, 그리고 가장 최근의 예로, 탈공산화된 유럽의 다양한 신생 정당체계들이 있다. 이 중 마지막 범주가 내가 집중적으로 살펴보려는 사례 집단이다. 그러므로 중동부 유럽이 이 장의 주 무대가 되겠지만,

동시에 다른 집단에 속하는 신생 정당체계들의 경험에서도 일부 교훈을 이끌어낼 것이다(Cotta, 1995; Morlino, 1995; Pempel, 1990 등도 참조).[1]

II. 탈공산주의 민주화의 특이성

가장 먼저, 그리고 가장 분명히 강조해야 할 것은 탈공산주의 유럽의 신생 정당체계는 그 자체로 '유일무이한' 민주화 과정의 산물이라는 사실이다. 예를 들어, 사실의 과장과 과도한 일반화의 위험이 있지만, 탈공산화된 유럽은 진정한 시민사회가 부재한 상황에서 이루어졌다는 점에서 유럽 최초의 민주화 사례라는 주장이 있을 수 있다. 거의 예외 없이(그런 드문 예외 중에는 폴란드의 솔리대리티 노동운동과 가톨릭교회, 동독의 복음교회 등이 있다), 장기간 지속된 공산주의체제가 붕괴되기 전까지 사회 조직들은 전혀 또는 거의 자율성을 누리지 못했다. 당시는 마이클 월러(Michael Waller, 1994)가 말하듯 "공산당의 권력 독점" 시대였다. 월러는 가끔 자립성을 보여준 농업 분야의 이익단체를 제외하면 기본 경제 구조가 독립적인 사회조직이나 집단 이해관계의 기반을 제공하지 못했다고 본다. 그리고 시장화 과정에서, 이는 종종 공산주의 체제 붕괴 이전에도 제한적인 형태로 시작되었는데, 분명 궁극적인 이익의 결정화(結晶化) 전망이 생겼다. 시장화는 1980년대 말에 가속화되었고, 이는 실질적으로 배트(Judy Batt, 1991: 50)의 말대로 "사상 유례없는 사회 해체와 유동성"을 초래했다.

이런 점에서, 탈공산주의 유럽에서 민주주의로의 이행은 일찍이 남유럽에서 진행되었던 것과는 크게 다르다. 또한 제2차 세계대전 직후의 이행과

---

[1] 이 장의 넓은 주제는 최근에야 나의 주의를 끈 여러 중요한 논문에서도 다루어졌다. 특히 게디스(Geddes, 1995)의 통찰력 있는 분석, 월러(Waller, 1995)의 저작에 포함된 중요한 논문들, 그리고 로즈(Rose, 1995), 레위(Lewis, 1996)의 논문은 탈공산 민주주의 정당정치의 분석에서 마주치는 여러 가지 문제를 잘 다루고 있다.

도 다르다. 비민주적 체제에서는 권력이 분리되지 않는다. 그러나 권력의 독점 정도는 동유럽 사례가 기존의 어느 경우와도 비교되지 않을 정도로 강했다. 민주화 과정 역시 전례가 없는 것이었다. 클라우스 오페(Claus Offe, 1992: 14)의 말처럼, 탈공산화된 유럽에서 우리는 사실상 "삼중의 이행"을 목격하고 있다. 민주주의 이행만이 아니라, 시장경제로의 이행 및 전면적 경제 변혁, 그리고 국가 건설 그 자체가 진행되고 있다. 적어도 영토 문제가 제기되는 대부분의 곳에서는. 따라서 우리는 많든 적든 세 과정의 동시 진행이 이루어지는 체제에 대해 논하는 것이다. 그 체제는 오페의 말처럼 "한 세기가 걸린 과정을 시작하는" 체제이다. '보통' 서유럽 국가들은 먼저 국가 건설을 하고, 자본주의화되며, 다시 민주주의를 확립하기까지 한 세기가 걸렸던 것이다.

그러나 삼중의 이행이라는 힘겨운 부담을 넘어서, 오페가 '보통' 유럽 국가의 민주화 과정과 탈공산 유럽의 그것 사이에 지적했을 법한 보다 근본적인 차이점은 따로 있다. 더 정확히 말해, 약 한 세기 전 유럽에서 선거권 확대와 '보통·평등 선거' 도입으로 수립된 민주주의는 이미 존재하고 있던 정치체계를 더 개방적으로 바꾸는 것에 지나지 않았다. 반면 기존 비민주적 체제의 붕괴로 시작된 민주화는 체제를 전면적으로 재구축할 필요가 있다. 달리 말하면, 달(Dahl, 1971: 1-16; van Biezen, 1995도 볼 것)의 주장처럼, 20세기 초기의 민주화는 엘리트 경쟁의 원칙이 이미 수립되어 있는 가운데 체제에 참여할 권리를 확대한 것이었다. 반면 구 공산주의 체제의 민주화는 이미 수립되어 있는 체제에서 경쟁의 원칙을 세우는 일이다.

이것은 두 가지 중요한 의미가 있다. 첫째, 로칸이 공들여 만들어서 서유럽의 기존 민주주의 국가들에 적용했던 발전 모델을 생각해 보자. "논의의 종착점(terminus ad quem)은 이것이다. 1920년대와 1930년대에, 늦어도 제2차 세계대전 이전에, 대부분의 나라에서 이루어진 보통·평등 선거의 민주주의 수립과 대안 정당의 '동결'(1970: 75)." 그러나 과연 이 '종착점'이 의미하는 바는 정확히 무엇일까? '동결'이 최고조에 이르는 정확한 시점은 언제였을까? 사실 로칸(1970: 227)이 다른 곳에서 설명했듯, 이 과정은 네 가지의 핵심 단계를 거쳤다. "(첫째)거주민들이 본래의 범주에 묶여 있던 기존 체제에서 벗어나 새로운 계급과 부류로 공식 통합(incorporation)되는 단계, (둘째)선거 경쟁에 투표권을 얻은 시민들이 동원(mobilization)되는 단계, (셋째)그들이 공적 생활에 직접 참여하도록 활성화(activation)되는 단계, (넷째)전국적으로 조직된 정당이 지방선거에 참여함으로써 전통적인 지역 지배체계가 붕괴되는 단계로 이 마지막 단계를 정치화(politicization) 과정이라고 부른다." 그리고 마지막, 소위 '종착점'은 이 네 단계를 거쳐 출현한 정당체계의 동결이었다. 그러나 이 교훈을 탈공산주의 체제에 적용하면 어떻게 될까? 여기서는 패턴이 다를 수밖에 없다. 다소 기형적인 형태일지라도, 이 네 가지 단계는 신생 정당체계가 출현하기 전에 한 차례 시행되었던 것이다. 달리 말하면, 이들 신생 정당체계들은 민주화와 정치화의 장기적 과정을 거쳐, 그런 과정 끝에 탄생한 것이 아니다. 그런 과정이 끝난 이후에 탄생한 것이다. 그 나라의 국민은 예전의 비민주적 체제하에서 이미 사실상 '통합', '동원', '활성화', '정치화'를 겪었다.

그리고 여기서 나오는 흥미로운 의문 하나는, 그처럼 역전된 과정에서, 역시 대안의 '동결'로 귀결되려는 추이가 있느냐이다. 나의 입장은 그런 추이가 없을 것 같다는 쪽으로 기운다. 더 온건하게 표현하자면, 어떤 추이가 있을지라도 20세기 초 서유럽의 경우에서보다는 약할 것이라 본다. 립셋과 로칸(1967: 54)이 지적했듯, 서유럽에서의 민주화 과정은 "사회의 거의 대부분의 부문에서 높은 수준의 조직적 동원"으로 귀결되는 경향이 있었다. 그리고 이는 "새로운 움직임의 여지를 거의 남겨놓지 않는다." 말하자면 그들이 여기서 언급하는 것은 동결 과정의 메커니즘이며, 그것은 탈공산화된 유럽에서의 민주주의 이행 과정에는 거의 찾아볼 수가 없다. 이런 점에서 민주화 이후에 탄생한 정당체계, 즉 탈공산주의 과정의 정당체계는 민주화 과정 도중에 탄생한 정당체계, 즉 '일반적인' 서유럽의 정당체계와는 크게 다른 동학을 가지리라고 예상할 수 있다. 달리 말해서, 탈공산주의 유럽에서 우리가 보고 있는 것은 '종착점'이라기보다 '출발점'에 가깝다. 그리고 이것이야말로 중요한 차이점이다.

두 번째 의미는 첫 번째 의미와 연관되어 있으며, 보다 간단하게 말할 수 있다. 이들 신생 민주국가들의 헌법 기초자들은 이제 기존의 정치체계를 재구축하고 기성 대중정치의 맥락에서 경쟁의 절차를 수립해야 하는 과제에 직면해 있다. 이 역시 중요한 차이점이다. 나중에 다시 논의하겠지만, 이런 조건 때문에 경쟁의 강도가 크게 심화된다. 아마도 이런 점에서는, 서유럽의 사례 중에서 탈공산주의 국가들과 가장 비슷한 사례로 아일랜드 사례를 들 수 있을 것이다. 아일랜드는 독립을 쟁취한 시점에 이미 보통선거제하의 유권자층을 갖고 있었으며, 따라서 새로운 제도적 구조를 구축하면서 이미 운영되고 있던 대중정치의 맥락을 고려해야 하는 상황이었다. 또한 이 과정에서 아일랜드는 상당히 높은 수준의 불안정을 경험했으며 정치적 경쟁 수준 역시 매우 높았다는 점을 지적할 수 있을 것이다. 여기서도 탈공산주의 국가들의 경험에 비추어 보면 어느 정도 비관적인 관점을 취하게 된다.

III. 유권자와 정당의 차이

이 신생 정당체계에서 찾을 수 있는 두 번째 중요한 차이점은 매우 다른 유형의 유권자와 상대한다는 것이다. 이 유권자층은 그 정의(定義) 차원에서 대부분의 기성 민주주의 체제에 비해 훨씬 개방적이고 선거활용성이 높다.

일반적으로 말해서, 기성 민주주의 체제의 유권자들은 상대적으로 경직되어 있으며, 구조화된 정당 선호를 갖고 있어서 상당 수준까지 예측이 가능하다. 최근 연구들을 살펴보면 선거 유동성에 따른 불안정성과 변화를 강조하는 경향을 볼 수 있지만(가령 Franklin, Mackie, Valen et al., 1992), 장기적인 연구 경향은 아직도 기성 정당체계에서의 연속성과 안정성을 탐구하는 쪽으로 치우쳐있다(Bartolini and Mair, 1990. 앞의 4장도 참조). 반면 신생 민주국가의 유권자들은 보다 개방적이고 활용 가능하며, 따라서 보다 유동적이고 불확실하다.

　여기에는 두 가지 중요한 이유가 있다. 첫째, 새로 민주화된 국가의 유권자들, 특히 탈공산주의 국가의 유권자들은, 첨예한 균열구조에 속해 있을 가능성이 낮다. 그리고 이런 점에서 그들은 쉽게 안정화되거나 동결될 가능성이 낮다. 이는 이 유권자들이 균질적이라거나 사회계급, 직업, 인종, 종교 등에 따라 분할되어 있지 않다는 의미가 아니다. 그와는 반대로, 일부 경우에는 이런 균열축에 따른 분할이 적어도 기존 민주주의 정치체제의 경우에 못지않게 중요하다. 이 사실은 최근의 중요한 연구들, 가령 키트쉘트(Kitschelt, 1992; 1995), 토카(Tóka, 1993), 그 외의 학자들(가령 Evans and Whitfield, 1993; Rose and Makkai, 1995; McAllister and White, 1995)에게서

〈표 8-1〉 신생 정당체계의 선거 결과 유동성

국가	평균 선거 유동성 (사례의 수)	지수값 (서유럽, 1960~89=100)
기준선: 서유럽, 1960~89 (그리스, 포르투갈, 스페인 제외)	8.4(131)	100
서유럽, 1918~30	12.3(21)	146
[아일랜드, 1923~32	15.9(3)	189]
독일, 1949~61	13.9(3)	165
이탈리아, 1945~58	14.1(3)	168
그리스, 1974~85	18.4(3)	219
포르투갈, 1975~80	8.7(3)	104
스페인, 1977~86	13.6(3)	162
체코, 1990~2	19.9(1)	237
헝가리, 1990~4	25.0(1)	298
폴란드, 1990~3	27.6(1)	329
슬로바키아, 1990~4	25.9(2)	308

확인되었다. 그러나 어느 시점에서든 탈공산화된 민주주의 체제의 하나 또는 그 이상의 정당과 연관된 사회적·정서적 분할을 정립할 수 있더라도, 한편으로 유동적인 사회구조와 상대적으로 견고하지 않은 정체성이 합쳐지면, 안정적인 배열 패턴을 도출하기는 어려울 것이다. 균열구조가 유권자들을 안정시키는 작용을 하기는 해도, 그 과정은 천천히 진행된다. 또 그 결과는 지역과 시기를 거의 무시하고 나타나는 경향이 있다. 그러므로 초기의 정당체계와 초기의 신생 민주주의 체계 유권자층은 최고의 불안정성을 나타낼 가능성이 높다.

가령, 전후 초기의 독일이나 이탈리아, 1980년대 후반까지의 포르투갈과 스페인은 이런 분석에 대체로 들어맞는다. 한편 보다 일반적으로, 20세기 초 투표권 확대와 보통선거 실시 직후, 다른 서유럽 정당체계의 경우도 이처럼 뚜렷한 안정 추세를 보인다(Bartolini and Mair, 1990: 68-95, 또한 Morlino, 1995: 317-328도 참조). 이들 신생 민주주의 정당체계들의 패턴과 기성 서유럽 정당체계들의 패턴 사이의 대조는 분명 매우 뚜렷하다(〈표 8-1〉 참조). 가령, 1960년에서 1989년 사이 서유럽의 선거 유동성은 8.4%에 불과했으며, 그것은 합산하여 산출한 순유동성 수치로 볼 때 이 기간 중 연속하여 실시된 선거에서 정당들 사이에 표가 옮겨간 경우는 1/12에 지나지 않았다는 의미다. 반면 1918년에서 1930년까지의 기간 중, 대부분의 유럽 정당체계가 이제 막 보통·평등 선거 민주주의의 덕을 보고 있을 때, 평균 유동성은 12.3%였다. 이는 전후의 기존 민주주의 정당체계의 유동성보다 50% 이상 높은 수치이며, "이중적으로 신생인" 아일랜드의 경우에는 무려 16%에 달하고 있었다. 독일과 이탈리아의 신생정당체계에서도 유동성은 매우 높았고, 두 국가 모두 최초의 선거에서 제3회 선거까지 평균 14%를 기록했으며 그리스와 스페인의 경우에는 16%에 육박했다. 물론 평균 9%에 못 미친 포르투갈 같은 예외도 존재했다. 그러나 이 정도의 높은 유동성조차도 탈공산 체계의 선거 유동성에는 상대가 되지 않는다. 체코, 헝가리, 폴란드, 슬로바키아에서 치러진 최초의 선거와 제2회 선거의 평균 유동성은 거의 25%에 달했다.

어떤 경우이든(이는 두 번째이자, 보다 중요한 요점인데), 서유럽 정당체계의 안정에 중요하다고 알려진 균열구조는 단순히 사회계급이나 여러 정체성의 분할에 그치지 않는다. 오히려 집단적 정치 정체성의 동원과 연관되며, 무엇보다도 강력한 사회적 정체성과 결합된 조직 네트워크는 다수의 유권자들을 상대적으로 안정적이며 닫혀 있는 정당별 블록으로 효과적으로 분할한다. 그리고 사르토리(1967)가 상기시켜 주다시피, 이것은 적어도 부분적으로는 정당과 여타 조직의 독자적 개입의 결과이다.

탈공산화된 민주주의 체계에서는 그런 독자적인 정당 개입이 매우 미미함은 굳이 말할 필요도 없다. 다시 말해서, 유권자층이 서구와 다를 뿐 아니라, 유권자들을 '조직'하는 정당들도 서구와 다르며, 특히 시민사회에 잘 뿌리내리지 못하고 있다(Kopecky, 1995의 귀중한 분석을 참고하라. 그는 이 문제를 더 폭넓게 다루고 있다). 여기에는 매우 많은 요소가 개입된다. 먼저 대다수 신생 정당들이 기본적으로 "내생정당(Duverger, 1954)"이고, 하향식 정당으로서, 의회 내에서 창설되었거나 엘리트들의 담합으로 수립되었다. 즉 대중에 기반을 두고 창당되지 않았다. 그리고 그런 모든 정당들이 그렇듯 이들은 대중적 수준에서 강력한 조직 네트워크를 구축할 의지가 미약하거나 능력이 미비했다. 이런 점에서, 그리고 거의 필연적으로, 이들은 '지지기반으로서의 정당'보다 '공직에서의 정당'에 보다 강조점을 둔다(Katz and Mair, 1993). 물론 "외생정당"으로 정의되는 경우라도 반드시 지지기반으로서의 대중조직에서 출발하고, 그것을 발판으로 공직을 점유해 나간다고는 말할 수 없다. 하지만 언뜻 보기에 탈공산화된 유럽은 그런 외생정당의 예를 별로 제시하지 못하며, 가장 그럴듯한 예외라고 할 수 있는 폴란드의 연대노조 운동의 계승자인 정당조차도, 이합집산을 되풀이한 끝에 지금은 단지 의회에서의 대표권을 위한 연합체에 불과할 뿐이다. 한편 신생 정당 중 일부는 의식적으로 풀뿌리에서의 참여를 배제한 채 시작하는 경우도 있는데, 헝가리의 청년민주연합(Fidesz) 같이 엘리트 수준에서의 "정치의 독점"[2]을 통해 갈등의 범위를 좁히려는 시도는 무익할 것이다.

물론 기존 민주주의 체제에서 지금은 유력한 정당이지만 본래 원내정당으로, '내생적으로' 출발한 경우는 많다. 그러나 그런 경우에는 대개 동질적 통제 체제가 아니고, 보통 외생적으로 창설된 경쟁 정당이 있었으며, 뒤베르제(1954)가 "좌파로부터의 전염"이라 부른 과정을 결국 채택하곤 했다. 그 과정이야말로 서유럽이 대중정당 천하가 되게끔 했던 것이다. 달리 말해서, 당시 경쟁적인 정당조직 모델이 있었고, 곧 대중정당 모델의 장점이 명백해짐으로써 다른 유형의 정당들도 그것을 모방하게끔 되었다(앞의 5장 참조). 반면 탈공산화된 유럽에서는 강력한 대중조직을 건설하려는 노력이 없거나 없었던 것 같다(스페인 또는 포르투갈의 정당들에도 같은 말을 할 수 있을지 모른다). 립셋과 로칸(1967: 51)이 말한 대로 "지지 시장을 좁힐" 수 있는 대중조직은 그런 정당들의 지향점이 아니었다. 그리고 그런 환경에서, 전염 현상이 일어날 가능성은 매우 적다. 요컨대, 대중정당의 (성공적인) 도전이 없는 상황은 엘리트 정당은 적어도 당분간 유지될 가능성이 높다.

따라서 최근 여러 서유럽 국가에서 당원 등록률이 상대적으로 감소 추세라는 점을 감안해도, 신생 민주국가는 아직도 기성 민주주의 체제에 훨씬 못 미치는 당원 등록률을 보인다는 사실은 흥미롭다(Morlino, 1995: 330-8도 볼 것). 예를 들어 포르투갈과 스페인에서는, 최근 정당 가입자가 총 유권자의 5% 이하로 떨어졌다. 이는 유서 깊은 유럽 민주국가의 경우 당원수가 평균 10%인 것과 대조된다(〈표 8-2〉를 보라). 탈공산화된 유럽에서는 그 수준이 한층 더 낮아서, 슬로바키아는 3%를 약간 넘고 헝가리가 2.5%, 폴란드는 1.5%밖에 안 된다. 사실 이 패턴의 유일한 예외라고 할 수 있는 체코는 최근 상대적으로 높은 6.4%의 당원가입률을 올렸는데, 그 이유가 대체로 기존 공산당의 선거 관련 조직이라는 조직 유산에 힘입은 것이었다. 1993년 당시 그 비중은 총 당원 수의 삼분의 이에 가까웠다(Kopecky, 1995).[3]

---

2) 샤츠슈나이더(1960: 16)를 보라. "정치를 독점하려는 어떤 시도도 거의 개념상으로 갈등의 범위를 좁히려는 시도가 된다."
3) 신생 민주주의 국가에서의 당원 가입 수치에 대해서는 다음을 참조하라: Morlino (1995); Gangas(1994); Marcet and Argelaguet(1994); Kopecky(1995); Urmanič

물론 기성 민주주의 체제와의 비교는 적절치 않다는 주장도 가능하다. 특히 탈공산화된 민주주의 체제를 기성 민주주의 체제와 비교할 경우가 그러한데, 이들은 지지기반으로서의 대중조직을 수립-발전시키기에 충분한 시간이 없었다는 점 때문이다. 이들 정당들이 기성 정당들과 다르다면, 그것은 단지 새롭다는 것뿐이다. 따라서 시간이 지나면 시민사회에 점점 더 확고히 뿌리내릴 것이다. 그러나 그런 주장을 반박할 수 있는 예가 스페인과 포르투갈이다. 20년 이상 민주주의를 지속했음에도, 아직도 대다수 기존 민주국가에 비해 많이 뒤떨어진 상태이기 때문이다. 더욱이 대중 평당원 체제라는 것이 떨치기 어려운 전통이고, 기성 민주주의 체제의 오래된 정당들은 대부분 아직도 평당원이 중요한 위치에 있지만, 신생 정당들은 대규모의 당원을 갖는 일이 득보다는 실이 많다고 여길 수 있다. 일부 측면에서 아무리 득이 되어도, 평당원은 당 지도부에게 정치적·행정적 골칫거리가 될 수 있고(Katz, 1990; Scarrow, 1994a; Kopecky, 1995; 또한 앞의 6장을 보라), 평당원을 모집하고 유지하는 데 드는 비용은 오늘날 대중매체를 이용한 홍보와 국고보조금을 통한 재정 확충이라는 방법(이는 최근의 모든 민주화 과정에서 신속히 규범화 되었다)이 따로 있는 이상 부담스러울 수 있다. 과거에는 대중을 상대로 평당원을 모집하는 일이 정당 건설의 최우선 과제였다. 그러나 현대의 정당은, 탈공산화된 유럽의 신생 정당들을 포함해서, 평당원 모집이 최우선 과제인지 의심스러워한다. 따라서 풀뿌리 차원에서 확고한 지지기반을 갖는 일은 신생정당에서 규범보다는 예외가 될 가능성이 많다.

요컨대, 뚜렷하고 지속적인 정체성에서 비롯되는 균열을 생각해 보자. 그것은 한편으로 안정적인 사회구조에 뿌리를 내린 덕분에 나타난 균열이다. 그리고 다른 한편으로는 정당과 관련 집단의 조직적 개입으로 빚어진 균열이다. 그러므로 이런 결론을 내려도 괜찮을 듯싶다. 적어도 한동안은,

---

(1994); Ágh(1995). 기성 민주주의 체제의 상세한 수치를 보려면, Katz and Mair (1992a), 그리고 이 책의 6장을 보라. 슬로바키아의 수치는 자료를 구할 수 없었던 민주슬로바키아운동(HZDS)을 제외한 것이다.

〈표 8-2〉 유권자에서 당원이 차지하는 비율, 1989~1992

국가	당원 비율(%)
오스트리아	21.8
스웨덴	21.2
노르웨이	13.5
핀란드	12.9
이탈리아	9.7
벨기에	9.2
덴마크	6.5
아일랜드	5.3
포르투갈	4.9
독일	4.2
스페인	4.0
영국	3.3
슬로바키아	3.1*
네덜란드	2.9
헝가리	2.5
체코	1.8**
프랑스	1.7
폴란드	1.5

* 슬로바키아운동(HZDS)은 자료가 없어 제외하였다
** 기존 공산당은 제외. 이를 더하면 6.4%로 향상됨
출처: 이 장의 각주 3번을 볼 것

 탈공산화된 민주주의 체제에는 뚜렷한 균열구조가 발생하지 않을 것이다. 그리고, 다른 조건이 일정하다면, 특별히 개방적이고 선거 활용성이 큰 유권자층이 등장할 것이다. 이들은 심지어 통계 수치가 입증하듯, 아직 채 완전히 동원되지 않은 유권자층이다.

IV. 경쟁 맥락의 차이

　기성 정당체계와 신생 탈공산주의 정당체계의 세 번째 중요한 차이점은 경쟁의 맥락과 관련되어 있는데, 이 경우에도 다수의 요인이 개입된다.
　첫째, 기성 민주주의 정치체계와 대조해 볼 때, 거의 모든 신생 민주체제에서 신흥 정치계급은 안정적인 조직 행태 패턴과 거리가 멀다. 정치 엘리트들은 조직에 대한 충성이나 참여를 통해 동기부여될 가능성이 적고, 새 정당을 창당하거나 다른 정당과 단기적인 합당을 함으로써 갈등을 해소하려 하며, 그 과정에서 사적 이익을 챙기려 할 가능성이 높다. 잘 알려진 것처럼, 이런 종류의 정당 간 이합집산은 서유럽 민주주의 체제에서는 상대적으로 드물다. 전후 서유럽의 14개국에서 실시된 147회의 선거 결과에 대한 조사는 그 중 55회에서만 분당이나 합당이 있었음을 보여준다(Mair, 1990b). 즉 세 번의 선거를 치르는 동안 단 한 번만이 분당 또는 합당 상황에서 치러졌다. 이런 패턴은 신생 민주국가와는 전혀 다른 모습이다. 분명 새롭게 창당되어 선거 경쟁에 뛰어드는 정당은 유권자들 내에 기반이 없으며, 어떤 입지도, 정당성도 없다. 더욱이, 이런 정당은 개념 차원에서부터 매우 비제도적인 정당이다. 그러므로 초대 지도부가 지니고 있는 입지를 넘어서는 독자적인 정체성을 갖기 어렵고(Kopecky, 1995도 보라) 동시에 자산(어떤 정책을 취하든, 어떤 사람들이 지도부가 되든 상관없이 무조건 그 정당에 투표하는 투표자들)과 책임(기성 정당의 경우에는, 장기적인 예상과 기대에 직면하여 새로운 이미지를 구축하려는 과정에서 겪게 되는 문제)도 갖고 있지 않다.
　이로부터 신생 민주국가의 많은 신생 정당들은 일반 대중에게 어떤 조직 차원의 틀을 마련할 입장에 처해 있지 않으며, 한편으로 분파적 엘리트들이 그런 틀을 만드는 것을 막을 입장도 아님을 추정해낼 수 있다. 그리고 원래의 조직이 유권자의 눈에 어떤 특별한 정통성이나 기반이 없어 보이기 때문에, 분파적 엘리트들 스스로가 분당에 별반 부담을 느끼지 않을 공산이 크다. 같은 이유에서, 합당이나 선거연합이 적어도 선거 결과상 별반 위험이 없다고 여겨지고, 기존의 정체성이 합당으로 훼손된다는 염려가 별로 없을 수 있다. 거의 모든 정당이 신생 정당일 때는, 분당이나 합당으로 탄생한 정당조차도 거의 동등한 입장에서 시작할 수 있다. 따라서 그 결과는 새로 성립되어가는 정당체계의 형태를 띠고 계속적인 유동성(그리고 심지어 계속적인 파편화)으로 나타날 가능성이 높다. 그리고 이는 다시 경쟁의 맥락에 영향을 끼칠 것이다. 가령 포르투갈과 스페인의 제1회에서 제3회까지의 선거에서는 분당 및 합당이 22건이나 있었다. 이는 기존 민주국가에서 1940년대 중반~1980년대 후반까지 발생한 분당 및 합당 횟수의 거의 열 배에 달한다.

빈번한 분당 및 합당으로 서로 다른 정당들 사이의 경계가 무너지고 불식될 뿐 아니라, 한편으로는 모든 정당들의 영역 경계가 불명확해지고, 다른 한편으로는 대의기구로서의 역할을 할 수 있는 집단들의 경계가 모호해진다. 이 역시 기성 민주주의 체제에서는 드문 일이며, 그곳에서는 적어도 개념상으로는 정당을 이익집단 그리고(또는) 사회운동단체와 구분하는 것이 언제나 가능하다. 물론 정확히 어떻게 구분할 것인지는 학자마다 다르다. 그렇지만 가장 기본적이고 공통적인 개념 정의 요소가 있으며, 그것은 사르토리(1976: 64)의 다음과 같은 구절에 가장 잘 표현되어 있다. "정당이란 선거에 나서는 정치집단이며, 선거를 통해 공직의 후보자를 낼 수 있는 집단이다." 이것은 간단하고, 효과적이며, 쉽게 적용 가능한 정의다. 이것은 정부의 외부에서 정부에 영향을 미치려는 집단과 정부의 일부가 되려 하는, 또는 그럴 잠재력을 지닌 집단을 구분한다. 더욱이, 이것은 정치체계에서 서로 다른 집단들이 갖는 역할과 기능을 구분할 수 있게 해준다. 하지만 신생 민주주의 체제에는, 특히 탈공산주의 체제에는 그다지 유용한 분류법처럼 보이지 않는다. 이런 체제에서는 정당처럼 구체적인 집단이 매우 다양한 대안 조직들과 쉽게 분리되지 않기 때문이다. 따라서 우리가 이익집단이나 (신)사회운동 단체로 이해하는 집단들 역시 공직을 노리고 있음이 드러나며, 일반적으로 정당이라고 여겼던 집단(선거에 나서고, 공직의 후보자를 낸다는 점에서)이 다른 면에서는 이익집단이나 (신)사회운동단체라는 사실이 발견된다. 이런 점에서 정당과 기타 조직들과의 경계는 희미해지며,

또한 이런 점에서 엘리트 수준에서의 정치영역은 더 개방되어 있고, 더 유동적일 가능성이 높으며, 이것은 경쟁의 맥락을 더욱 복잡하게 한다.

둘째, 신생 민주주의 체제의 경우 "불안정에 대한 정치적 인센티브"로 표현할 수 있는 조건이 뚜렷하게 존재하는데, 이는 경쟁의 맥락에 영향을 주며, 선거 결과 불확실성을 촉진할 것으로 보인다. 1885~1985년의 기간 동안 서유럽 유권자들을 연구한 어느 초기 연구에서, 국가와 시대에 따라 선거의 안정성 또는 불안정성이 각각 다르게 나타나는 까닭은 대체로 두 가지 경쟁적인 압력의 결과로 설명된다는 주장이 나왔다(Bartolini and Mair, 1990: 253-308). 한편으로는 앞에서 본 대로 균열구조의 힘에 따라 안정을 지향하는 압력이 존재한다. 다른 한편으로는 불안정을 지향하는 압력도 있는데, 정당들이 경쟁을 벌이는 제도적 구조의 변화에서, 또한 정당체계 그 자체의 구조 변화에서 비롯되는 압력이다. 이 중 후자의 요소에는 선거법 개정, 투표권 변화, 투표자 수 변화, 정당 수 변화 등이 포함된다. 이런 압력이 균열 요인보다 더 강력하다면, 해당 체계는 상대적으로 불안정해질 것이다(프랑스가 그 전형적 예다). 반면 균열 요인이 더 강력하면, 그 체계는 상대적으로 안정적일 것이다(스웨덴이 그 전형적 예다). 일반적으로 서유럽에서는 제도적 맥락에서의 변화가 상대적으로 드물며, 따라서 균열 요인이 확고한 지배력을 갖는다. 그리고 이에 따라 장기적인 안정 지향성이 강화된다.

반면 신생 민주주의 체제, 특히 탈공산주의 민주주의 체제에서는 제도 환경이 특별히 그리고 불가피하게 불안정하다. 헌법적인 게임의 규칙이 처음 수립될 때나 뒤이어 수용되는 과정에서 갈등을 겪는 것은 민주주의 이행과 공고화 과정에서 가장 빈번히 나타나는 현상 중 하나다(뒤의 내용도 참조). 여기서 그 점에 대하여 자세히 설명할 필요는 없다. 이 주제를 다루려면 좀더 본격적인 논문이 필요할 것이다. 그러나 제도적 체계 구축 과정이 빠르게 끝나는 과정은 아니고, 그렇게 될 수도 없다는 점은 강조할 수 있다. 기초적인 헌법은 큰 틀에서 출발할 수밖에 없고, 정당체계의 성격과 기능에 대한 근본적인 중대 결정을 반영하게 된다(가령 Lijpahart, 1991을 참조). 그리고 그 과정에는 장기간이 소요된다. 마침내 헌법이 마련된 후에도, 지속적인 헌법 개정이 이루어지며, 이는 특히 선거 관련 규정의 주기적인 개정에서 두드러진다. 그리고 마지막으로, 심지어 공식 규칙에 대한 합의가 있다 하더라도, 그 해석과 적용 범위 등을 둘러싸고서 갈등이 그치지 않는다. 이러한 현상은 많은 탈공산주의 민주국가에서 전형적으로 보이는 대통령과 의회 사이의 특권을 둘러싼 긴장관계에서 가장 뚜렷하다. 질롱카(Jan Zielonka, 1994: 87)가 러시아의 사례를 두고 언급한 내용은 탈공산 체제 전체에 적용해도 무리가 없을 것이다.

> 제도적 틀 전체가 … 유동적이고, 혼란과 갈등, 비효율성을 유발한다. 국가적 제도는 강도 높은 정치 갈등과 급속한 사회변화, 막대한 법률적 혼란 속에서 새로운 역할과 특권을 부여하려고 한다. 제도적 협상의 핵심 규칙들은 끊임없이 재개정되고 재협상된다. 제도는 일반 대중의 지지도, 전문가의 기술적 뒷받침도 얻지 못하고 있다(내적인 일관성과 수용 가능성은 말할 것도 없다). 그런 가운데 당면한 복잡한 도전에 응하지 않으면 안 된다. 동시에, 이런 제도들은 종종 명예, 권한, 절차 등을 두고 서로 충돌하며 뼈아픈 결과를 낳는다.

이런 제도적 불확실성이 사라질 기미가 보이지 않기 때문에(적어도 당분간은), 경쟁의 맥락도 계속해서 불확실하리라 볼 근거가 있다. 그리고 이는 다시 신생 민주주의 체제에서 경쟁에 뛰어들 정당의 수 역시 예측불가능하다는 점과 맞물리며(앞의 내용 참조), 불확실성과 불안정성을 더욱 심화시킨다.

경쟁의 맥락과 관련된 마지막 요인은 기존 서구 민주주의 체제에서 유권자의 안정에 중요한 역할을 했으며 필연적으로 신생 민주주의 체제에서는 결여되어 있는데, 그것은 명확한 경쟁의 구조(structure of competition)이다. 9장에서 충분히 논의하겠지만, 여기서도 정당 경쟁구조에 두 가지의 서로 대조적인 패턴이 있음을 언급해 두는 것이 좋으리라 본다. 첫째, 상대적으로 폐쇄적인 유형으로, 정부 참여가 가능한 집단의 범위나 정권 교체의 패턴이 고도로 예측 가능하다. 또한 신생 정당이 진입 장벽을 뚫고 정부에 참여하는 것은 거의 불가능해 보인다. 그런 제한적 경쟁구조는 분명 유권자의 선호를 제약하며, 이는 분화되지 않은 체계에서 정당의 선택이 제한되는 것과 흡사하다. 그럼으로써 정당체계 안정성이 강화되며, 정당체계가 자체의 추진력을 갖고 동결 과정에 들어가도록 돕는다(앞의 1장 참조). 반면 정당 경쟁구조가 상대적으로 열려 있고 따라서 매우 예측하기 어려운 경우가 있다. 정권 교체 패턴도 일정하지 않으며, 집권 가능한 정당들도 수시로 바뀐다. 그리고 신생정당이 정권에 진입하기가 상대적으로 쉽다. 이런 유형의 패턴은 보다 분화된 체계의 특징이며, 특히 정부구성과 관련하여 대규모 여당이 없는 경우가 많다. 또한 유권자의 선택에 거의 제약을 가하지 않음으로써 확실히 불안정성을 촉진한다.

그러나 이 맥락에서 특히 중요한 것은 폐쇄적인 경쟁구조가 경쟁 패턴과 정부구성 과정에 안정적인 규범과 관행을 만들어낸다는 것이다. 사르토리(1994: 37)의 지적처럼, "마치 자동차 운전자가 고속도로 체계를 당연시하듯, 유권자가 일정한 정치 경로와 대안을 당연시할 때만, 정당체계는 구조적 공고화 단계에 진입할 수 있다." 이는 분명 처음부터 새롭게 익힐 수 있는 일이 아니다. 그리고 이는 신생 정당 '체계'에서는 보기 어려운 일이 아닐 수 없다. 앞서도 언급했지만, 지금의 탈공산화된 유럽에서와 같은 신생 정당체계에서 가장 주목할 만한 점은, 닫힌 구조가 전혀 없으며 따라서 '체계성' 자체가 없다는 점이다. 사르토리(1976: 43)가 이해하는 바로는 체계성이란 정당들 사이에 일정한 '패턴화된 상호작용'이 존재해야 성립되기 때문이다. 이 새로운 체계는 기본 형태상 불확실하다. 즉 흔히 주목하다시피, 조직으로서의 정당이 매우 느슨하게 구축되어 있다. 하지만 그뿐이 아니라 경쟁의 구조와 정당 간 합종연횡의 방식 역시 불확실한 형태다.[4]

이런 관점에서 볼 때, 궁극적으로 특정 정당체계가 공고화될지 여부가 정해지는 장기적 과정 역시 그 경쟁의 구조가 점차 닫히고 예측 가능해지는

---

[4] 예를 들어, 많은 경우에 공산주의 정당과 비공산주의 정당의 구분(또는 구체제의 옹호자와 비판자 사이의 구분)조차도 이제는 불분명해졌다는 사실은 흥미롭다. 정당 간 합종연횡이 이제는 대중없이 이루어지고 있고, 심지어 전 공산당에 의한 전면적 정권교체도 이루어지고 있기 때문이다.

지, 혹은 샤츠슈나이더(1960)의 표현처럼 갈등이 결국 '사회화' 되는지의 장기적 과정으로 보아야 한다. 물론 미래에는 보다 닫혀 있고 예측 가능한 구조가 탈공산화된 민주주의 체제들에서도 수립될 수 있을 것이다. 그러나 이는 분명 '먼 미래'일 것이고, 이는 포르투갈과 스페인이 아주 최근에 와서야 어느 정도 닫힌 경쟁구조를 마련한 것을 보더라도 짐작할 수 있다.

요컨대 이 (서로 연관되어 있는) 세 가지 요인 모두는 경쟁 맥락을 형성한다. 그리고 안정적인 조직 구조, 제도적 확실성, 상대적으로 닫혀 있는 경쟁구조 등 모두가 안정적 정당체계의 특징적인 속성으로서, 대체로 기성 정당체계에서는 뚜렷한 반면 신생 정당체계 일반, 특히 탈공산주의 정당체계에서는 결여되어 있다. 그러한 결여는 선거 불안정성을 촉진하고 강화할 가능성이 높다. 약한 균열구조와 불확실하고 유동적인 제도 환경, 고도로 개방되어 있고 예측 불가능한 경쟁구조는 신속한 공고화에 도움이 되지 않는다.

V. 경쟁 패턴의 차이

이는 내가 분석한 최종적인, 그리고 아마도 가장 중요한 차이점으로 이어진다. 대체로 이제까지 내용의 결론이라고 볼 수 있는데, 이미 살펴본 것처럼 경쟁의 맥락이 다를 뿐 아니라 경쟁의 패턴도 다르다는 점이다. 더 구체적으로 말하자면 신생 민주국가의 엘리트들(특히 탈공산화된 민주주의 국가의 경우)은 기성 민주국가의 엘리트보다 훨씬 갈등지향적이고 적대적일 가능성이 높다. 다시 말해, 레이파트(1968)의 용어를 빌리면, 탈공산화된 민주국가의 엘리트들은 최소한 당분간은 협동전략보다 갈등전략을 선택할 것이다. 레이파트(1984)의 보다 최근의 용어로는, 경쟁이 다수당 중심화(majoritarian)되고, 협의보다 적대가 규범화될 것이다. 이와 관련하여 두 가지의 중요한 주장이 있는데, 둘 다 이 장의 첫머리에 암시했던 외삽적 추론에 힘입었다.

첫째, 일정한 사회적 다원주의(가령 Lijphart, 1977)나 어느 정도의 경제적 개방성과 그에 따르는 국제 환경에 대한 취약성(가령 Katzenstein, 1985) 등 정치체계에서 협동지향적·합의지향적 경향을 가져오는 여러 가지 이유가 있지만, 가장 설득력이 강한 주장 중 하나는 협력과 타협의 문화는 그 주역들이 '정치적 확실성'이 얼마나 갖춰진 환경에서 활동하느냐에 비례한다는 것이다. 다른 식으로, 즉 더 친숙한 식으로 표현하면, 불확실한 환경에서 경쟁은 더 치열해질 가능성이 높다.

이는 가령 어떤 집단도 압도적 과반수를 점하지 못하고 있는 분할된 사회에서 나타나는 타협지향성에 대한 최고의 설명 중 하나다(Pappalardo, 1981; Mair, 1994; 앞의 7장도 참조). 여기서 타협지향적 태도는 사회다원주의 자체에 내재된 어떤 요인(가령 합의전략보다 갈등전략을 취했을 때의 결과에 대한 두려움)보다는 모든 결과가 이미 다소간 예정되어 있는 상황에서 승리를 추구한다고 얻을 것이 많지 않다는 인식에서 온다. 파팔라도(1981: 370-1)는 이를 이렇게 표현한다. "분할 상황에서 오는 안정의 조건은 협력의 인센티브가 된다. 단독 승리를 거두거나 누군가를 희생해서 약진할 수 있다는 희망이 없다면, 몫을 나눔에 있어 타협과 절충이 더 쉬워지기 때문이다." 반대로, 분할 상황이 불식되면, 그리고 선거 시장이 개방되면, "그와 동시에 경쟁이 활발해짐을 보게 된다"(p.375). 달리 말해서, 주역들 모두가 승리할 수 있다는 전망이 충분해질 때 갈등은 격화된다. 반면 패배의 가능성이 높아 보일 때, 또는 적어도 이기기 힘들어 보일 때는 타협적 분위기가 조성된다. 이런 점에서, 많은 기성 정당체계에서 협력을 촉진하는 것은 정당 배열의 뚜렷한 예측 가능성이다. 따라서 조직 네트워크가 잘 구축되어 있으며 또한(또는) 유권자들이 상대적으로 폐쇄적인 선거 시장에서 투표하는 하위문화가 있는 정치체계에서 보다 합의지향적 정치행태가 수립될 가능성이 높다. 파팔라도(1981: 370)가 렘브루크(Lembruch, 1974: 91)를 인용해 말했듯, "득표를 최대화하려는 정치전략은 '경쟁집단 사이의 관계가 유연하지 않을 때' 유효하지 않으며, 해당 집단들은 타협의 정치에 적합한 행태를 취할 가능성이 높다."

이런 조건이 탈공산화된 민주국가에서 미비하다는 사실은 거의 말할 필요도 없다. 사실 앞서 지적한 대로, 그 국가들은 불확실성이 만연하며 이는 경쟁전략을 더욱 부추긴다. 시민사회는 그 자체로 비구조적이며 유동적이다. 조직으로서의 정당은 제도화와는 거리가 멀다. 정당의 잦은 이합집산, 수시로 바뀌는 선거제도가 초래한 선거 결과의 변덕스러움, 그리고 완전히 동원되지 못한 유권자 등은 과연 누가 활동의 주역이 될지조차 명확하지 않게끔 한다. 선거 시장 자체는 유연하고 개방적이며, 신생 정당들은 그 시장을 좁힐 의지도 능력도 없는 가운데 보다 팽창지향적인 선거 전략을 선호한다. 키트쉘트(1992: 9-10)의 표현처럼, 이는 "극단적인 불확실성과 고도의 전략적 상호의존성이 두드러지는 환경에서 활동하는 정치 행위자들이 등장하는 과정이다. 행위자들은 자신의 이해관계가 무엇이고 어떻게 그것을 추구할 것인지 여전히 모색 중일 수 있다. 이 과정은 실책과 갑작스러운 방향 전환으로 점철된다." 보다 구체적으로, 이는 타협보다 갈등을 부추기는 과정이며, 통합의 정치보다 경쟁의 정치가 지배하는 과정이다. 적어도 선거 차원에서, 관건이 되는 이익은 크다.

물론 실질적인 그리고 전략적인 차원에서의 고려도 중요하며, 이것이 여기서 논의할 두 번째 주제이다. 이는 결국 "삼중의 이행" 과정이며, 전례가 없는 과정일 뿐 아니라 극단적으로 높은 결정의 부담을 초래하는 과정이다. 더 구체적으로, 오늘날 탈공산화된 유럽에서 공공정책이 차지하는 무게중심을 생각할 때, 그리고 그런 정책의 선택이 일반 국민의 사회경제적 환경에 미치는 영향을 생각할 때, 정당 간의 정책 경쟁이라는 형태를 띠는 선택에 걸린 이해관계는 기성 민주주의 국가에서보다 훨씬 중요성을 띨 수밖에 없다. 기성 민주주의 국가는 정권의 교체가 그다지 큰 변화를 가져오지 않으며, 경쟁 엘리트 스스로 받는 이익 또는 손해를 제외하고는 사실상 누가 승리하고 패배하든 별 상관이 없다. 그러나 오늘날의 탈공산화된 민주주의 체제에서는 아직도 선거 결과의 영향력이 크다. 그리고 이는 다시 타협에 대한 인센티브가 거의 없는 조건을 강화한다.[5]

샤츠슈나이더(1960: 66)의 말처럼 "대안을 규정하는 권한이야말로 최고의 권력 수단"이라고 한다면, 대안이 아직 정립되지 않은 환경, 말하자면 지금의 탈공산화된 유럽의 환경이야말로 권력 투쟁이 가장 치열하게 벌어지는 환경이다. 따라서 이 새로운 정치적 환경은 행위자가 보다 갈등지향적이며 경쟁적인 정치 패턴을 따르기 마련이며, 상대 입장의 정당성을 거부하기 쉬운 단계이다.

그러나 실질적인 정책 선택의 문제 이상의 문제가 아직 남아 있다. 공산주의 지배체제에서 이행하기 시작한 후로, 동유럽의 정치 엘리트들은 다소 현학적인 용어로 '헌법 제정(constitution-building)' 또는 '체계 구축(system-building)'이라고 부를 만한 과제에 몰두해 왔다. 이는 사실상 정치 게임의 규칙을 처음부터 다시 세우는 일이다. 이러한 규칙은 정당을 법적 또한 국가적으로 어떻게 다루어야 하는가, 선거체제를 어떻게 마련할 것인가, 서로 다른 기관 사이에 어떻게 입법권과 행정권을 배분할 것인가, 국가수반의 권력과 입지를 어떻게 구체적으로 정할 것인가, 헌법재판소 그리고 헌법 자체의 역할을 어떻게 규정할 것인가, 과거의 유산, 특히 그런 유산을 만드는 데 참여했던 사람들 중 남아 있는 사람들을 어떻게 다룰 것인가 등의 문제를 포괄한다.

이는 매우 중요한 쟁점들로서 중요한 결정을 포함하게 된다. 단기로든 장기로든, 이 게임의 규칙들은 어떤 정치행위자들이 이기고 지는가를 결정하는 데 크게 영향을 미친다. 따라서 여기에 걸린 이해관계가 크며, 특히 행위자들 스스로가 오페(1992: 17)의 지적처럼 "장래의 게임을 이끌어갈 규칙을 결정하는 입장일 경우, 그리고 누가 자신들과 함께 게임을 할 것인지를 결정하는 경우, 행위자들은 스스로 심판의 역할도 맡게"되며, 이해관계 또한 더욱 커진다. 그리고 이 결정 과정에서 패하거나, 잘못된 입장을 택할 경우, 그 행위자는 장기적으로 매우 큰 대가를 치르게 될 것이다. 이런 과정에 타협의 인센티브가 없기는 마찬가지다. 달리 말해서, 문제는 오

---

5) 예를 들어 오페(1992: 15)의 주장을 보자. "시민사회에 복잡성이 미발달한 경우, 여론이 한쪽으로 쏠릴 가능성이 높다. 그것은 갈등에는 적합한 주제일 수 있으되, 타협에는 적합한 주제가 아니다."

늘의 승리에 그치는 것이 아니고, 내일의 승리, 그리고 그 다음 날의 승리까지도 포함한다. 이런 상황에 대해 사르토리(1987: 42)는 다음과 같이 말했다. "권좌에서 밀려나는 일이 권력자의 안락함을, 그리고 나아가 생명 자체까지 위협한다면 … 그는 결코 권력을 내놓으려 하지 않을 것이다. 반대로 편안하고 안락한 삶이 '권력을 가졌느냐'에 달려 있다면, 권력 다툼이 치열하기 그지없을 것이다. 즉 정치가 평화로운 방식으로 이루어진다는 것은 정치에 걸린 이해관계가 크지 않음을 의미한다." 그러나 모두가 알다시피, 탈공산주의 체제의 경우에는 막대한 이해관계가 걸려 있으며, 아직도 정치적으로 해결될 수 있는 부분이 많이 남아 있다.

앞서 살펴본 것처럼 유권자 수준에서, 그리고 경쟁 맥락 내에서의 잠재적 불안정은 불확실성과 유동성이 혼재하는 상황을 만든다. 이는 그 자체로 서로 다른 엘리트끼리의 잠재적 갈등을 증폭시킨다. 여기에 한 가지 사실, 즉 이행 과정에서 엘리트들이 실질적으로나 전략적으로 매우 큰 이해관계를 놓고 게임을 벌이게 된다는 점을 덧붙이면, 결국 다음과 같은 결론을 피하기 어려워진다. 즉 신생 정당체계는 기성 정당체계보다 현저히 경쟁지향적이라는 것이다. 기존 정당체계의 경우 공고화와 제도화를 통해 경쟁성이 약화되었기 때문에 특히 장기적 관점에서 볼 때 신생 정당체계와의 차이가 크게 벌어진다(Bartolini and Mair, 1990; 앞의 5장도 참조). 그러므로 경쟁과 갈등을 유발하는 불안정성과 불확실성이 다시 더 큰 불안정성을 유발할 위험이 있다. 이는 대다수 기성 정당체계와는 매우 다른 모습을 보여주는데, 기성 정당체계의 안정성과 예측가능성은 타협과 절충 지향성을 낳으며, 이러한 타협과 절충의 문화는 더 큰 협조지향성 내지 안정성을 낳는다고 할 수 있다.

간단히 결론을 말하자면, 탈공산화된 유럽의 신생 정당체계가 근본적으로 불안정하다는 점은 부정할 사람이 없을 것이다. 나아가 그것은 보다 덜 극적일망정 다른 신생 유럽 정당체계에서 있었던 식의 불안정성 패턴을 보이며, 불확실성과 이익의 충돌은 경쟁을 부추긴다. 그러나 중요한 문제는 경쟁적 다당제의 세계에 갓 들어온 이들이 그 선배들처럼 시간이 지남에 따라 안정을 찾고, 공고화될지 여부이다.

　한편으로 이전의 유럽 정당체계의 공고화 경험에 미루어 볼 때, 공고화는 시간과 경험의 문제라고 볼 수 있다. 전후 수십 년 동안의 독일과 이탈리아처럼, 그리고 1980년대부터 이십여 년 동안의 포르투갈과 스페인처럼, 탈공산화된 민주주의 국가들도 결국 기성 민주주의 국가들의 길을 따라갈 수 있다. 하지만 다른 한편으로 탈공산화된 유럽의 유난히 미개발된 시민사회, 정치계급의 계속적인 마찰, 드높은 정치 경쟁 등은 모두가 탈공산주의 체제의 공고화가 쉽지 않음을 의미한다. 그리고 그 장애물들은 과거의 민주주의 체제들이 겪었던 것보다 더 두드러지며, 이는 오늘날 큰 근심 요인이 된다고 볼 수 있다.

　셰보르스키(Przeworski), 발렌수엘라(Valenzuela), 디팔마(DiPalma), 슈미터와 오도넬(Schmitter and O'Donnell) 등 많은 학자들이 몇 차례나 강조했다시피, 민주주의의 성공적 공고화 가능성은 그 주역들이 타협과 절충의 문화를 발전시킬 용의가 있는지에 크게 좌우된다. 승리자가 모든 것을 차지해서는 안 된다. 그러나 이와 동시에, 이 장에서 강조했다시피, 탈공산화된 유럽에서 삼중의 이행이 주는 압박으로 인해 선거는 중대한 이익의 갈림길이 된다. 그리고 이는 개방적인 접근을 어렵게 만든다. 문제는 분명하다. 야시비츠(Jasiewicz, 1995: 455)의 지적과 같이, "한편으로는 참여자들(개인 또는 집단)의 특수한 선호나 이해관계에서 자유로운(가능한 한) 민주적 제도와 절차를 시급히 수립하고 강화해야한다는 필요성이 존재한다. 하지만 다른 한편으로는, 다름 아닌 이 선호와 이해관계로 말미암아 행위자들은 특수한 제도적(그리고 정치적) 해결책을 찾게 된다."

제9장

정당체계와 경쟁의 구조

 정당체계의 분류와 범주화는 지금까지 오랜 연혁을 가지고 있으며, 한편으로 어떤 정체 내에서 얼마나 많은 정당이 경쟁하는가를 통해, 또한 그런 정당들이 상호작용하는 방식을 통해(적어도 어느 정도는), 그 정체가 다른 정체와 어떻게 다른지에 대한 유효한 통찰을 얻을 수 있다. 다른 한편으로 보다 규범적인 논증을 거치면, 정당체계의 성격을 돌이켜 봄으로써 그 체제의 문제점과 정당성의 근원을 파악하는 것이 가능한 경우가 많다. 두 가지 이유에서, 특정 국가의 정당체계 성향을 이해하는 일은 비교정치학의 우선적인 과제가 되어왔다. 다만 정당체계를 비교하는 범주에 관해서는 종종 논란이 있다.[1]

 이 장은 기존에 정당체계를 어떻게 분류했는지에 대한 검토로 시작한다.

---

1) 최근 이 분야에서 이루어진 일부 국가 간 비교연구를 살피고, 그 밖에 이 장에서 언급된 여러 비교정치 연구 및 국가 연구 결과를 보려면, 가령 Gallagher *et al.*(1995), Lawson and Merkl(1988b), Mair and Smith(1990), Randall(1988), Ware(1987; 1996), Wolinetz(1988) 등을 참조하라.

그리하여 비교 분석의 한계와 가능성을 모두 제시할 것이다. 그 다음으로는 정당체계의 경쟁구조를 이해하는 일의 중요성을 제2절에서 다룰 것이다. 여러 가지 면을 고려할 때, 정당체계의 전체 개념이 안정적인 경쟁구조가 존재한다는 가정을 중심으로 수립되기 때문이다. 경쟁의 구조는 정권교체의 패턴, 정부구성 과정의 혁신성과 보수성, 정권에 참여할 수 있는 정당의 범위 등에 따라 닫혀 있거나(그리고 예측 가능하거나) 열려 있다(그리고 예측 불가능하다). 제3절에서는 선거 변화의 과정과 정당체계 및 경쟁구조의 변화를 구분한다. 이 구별은 또한 선거 결과 나타나는 변동이 정당체계 변화의 원인이라기보다 결과임을 보여준다.

I. 정당체계 분류 방법

정당체계를 분류하는 가장 일반적이고 널리 사용되는 기준은 또한 가장 단순한 기준이기도 하다. 그것은 경쟁하는 정당의 수를 세는 것이다. 여기서 가장 흔히 쓰이는 분류법 역시 단순함이 매력이다. 양당제와 다당제의 구분이 그것인데(가령 Duverger, 1954), 이는 단지 편의적인 구분법만은 아니다. 반대로, 안정적이며 합의지향적인 민주주의 체제(보통 양당제와 관련되는)와 보다 불안정하고 덜 합의지향적인 민주주의 체제(보통 다당제와 관련되는)를 가늠하는 근본적 기준이라 할 수 있다. 따라서 영국과 미국에서 전형적으로 보이는 양당제와 그와 불가분적으로 나타나는 단독정부 체제는 신뢰성, 확실한 정권교체, 온건하고 중심잡힌 경쟁 등을 촉진하는 것으로 보인다. 반면 프랑스나 이탈리아 같은 국가의 특징인 다당제는 대체로 연립정부의 형성으로 이어지는데, 유권자가 직접 정부의 구성에 영향을 미칠 수 없으며, 확실한 정권교체가 이루어진다고 볼 수 없고, 때로는 지지기반이 협소한 정당들 사이에서 극단적인 이념 대립을 유발하는 경향이 있다. 이렇게 정당체계 유형과 정치적 안정성 및 효율성 사이의 관계를 단순하게 보는 시각은 이후 일부 소규모 유럽 국가들에 대한 연구 결과가 기존의 시각과 상반되게 나타남으로써 한계를 보였다. 일부 소규모 유럽 국가들에서 다당제와 고도로 합의지향적인 정부가 버젓이 공존하고 있었기 때문이다(가령 Daalder, 1983). 이는 일부 초기 관측자들이 '유효한(working)' 다당제(가령 네덜란드나 스웨덴)와 '무효한(non-working)' 또는 '비활성화된(immobilist)' 다당제(가령 이탈리아)를 구분하려는 시도로 이어졌다. 그러나 양당제-다당제라는 이분법은 그 후로도 계속해서 폭넓은 지지를 받았고, 비교정치학 논문에서 지속적으로 인용되었다.[2]

물론 이 단순 비교론은 결코 유일하게 가능한 접근법은 아니다. 그리고 뒤베르제 이후 보다 민감하고 간명한 구분법을 개발하려는 다양한 시도들이 있었다(〈표 9-1〉 참조).[3] 가령 고전인 『서구 민주주의의 정적들(Political Oppositions in Western Democracies, 1966)』의 결론에서, 로버트 달(1966)은 단지 정당의 수만 세는 접근법에서 완전한 탈피를 시도하면서 경쟁하는 정당들이 채택하는 전략을 중심으로 하는 분류 방법을 제시했다. 그는 경쟁전략, 협동전략, 협력전략이라는 분류를 내놓았으며 더 나아가 선거 영역에서의 정당 대립과 의회영역에서의 정당 대립을 구분하였다(또한 Laver, 1989도 보라). 여기서 달은 네 가지의 유형화를 시도하는데, 순경쟁 체제, 협동-경쟁 병행 체제, 협력-경쟁 병행 체제, 순협력 체제가 그것이다. 그 직후에 이루어진 연구에서 블론델(1968)은 경쟁 정당의 수만이 아니라 그 상대적인 규모도 고려한(그리고 이후의 수정 보완을 거쳐, 정당의 '이념적 스펙트럼상 위치'도 고려한) 분류법을 개발하였다. 양당제, 2와 1/2 정당제, 패권 다당제, 비패권 다당제의 네 가지 유형의 분류가 그것이다. 그러나 실제로는 이런

---

[2] 가령 알몬드 등이 편집한 『비교정치학』(Almond et al., 1993: 117-20)을 보면 이 전통적 분류법을 '다수당주의'와 다당제로 변형해서 다시 제시하고 있다. 또한 레이파트(Lijphart, 1984)의 영향력 있는 연구도 보라. 그는 다수당주의와 합의 민주주의 사이의 구분을 양당제와 다당제 사이의 구분에 대한 설명으로 제시하고 있다.

[3] 여기서 소개된 접근법은 또한 내가 앞서 편집한 저작들에도 소개되어 있다. Mair (1990a: 285-349)를 참조하라.

〈표 9-1〉 정당체계의 유형

연구자	분류의 주된 기준	주된 정당체계 유형
뒤베르제 (Duverger, 1954)	정당의 수	양당제 다당제
달 (Dahl, 1966)	야당의 경쟁력	순경쟁 체제 협동-경쟁 병행 체제 협력-경쟁 병행 체제 순협력 체제
블론델 (Blondel, 1968)	정당의 수 정당의 상대적 규모	양당제 2와 1/2 정당제 패권 다당제 비패권 다당제
로칸 (Rokkan, 1968)	정당의 수 단일정당 과반수 가능성 소수당의 힘의 배분	영국-독일 유형 '1대 1+1' 스칸디나비아 유형 '1대 3~4' 평등 다당제 유형 '1대 1대 1+2~3'
사르토리 (Sartori, 1976)	정당의 수 이념 격차	양당제 온건 다당제 양극적 다당제 패권정당제

새로운 접근법은 종래의 양당제-다당제 이분법을 개선하는 수준에 그쳤으며, 다른 방식으로 다당제를 정의해 내지 못했다. 소규모 유럽 민주국가들의 정당체계를 분류하려던 스테인 로칸(1968)의 시도도 다당제의 다양한 모습을 제시하는 것 이상을 넘어서지 못했다. 여기서 그는 단일 정당이 과반수를 차지할 가능성(즉 블론델의 패권 다당제처럼 되는 가능성)에 주목하고, 이 때 소수당이 얼마나 힘을 갖는지를 놓고 분류를 시도했다. 로칸은 이에 따라 '영국-독일 유형' 즉 두 개의 주요 정당이 경쟁을 주도하고 세 번째의 소수당 역시 존재하는 유형, '스칸디나비아 유형' 즉 하나의 큰 정당이 3~4개의 소수당과 공식 내지 비공식 협력을 통해 정국을 이끄는 경우, 그리고 '평등 다당제 유형' 즉 비슷한 크기의 3개 이상의 정당이 경쟁을 주도하는 경우를 제시했다.

따라서 달의 두드러진 예외를 제외하면 이런 초기의 분류법은 한결같이 정당의 수에 얽매여 있었다고 하겠다. 때로는 관련 정당들의 선거 문제에 상대적으로 높은 비중이 주어지기는 하지만. 이런 의미에서 초기의 분류법은 정당의 수, 또는 정당체계의 '형식' 문제를 이후에 사르토리가 개발한 보다 포괄적인 유형론에 귀결시킨다(1976: 117-323. 이 유형의 이전판은 Sartori, 1966, 1970). 그러나 비록 사르토리의 접근법이 정당의 수가 중요함을 강조했어도, 이전에는 대체로 무시되어 온 요인을 두 번째 분류 기준으로 정함으로써 진일보한 면이 있었다. 그것은 체계 내에서 개별 정당들을 서로 구분하는 이념적 거리다. 정당체계 내에서 정당들 사이에 이루어지는 상호작용(사르토리가 정당체계의 '동학'이라고 표현하는)에 주목하는 사르토리의 정당유형론은 서로 다른 경쟁의 패턴에도 주목하며, 이 두 가지 범주를 하나로 묶는다. 따라서 정당체계는 우선 정당 수로 분류되고, 다시 그 중 두 정당의 형식 사이에 나타나는 차이에 따라 또 분류된다. 즉 5개 이하의 정당이 활동하는 체계(제한적 다당제), 6개 이상의 정당이 활동하는 체계(극단적 다당제)로 우선 분류가 이루어지고, 다시 체계 내의 양극적인 두 정당 사이의 이념적 거리를 따져서 차이가 적은 체계('온건 체계')와 많은 체계('양극적 체계')로 나눈다. 그러나 이 두 가지 범주는 완전히 상호독립적이지는 않은데, 사르토리는 체계의 형식, 즉 정당의 숫자에 공학적인 경향성(양극화의 수준에 영향을 미칠 수 있는)이 포함된다고 보았다. 가령 극단적 다당제는 양극화로 이어지기 쉽다는 식이다. 두 범주의 조합은 세 가지 기본적인 정당체계 유형을 낳는다. 첫째, 양당제로 뚜렷이 제한된 형식과 적은 이념적 격차라는 특징을 갖는다(가령, 영국). 둘째, 온건 다당제로 제한적 다당제이면서 상대적으로 적은 이념적 격차를 보인다(가령, 덴마크). 마지막으로 이 유형론에서 가장 중요한 양극적 다당제로, 극단적인 다당제와 정당들 간의 큰 이념적 격차가 특징이다(가령 1960년대와 70년대의 이탈리아, 1973년 쿠데타 이전의 칠레). 이에 덧붙여, 사르토리는 '패권정당체계'의 존재도 인정했다. 이것은 특정 정당이 의회 의석 과반수를 훨씬 넘겨 지배하는 유형으로 인도의 국민의회와 일본의 자민당이 대표적인 사례이다.[4]

사르토리의 유형론이 여기서 간단히 소개된 유형론 중에서 가장 중요하다고 볼 수 있는 이유는 여러 가지이다. 먼저 그것은 모든 유형론 중에서 가장 포괄적이다. 다양한 고려가 가능하며, 경험적 사례에 적용할 수 있는 적용 가능성도 높다. 둘째, 양당제-다당제라는 단순 이분법을 고집하고 있음에도, 다양한 국내 연구 및 국가간 연구 결과를 수용해냈다. 그리하여 정당체계의 기능에 대한 수준 높은 통찰을 이끌어냈는데, 그 수준은 보다 최근의 연구(가령 Bartolini, 1984; Bille, 1990)에 비해서도 뒤떨어지지 않는다. 셋째, 이미 지적한 것처럼 경쟁의 패턴과 정당 사이의 상호작용에 대해 뚜렷한 관심을 보였다. 그런 점에서 정당체계 자체의 기능을 직접 다루고 있다. 마지막으로, 체계의 속성, 정당체계 자체, 그리고 선거 행태와 선거 결과가 각기 주는 영향력을 조명했다. 따라서 다른 유형론과는 달리, 사르토리의 유형론은 정당체계를 독립변수로 다루면서 그것이 선거상의 선호를 제약하고 심지어 지도하기까지 하는 사실을 부각시킬 수 있었다. 이 마지막 성향은 특히 이 주제의 맥락에서 중요하며, 뒤에 다시 한번 논의할 것이다.

그러나 이와 동시에, 그리고 사르토리의 기념비적 저작이 나온 지 20여 년 정도가 지난 시점에, 이런 정당유형론의 유용성과 구분 능력에 대한 의문이 제기될 수 있다. 그 이유로는 지금은 너무 많은 정당이 '온건 다당제'에 속하며 그 대안적인 유형은 보기 드물다는 점 외에도 여러 가지를 들 수 있다. 예를 들어(이는 뒤베르제의 전통적 유형론에 대한 비판도 되는데), 오늘날에는 명실상부한 양당제의 사례를 찾기 힘들어졌다는 점을 지적할 수 있다. 보통 고전적인 양당제의 예로 꼽히는 미국 역시 '4당 체제'로 보는 게 나을 것이다. 대통령 중심의 양당제와 의회 중심의 양당제가 공존하고 있기 때문이다. 또는 심지어 50개의 양당제 시스템을 가지고 있다고 볼

---

4) 패권정당체계가 유용한 범주이기는 하지만, 사르토리의 분석 틀과는 잘 들어맞지 않는 점이 있다. 이는 전혀 다른 기준에 따라, 임시적인 범주로 개념화되었기 때문이다. 패권정당체계는 그 정의상 다른 모든 범주의 정당 숫자를 가질 수 있다(즉 그것은 양당제, 제한적 다당제, 극단적 다당제 환경에서 모두 가능하다). 그리고 적어도 이론상으로는 어떤 이념적 격차와도 부합할 수 있다.

수도 있다. 50개 주에서 각각 양당제가 분립하고 있기 때문이다(이런 시각의 예로, Katz and Kolodny, 1994). 역시 고전적 양당제의 사례였던 뉴질랜드는 지금 다당제로의 강한 압력을 받고 있으며, 최근 비례대표제가 도입됨으로써 그런 추세가 더 심해지고 있다. 역시 대표적 양당제 국가였던 영국은 지금 일시적으로나마 사르토리의 패권정당체계에 맞아떨어지는 모습을 보이고 있다. 물론 이에 반대되는 사례도 있다. 다수의 라틴아메리카 국가들, 특히 코스타리카와 베네수엘라는 양당제 모델에 가까워지고 있기 때문이다. 이는 양당제 모델 전체의 적실성을 회복하기에 충분한 수준이다.

정반대의 경우, 특히 최근 전통적 공산당의 몰락을 보면, 양극적 다당제의 뚜렷한 사례 역시 좀처럼 보이지 않는다. 양극적 다당제에 대해 사로트리는 매우 공들여 개념 설정을 했다(1976: 131-73). 그러나 "이념적 견해차의 최대치"(p.135)라는 부분에 대해 주로 결정적으로 의존했는데, 즉 양극단의 이념적 대립이 존재하고(p.134), 그에 따라 필연적으로 상호적대적인 반체제 정당이 존재하여(즉 '상대 정당의 이념을 정면 공격하는 정당'이 존재함(p.133)). 정치적 스펙트럼의 양극단이 이루어진다. 여기서 대립하고 있는 두 정당 중 어느 하나가 없어지면, 이념적 대립은 약화되고 양극화는 해소되며, 따라서 더 이상 이 범주에 드는 정당체계가 될 수 없음을 알 수 있다. 지금의 프랑스가 그러한 사례이다. 공산당(PCF)이 1981년 정권 참여의 정당성을 인정받은 이래 극좌파로서의 정체성을 잃고 제도권에 진입했기 때문이다. 그리고 이탈리아에서도 공산당(PCI)이 온건파인 좌파민주당(PDS)과 더 소규모이며 급진적이지만 더 이상 극좌 진영의 중심이라고는 할 수 없는 공산주의재건당(RC)으로 분열되었다. 더욱이, 1994년에 국민연합-사회운동당의 연합(AN-MSI)으로 베를루스코니(Berlusconi) 정권이 탄생하자, 이탈리아는 극단적인 우파 또한 상실한 듯 보였다. 이는 두 정당 사이의 양극적 대립 구도를 전혀 찾아볼 수 없게 되었다는 뜻은 아니다. 그와는 반대로, 전통적인 반체제 정당이었던 공산당과 파시스트 정당이 쇠퇴하고 있어도, 지금 다수의 유럽 정당체계에서 반체제적 성향을 띤 신생 정당들(특히 우익 쪽의)이 출현하고 있다. 가령 프랑스의 국민전선, 벨기에의 플랑드르 연합 그리고 아마도 지금은 환골탈태(換骨奪胎)한 오스트리아의 자유당 등이 그들이다(Betz, 1994; Ignazi, 1992; 1994; Mudde, 1995). 그러나 이들 정당이 우익의 극단적 이념성향을 대표한다고 해도, 그들의 맞수가 될 극좌 정당은 보이지 않는 것이 현실이다. 그러므로 근본적으로 더 이상 "서로 떨어져 대립하는 양극단(Sartori, 1976: 135)"은 없는 셈이다. 요컨대, 엄격한 의미에서의 양당제 뿐 아니라 양극적 다당제 또한 찾아볼 수 없다는 점에서, 대부분의 정당체계는 온건 다당제에 속한다고 할 수 있다.[5] 이는 이 유형론의 구별 능력을 현저히 감소시킨다.

II. 정당체계와 정권 획득 경쟁

그래도 사르토리의 접근법은 아직 유용성과 중요성을 잃지 않고 있다. 다른 접근법과는 달리, 정당체계의 가장 중요한 측면에 눈을 돌렸기 때문이다. 그리고 서로 다른 정당체계를 가장 뚜렷이 구분해 주고, 정당 간 경쟁의 구조에 대하여, 특히 정권 획득 경쟁에 대하여 주목한 것이 사르토리의 정당유형론이다. 물론 그것은 다른 고전적 정당체계론에서도 핵심적 부분이 아니냐고 반박할 수도 있다. 가령 양당제-다당제라는 뒤베르제(1954)의 고전적인 분류법은 일단 경쟁 정당의 숫자만 염두에 둔 것 같지만, 두 개의 정당이 단독 여당 정부를 구성하기 위해 대결하는 체계와 수시로 바뀌는 연대체제에 따라 연립정부가 구성되는 체계로 구분한 것이라고도 볼 수 있다. 마찬가지 견지에서, 로칸(1968)의 삼분법, 즉 '영국-독일 유형(1 대 1+1)', '스칸디나비아 유형(1 대 3~4)', '평등 다당제 유형(1 대 1 대 1+2~3)'이라는 분류법도 겉보기로는 '오직 숫자만 본 것' 같지만, 실제로는 서로 다른 정당

---

[5] 예외는 패권정당체계로 분류될 수 있는 체계일 것이다. 그리고 이는 앞서 언급했듯 전체 유형론에 잘 들어맞지 않는다.

연합 유형 또한 고려하고 있다고 볼 수 있다. 그러나 정권 경쟁의 개념이 이런 초기 유형론에 일부 포함되어 있다고 해도, 그 문제를 정면으로 다룬 경우는 없었다고 할 수 있다. 사실 사르토리가 제시한 유형론의 대안들 중에서는 오직 달(1966)의 유형론만이 정부구성 문제를 핵심으로 다루었다고 볼 수 있는데, 비록 서로 다른 경쟁 영역에서 정당이 취하는 전략의 차이를 논하며 부수적인 차원으로 고려한 것이기는 해도 그렇다.

사르토리의 접근법을 토대로, 어떻게 정권 획득을 둘러싼 경쟁의 차이를 이해해야 할까? 여기에는 세 가지 연관된 요인들이 있다. 첫째, 일정한 정당체계에서 지속되는 정권교체 패턴 문제. 여기서는 그런 교체가 전면적인지, 부분적인지, 또는 아예 존재하지 않는지를 살펴본다. 둘째, 대안적 수권세력의 안정성 또는 일관성 문제. 여기서 혁신적 개편이 채택될 수 있는지 여부가 관건이다. 마지막으로, 누가 정권을 잡느냐 하는 단순한 문제가 있다. 기준은 다양한 정당들이 정권 획득 경쟁에 참여할 수 있느냐, 혹은 소수의 정당들에게만 문이 열려 있느냐이다. 이제 이 요인들을 하나씩 살펴보기로 하자.

1. 정권의 교체

여기서 고려할 정권 교체의 패턴으로는 세 가지를 생각할 수 있다. 첫 번째, 가장 흔한 패턴으로, 전면적 정권교체를 들 수 있는데, 이 경우 정권의 모든 부문이 이전의 야당에게로 넘어간다. 다시 말해서, 정해진 시간(t)에 행정부의 모든 당적 보유자는 전원 사퇴하고, 다시 일정한 시간이 지난 후 (t+1)에 이전의 야당 및 야당연합 소속의 인사들로 전원 교체된다. 영국은 전면적 정권교체의 가장 뚜렷한 사례로, 노동당 단독 정부가 보수당 단독 정부로 교체되거나, 혹은 그 반대의 경우가 발생한다. 비슷한 패턴이 뉴질랜드에서도 노동당과 국민당이 번갈아 집권하는 식으로 나타났다. 이처럼 고전적 양당제가 전면적 정권교체의 가장 두드러진 예를 보여주지만, 그것은 보다 분화된 체계에서도 가능한 패턴이다. 예를 들어 노르웨이에서는 노동당과 부르주아 정당연합 사이에 전면적 정권교체가 번갈아 이루어지는데, 이것은 1960년대와 70년대에 코스타리카에서 진행된 상황과 흡사하다. 보다 특별한 예로는, 최근 프랑스에서 경쟁하는 정당연합 사이에 전면적 정권교체가 이루어진 경우를 들 수 있다. 당시 사회당과 여러 좌파 정당들(공산당을 비롯한)로 형성된 좌파 연합은 드골주의자들(공화국연합)과 중도우파(프랑스민주연합)의 연합 세력과 번갈아가며 집권했다. 그런데 프랑스의 경우는 특별히 예외적이라고 할 것이, 그런 기간이 비교적 길었던 아일랜드, 노르웨이, 스웨덴의 경우, 혹은 1993년의 일본 사례의 경우에는 전면적 정권교체가 이루어지기는 해도 최소한 어느 한쪽은 단일 정당이기 때문이다.

분화된 체계에서 더 흔한 두 번째 패턴인 부분적 정권교체는 새로 구성된 정부가 적어도 일부는 이전 여당의 구성원을 포함하고 있는 경우이다. 독일이 가장 뚜렷한 사례이다. 독일은 1969년 이후 수립된 모든 정권이 소수파인 자유민주당(FDP)을 소수 제휴자로서 포함하고 있었고, 정권의 주도세력만 이따금 사민당(SPD)과 기민당(CDU-CSU) 사이를 오갈 뿐이었다. 네덜란드도 비슷한 패턴이었다. 기독교민주당(CDA)과 1977년 이전의 가톨릭인민당(KVP)은 파트너를 바꿔 가며 계속해서 정권에 참여했다.6) 사실 독일과 네덜란드에서 나타난 정권 교체 패턴의 주된 차이점은 네덜란드의 경우 대형 단일 정당이 항상 정부의 중심에 서지만 독일은 소수당이 그 역할을 한다는 것뿐이다. 역시 부분적인 정권교체가 지속되면서 특정 정당이 장기간 집권하지 않는 패턴은 벨기에, 핀란드, 룩셈부르크에서 볼 수 있다. 그러나 부분적 정권교체의 가장 놀라운 사례는 이탈리아로서 이차대전 이후 대부분의 시기동안 나타났다. 기독교민주당(DC)이 1946년부터 1994년까지 여당으로 있으면서, 가끔은 소수 단독 여당으로, 대체로는 다양한 구성의 다당 연립 여당으로 집권했기 때문이다. 이런 점에서 이탈리아의 사례는 네덜란

---

6) 1994년의 선거 이후, 완전 민주화 이래 처음으로, 기독교민주당이나 주류 종교정당이 참여하지 않는 네덜란드 정부가 탄생했다.

드의 사례와도 비슷한 점이 있는데, 주된 차이는 1977년 이전까지, 규모는 다르지만, 정권의 핵심인 가톨릭인민당이 연립여당의 소수파일 경우가 많았다는 점이다. 이것은 1981년에서 1982년까지의 기독교민주당과도 같다.

세 번째 패턴 역시 이탈리아의 사례와 비슷한데, 정권교체 자체가 없는 경우에 해당된다. 즉 정권 무교체이다. 이 경우 동일 정당 또는 정당집단이 상당 기간 동안 정권을 독점하며, 전면적으로든 부분적으로든 정권교체는 일어나지 않는다. 스위스가 이런 정권 무교체의 전형적 사례를 보여주는데, 정부를 구성하는 4개 정당이 1959년 이래 계속 집권하고 있다. 정권 무교체의 패턴은 사르토리가 패권정당체계로 개념화한 패턴과 상당히 일치하기도 한다. 패권정당체계는 1955년에서 1993년까지 40년 이상을 단독 집권한 일본 자민당의 경우가 전형적이다. 인도에서도 국민회의당이 1977년 처음 패배하기까지 줄곧 집권당이었다. 멕시코의 경우에는 제도혁명당(PRI)이 1920년 이래 지배적 위치를 지키고 있다.

2. 혁신과 친숙성

정당체계는 정권교체의 패턴만이 아니라 교체되는 세력이 친숙한가, 혁신적인가의 차이에 따라서도 구분된다. 즉 새로 집권한 정당 또는 정당연합이 이전에도 집권한 적이 있었는지, 혹은 새로운 세력인지가 관건이다(Franklin and Mackie, 1983도 보라). 가령 영국의 경우에는, 항상 기성 정당만이 집권할 뿐이며, 새로운 집권 세력은 제2차 세계대전 이래 나타난 적이 없다. 이는 아일랜드의 경우에도 상당 기간 동안 마찬가지였고, 따라서 정치에 대한 예측가능성이 매우 높았다. 아일랜드 공화당 혹은 그 반대 연합이 항상 집권했기 때문이다. 독일의 상황도 비슷해서, 1969년에 사민당-자유당 연합이 정권을 잡은 이래 새로운 방식의 실험은 이루어진 적이 없다. 독일의 경우는 상당히 뜻밖일 수 있다. 독일의 정당체계는 대체로 부분적 정권교체를 보여주기 때문에, 새로운 실험이 실현될 여지가 가장 크기 때문이다. 가령 이탈리아의 경우에는 기독교민주당이 장기집권을 했음에도 새로운 방식의 정당연합이 계속해서 만들어지곤 했다. 네덜란드에서는 가톨릭인민당과 기독교민주당이 차례로 장기집권을 했으나 역시 혁신이 두드러졌다. 앞서거니 뒤서거니 하며 정권에 진입하는 정당들에 의해 매우 다양한 조합이 전개되었다. 여기서 유의할 것은 혁신성이라는 것이 분명 집권 경험이 없는 정당 또는 정당 집단이 집권했을 경우를 말하지만, 이전에 집권경험이 있어도 새로운 방식의 연립정권을 구성했다면 그 또한 혁신적이라고 보아야 한다는 점이다. 가령 아일랜드의 경우, 공화당과 노동당은 모두 집권 경험이 있지만 두 정당이 연합하여서는 1993년에 처음 집권했는데 이것도 혁신적이라고 볼 수 있다. 마찬가지로, 오스트리아에서 국민당(ÖVP)과 사회민주당(SPÖ)은 이전에 연립정부를 구성한 경험이 있지만 단독 집권한 사례는 혁신적이라고 볼 수 있다(전자는 1966년, 후자는 1970년에 단독집권했다).

3. 어떤 정당이 집권하는가?

세 번째 요인은 정부에 진입하는 정당의 범위를 따진다. 모든 정당이 정권에 참여할 수 있다고는 생각할 수 없지만, 정권교체가 충분히 잦다면, 정권 참여 정당의 범위가 넓은가, 좁은가를 놓고 정당체계를 분류할 수 있다. 다시 말해, 정당체계는 결국 모든 정당이 정부구성에 참여하는 경우(대체로 네덜란드가 여기에 해당된다), 또는 권력이 일부 제한된 정당들의 전유물인 경우(전후 이탈리아와 같은 경우)로 나뉠 수 있다. 따라서 정권에 참여하는 정당의 범위를 알면 앞서 들었던 두 가지 범주가 우연히 겹칠 경우에도 구분이 확실해진다. 즉 네덜란드와 이탈리아는 부분적 정권교체와 단일 핵심 정당의 장기 집권, 그리고 혁신적 구도가 많다는 점에서 차이가 없다. 그러나 정권에 참여하는 정당의 범위를 보면, 이탈리아의 경우에는 특정 정당이 지속적으로 배제되는 반면, 네덜란드는 그런 소외 정당이 없다는 점에서 차이가 뚜렷하다.

이 차이는 사르토리의 양극적 다당제와도 연결 가능하다. 이는 앞서 보았다시피 정치적 스펙트럼의 양극단에 서 있는 반체제 정당을 필요로 하며, 이들 정당은 개념상 정권 획득 경쟁에서는 벗어나 있다고 간주되기에, 해당 체계의 정권을 중도적으로 만드는 기능을 하는 것으로 여겨진다. 여기서도 어느 정당이 정권 구성의 파트너에서 배제되는지가 문제된다. 그러나 이 범주가 양극적 다당제의 정의와 다른 부분은 그런 정당이 정말로 그리고 객관적으로 '반체제' 정당인가의 문제에 있다. 그 문제는 사르토리 모델을 해석하고 비판하는 경우 언제나 중요하게 취급되는데, 어느 정당이 집권하는지의 문제와는 근본적으로 상관이 없는 것이다. 오히려 문제가 되는 것은 실제로 '국외자'로 취급되는 정당이 존재하는가, 그리고 그 정당이 정당체계 내의 다른 정당들에게 동맹 가능자로 받아들여지는가, 혹은 받아들여지지 않는가 여부이다. 이런 점에서, '반체제성'이란 마치 '아름다움'처럼 보는 사람의 관점에 달린 문제다. 예를 들어 덴마크 진보당이 진실로 반체제 정당인지는 판단하기 어렵다. 그러나 이 정당이 정치적 우당들에게 '국외자'로 취급되는지, 그리고 지금 시점까지 늘 야당을 면하지 못했는지는 판단하기 쉽다(반면 프랑스 공산당 같은 경우에는 그 '반체제성'이 보다 뚜렷하다).

4. 정당 경쟁구조가 개방적인가 혹은 폐쇄적인가

이 세 가지 범주의 조합은 두 가지의 서로 다른 정당 경쟁구조 패턴을 거시적으로 비교할 수 있게 해준다(〈표 9-2〉참조). 첫째, 정당 경쟁의 구조가 상대적으로 폐쇄적인 경우이다. 이 경우 예측 가능성이 높고, 정권 참여 정당의 범위나 정권교체의 패턴 등이 오랜 시간을 두고 잘 바뀌지 않으며, 신생 정당이나 '아웃사이더' 정당이 정부의 문턱을 넘기가 거의 불가능하다. 영국과 뉴질랜드는 아마도 그런 폐쇄적 체계의 전형일 것이다. 두 나라 모두 전면적 정권교체, 혁신 구도의 완전 결여, 오직 두 개의 수권정당이라

〈표 9-2〉 폐쇄적 경쟁구조와 개방적 경쟁구조

폐쇄적 경쟁구조	개방적 경쟁구조
전면적 정권교체 또는 정권 무교체	부분적 정권교체 또는 부분적-전면적 혼재
친숙한 정권 구성	혁신적 정권 구성
정부 진입은 한정된 정당만 가능	정부 진입이 (거의) 모든 정당에 개방됨
사례: 영국, 뉴질랜드(1990년대 중반까지), 일본(1955~93), 스위스, 아일랜드(1948~89)	사례: 덴마크, 네덜란드, 신생 정당체계

는 특징을 지닌다. 둘째, 정당 경쟁 구도가 상대적으로 개방적인 경우로, 예측 가능성이 낮고 정권 교체 패턴이 일정하지 않으며, 정권 참여자들의 범위도 수시로 바뀌고, 신생 정당이 집권하기가 상대적으로 쉬운 경우이다. 전후의 네덜란드가 전형적인 사례로서, 당시 신생 정당들은 상대적으로 정권에 참여하기 쉬웠고(DS 70이 1971년에, 민주 66당과 급진주의자들이 1973년에) 1951년 이래 거의 절반 기간 동안 혁신적인 구도가 나타났다.

하지만 네덜란드의 정당체계는 가톨릭 정당, 그리고 이후에는 기독교민주당이 장기집권을 했다는 점, 따라서 정권교체가 언제나 부분적으로만 이루어졌다는 점에서 완전 개방형 패턴과는 차이를 보인다. 이런 점에서 적어도 1994년에 처음으로 '세속적' 정권이 수립되기 이전에는, 항상 어느 정도의 예측 가능성이 존재했으며 경쟁구조가 적어도 부분적으로는 폐쇄적이었다고 할 수 있다. 전후 덴마크 역시 개방형 구조로 볼 수 있는 측면이 있는데, 부분적 정권교체와 전면적 정권교체가 모두 존재했고, 혁신적 구도가 빈번히 수립되었으며(전후 정권의 약 삼분의 일), 신생 정당에게 비교적 정부의 문턱이 낮았다(중도민주당과 기독국민당이 1982년에 처음 정권에 참여한 예를 볼 때). 반면 어느 정도 폐쇄적이고 예측 가능한 사례라고 볼 수 있는 특성도 있으니, 진보당과 사회인민당이 계속해서 정권에 참여하지 못하고 있는 것이 그 근거다.

이들 사례를 보면 한편으로 폐쇄적 경쟁구조가 성립되는 가장 큰 원인은 기존 정당의 전략임을 알 수 있다. 특히 혁신 구도를 꺼리고 새로운 정당을 정부에 들이는 일을 기성 정당이 노골적으로 피하기 때문이다(Franklin and Mackie, 1983). 물론 정당들이 어쩔 수 없이 그런 입장을 취하는 때도 있다. 새로운 구도를 마련하기 위해 기존에 지켜온 정책 또는 이념을 얼마간 포기하지 않으면 안 될 경우이다. 결국 경쟁의 구조는 매우 예측 가능하고 폐쇄적이며, 정당 경쟁의 여러 측면에서 그 격차가 뚜렷한 상황이 발생한다. 이탈리아 기독교민주당 지도자들이 공산당을 내각에 들이지 않고 있는 상황에 대한 일종의 변명을 늘어놓으면서 이런 주장을 하는 것을 종종 볼 수 있다. 덴마크의 여러 정당 지도자들이 진보당을 소외시키는 것 또한 이런 사례로 볼 수 있다.

그러나 다른 경우에는 친숙하고 폐쇄적인 경쟁 패턴을 유지하는 일이 오로지 기성 정당들 스스로의 기득권을 위해서라는 점은 분명하다.[7] 가령 아일랜드의 경우, 지배적 위치에 있는 공화당이 오랫동안 연립정부 구성을 거부한 일은 아일랜드의 경쟁구조를 폐쇄적으로 만들었고, 그 이유는 분명 스스로를 아일랜드의 유일한 단독 수권 정당으로 만들고 선거 결과의 신뢰성을 유지하기 위해서였다. 영국의 양대 정당이 오랫동안 소수당인 자유당과의 연정을 거부한 사례에서도 비슷한 자기 보전의 의도를 읽을 수 있다. 1970년대 말 자유당이 자유당-노동당 협정을 이끌어냄으로써 그런 거부의 불문율을 깨기 직전까지 가긴 했지만, 끝내 연대는 이루어지지 않았다. 물론 기성 정당이 폐쇄적 경쟁구조를 유지할 수 있는 능력에는 한계가 있다. 위력적인 신생 정당이 등장할 수도 있으며, 특정 정당 지도부가 자체의 일정과 우선순위에 골몰할 수도 있고, 외부에서 온 위기가 새로운 전략을 채택하도록 강요할 수도 있다. 특정 경쟁구조의 폐쇄성 정도는 정당 스스로의 전략에 초점을 두고 살펴볼 필요가 있다.

폐쇄적 경쟁구조는 분명 전통적인 양당제의 특징이며, 일본이나 스토몬

---

[7] 이런 점에서 그러한 폐쇄성이 샤츠슈나이더(1960: 69 外)가 '편견의 동원'이라 부른 현상과도 연결되어 있을 수 있다. 그것은 여러 주역들의 기득권을 보호하려고 벌어지는 갈등과 특정 대안들에 중점을 둔 개념이다. 1장 참조.

트 시기의 북아일랜드, 멕시코, 싱가포르, 스위스 등과 같이 오랫동안 정권교체가 일어나지 않는 정당체계의 특징이기도 하다. 반대로 개방성과 예측 가능성의 결여는 보다 분화되고 부분적 정권교체가 일어나는 체계, 특히 중심이 되는 대형 정당이 없는 체계의 특징이다. 폐쇄성은 경쟁 패턴 및 정부구성 과정상의 어떤 안정적인 규범이나 관행을 필요로 하므로, 이는 분명 일정한 시간이 있어야 하며, 무엇보다 신생 정당 '체계'에서는 기대할 수 없다.

사실 탈공산화된 유럽에서 볼 수 있는 것처럼 신생 정당체계에서 가장 두드러지는 특징은 폐쇄성을 전혀 찾아볼 수 없다는 점, 그리고 그에 따라 어떤 '체계성'이 보이지 않는다는 점이다(앞의 8장 참조). 이는 보다 오래된 체계인 라틴아메리카의 정당체계가 갖는 특징이기도 하다. 이런 관점에서 보면, 정당체계가 공고화되는 장기적 과정은 경쟁구조가 점차 폐쇄적으로 변하고 예측 가능하게 되는 과정이다. 따라서 보다 폐쇄적이고 예측 가능한 구조가 향후 10년, 또는 그 이상 기간에 탈공산주의 유럽에서 발전될 수 있으나, 이것은 근본적으로 장기적인 과정이 될 것이다. 장기적인 구조의 공고화 과정은 비교적 최근에 민주화된 포르투갈이나 스페인의 정당체계, 혹은 일부 라틴아메리카 정당체계에서 결실을 맺은 듯하며, 코스타리카와 베네수엘라에서 정착된 양당제가 가장 뚜렷한 사례라고 할 수 있다 (McDonald and Ruhl, 1989). 그러나 베네수엘라의 경우는 마치 미국처럼 대통령제와 더불어 위계질서가 엄격하지 않은 정당(가령 Mainwaring and Shugart, 1994)이 공존하고 있기에, 적어도 의회 선거에서는 폐쇄적 경쟁구조로의 이행에 걸림돌이 많을 것임을 짐작할 수 있다.[8] 요컨대 폐쇄성의 정도는 다양하게 나타난다. 신생 정당체계의 경우처럼 폐쇄성이 거의 나타나지 않는 경우에서부터 정부구성에 혁신성이 없고 신생 정당의 정부 진입 가능성이 거의 없는 기성 정당체계처럼 폐쇄성이 가장 뚜렷한 경우까지 다

---

[8] Sartori(1994: 181 n. 7) 참조. 구조화의 결여는 높은 선거 결과 유동성의 지속에도 반영된다. 이는 보다 더 구조화된 서유럽 체계에 비해 상당히 높다(Coppedge, 1992).

양하다.9)

III. 정당체계와 선거 결과

경쟁구조의 폐쇄성 또는 개방성이라는 개념이 중요한 또 하나의 이유는 그것이 정당체계 변동에 대한 낡은 생각, 즉 정당체계의 변동이란 선거 결과에 전적으로 종속된다거나 아예 두 가지가 동의어라는 생각(앞의 3장 참조)에서 벗어날 수 있게 해준다는 것이다. 달리 말해서, 그것은 정당체계의 변화를 단지 유권자 선호의 유동성 이외의 요인에서 찾을 수 있게 해준다. 비록 정당체계의 안정과 변화, 그리고 선거 결과의 안정과 변화는 상호연관성이 있음이 틀림없지만, 그 두 가지가 동일하지는 않다. 가령 선거 결과 배열은 매우 극적인 방식으로 바뀌지만 경쟁의 구조에는 그리 큰 영향을 미치지 않을 수도 있다. 그리하여 선거 결과는 크게 달라졌지만 정당체계 자체는 별다른 변화를 보이지 않을 수도 있다. 반면 정당 경쟁구조, 즉 정당체계 자체의 성격은 선행하는 선거 결과에 큰 변동이 없는 상태에서도 돌연 변화할 수 있다.

가령 덴마크에서 1973년의 선거 결과는 전후 유럽에서 발생한 가장 두드러진 선거 변화를 보여주었다. 의회 의석을 차지한 정당의 수가 갑자기 두 배로 늘어난 것이다. 1973년 이전에는 덴마크 의회에 5개 정당만이 진출했으며 그들은 총투표수의 93%를 차지했다. 그러나 1973년의 선거 결과 5개 정당이 새로 의회에 진입했고, 원래의 5개 정당이 차지하는 표는 65%에 그쳤다. 이는 어느 기준으로 보나 대대적인 변화였다. 그리고 의회로 신규 진입한 정당 중에는 유서 깊은 공산당과 우익 진영의 신생 정당인 진보당이

---

9) 앞서 보았듯, 이는 대통령제 국가의 의회 선거에서 가장 빈약하다. 그러나 같은 체계의 대통령 선거에서는 뚜렷한 구조화가 나타날 수 있다.

모두 포함되어 있었기에, 이는 정치 양극화의 수준을 크게 높이는 결과도 가져왔다.

그러나 실제로 이런 변화가 덴마크 정당체계에 체계적인 영향을 미쳤는지는 의문이다. 물론 새로운 정부가 수립되었고, 그 정부는 과반수에 미달했지만 제1당인 자유당이 이끄는 연립정부였다. 자유당의 집권은 1945년 이후 처음이었다. 한편 이 혁신적 구도의 정권을 이어받은 정권은 사회민주당 주도의 연립정부였으며, 그 형태는 1973년의 경천동지할 선거가 있기 전의 정부구성과 정확히 일치했다. 그리고 다음 선거에서는 중도 우파의 연립정부가 들어섰는데, 이는 구성은 조금 다르지만 기본적으로 1950년대 초와 1960년대 말에 덴마크를 이끈 연립정부와 동일한 것이었다. 물론 1973년 이후에는 그 이전보다 분화의 정도나 양극화의 수준이 더 심해졌다. 1993년 1월에 4개 정당으로 구성된 단명한 연립정부가 수립되기 이전까지, 1973년 이후의 정권들은 계속 의회 다수세력을 차지해왔다. 1973년 이전에는 보기 드문 현상이었다. 한편 정권이 붕괴되는 빈도가 전보다 높아졌으며, 1973년 이전에도 아주 없지는 않았지만, 선거에 올인하는 경우가 늘었다. 그리고 마지막으로, 앞서 보았던 것처럼, 비록 진보당만은 끝내 그런 특혜를 받지 못했지만 신생 정당들이 결국 의회에 발을 들여놓게 되었다. 그러나 아직도 이런 선거 선호도의 급격한 변화가 정당 경쟁구조에, 그리고 정당체계 자체에 실제로 어떤 영향을 미쳤는지는 의문으로 남는다. 덴마크는 매우 혁신적인 정권 구도를 보여준다. 그런데 그 점은 이전에도 마찬가지였다. 신생 정당의 정권 진입이 용이한 점도 전과 같다. 전면적 정권교체와 부분적 정권교체가 번갈아 일어나고 있는 점도 다르지 않다. 더욱이, 덴마크 정당체계는 이전이나 지금이나 상대적으로 개방적인 경쟁구조를 가지며, 따라서 상대적으로 제약이 약하다. 적어도 이런 점에서 보면, 1973년의 선거는 별로 중대한 변화를 가져오지 못한 것 같다(덴마크의 상황에 대해서는 Pedersen, 1987; 1988; Bille, 1990 참조).

1994년의 이탈리아 또한 유용한 사례가 될 수 있을 것이다. 비록 진정한 정당체계 변화가 진행 중인지 여부는 여전히 불확실하지만(특히 Bartolini and D'Alimonte, 1995를 참조하라) 기존 서구 정당체계 중에서 그만큼 심도 있는 변화를 겪은 사례는 찾아볼 수 없다. 이탈리아는 수십 년 동안 비교적 안정적인 상태를 유지했으나, 1994년 선거에서는 유동성 지수가 37.2%에 달했다. 이는 이탈리아 역사상 가장 높은 수치였을 뿐 아니라, 더 놀랍게도, 1885년에서 1989년 사이에 서유럽에서 실시된 모든 선거를 통틀어 가장 높은 수치였다.[10] 형식적인 측면에서, 정당체계 자체도 완전히 변형된 듯 보인다. 신생 정당이 출현하고 기성 정당들이 재편됨으로써 사실상 어떤 정당도 1994년의 선거에서 1987년까지와 같은 당명이나 형태를 가지고 의회에 진입하지 못하는 상황이 벌어졌다. 마지막으로, 양극화 차원에서도 큰 변화가 있었다. 공산당이 좌파민주당으로 병합된 것과 사회운동당(MSI)이 민족연합(AN)과 연립정부를 수립한 것이 그것이다. 이로써 사르토리의 용어대로 하자면 이탈리아에서는 '반체제' 정당이 사라졌다.

이는 분명 대단히 큰 변화다. 그러나 중요한 것은 이 변화가 경쟁구조에 어떤 장기적 영향을 미칠 것인가이다. '오래된' 정당체계의 경쟁구조는 명확했다. 정부는 이념적 중도로 구성되었고, 기독교민주당이 주도권을 쥐었다. 그리고 중도좌파와 중도우파를 가로질러 연립 상대를 바꾸면서 부분적 정권교체를 해나갔으나, 극좌파(PCI)와 극우파(MSI)는 배제되었다. 이런 패턴의 근본적 변화는 좌파 정부 또는 우파 정부가 수립되고, 전면적 정권교체가 이루어지며, 극좌 또는 극우 반체제정당을 통합하거나 소멸시키는 것을 통해 가능했다. 이 새로운 양극적 체제에서는 중도파의 독립적 지위가 크게 위협받게 될 것이었다.

---

[10] 유동성 지수는 하나의 선거에서 다른 선거에 이르기까지 집합적 선거 결과 순변화치를 측정하며, 이는 승리한 정당의 집합적 득표 또는 패배한 정당의 집합적 상실표와 일치한다(Pedersen, 1983을 보라). 전후 유럽의 평균 유동성은 9퍼센트 이하였고, 1994년 이탈리아의 예를 제외하면, 지난 세기 동안 4개의 사례만이 35퍼센트를 초과했다. 즉 1919년의 독일(47.5퍼센트), 1945년의 프랑스(36.4퍼센트), 1950년(47.0퍼센트)과 1951년(45.1퍼센트)의 그리스, 이는 Bartolini and D'Alimonte(1995: 443-4)를 보라. 유럽의 선거 결과 안정과 불안정을 보다 일반적으로 보려면 Bartolini and Mair(1990)를 참조하라.

1994년 우파 베를루스코니 정권이 수립되면서 비로소 그런 패턴이 나타나는 듯 보였다. 그러나 묘하게도, 이 새로운 연립정부가 일관성도 없고 다수 의석도 유지할 수 없음이 곧바로 분명해졌다. 그 입지를 굳히려면 이제는 힘이 약해진 중도파들, 말하자면 기민당의 후계인 인민당(PPI)의 지지와 흡수가 필요했다. 동시에 당시 분열되어 있던 인민당은 극우파의 후예인 민족연합(AN)과 마지못해 손을 잡았다. 또한 일부 분파들은 신생 중도좌파 정당인 좌파민주당과 연합하고자 했다. 물론 여기서 장래 어떤 연합 형태가 발생할 지 말하기는 아직 이르다. 그러나 미래의 패턴 내지 배열은 매우 개방적이고 예측 불가능한 것으로, 그리하여 적어도 단기적이라도 근본적인 정당체계 변화를 가져올 것으로 예상된다. 더욱이, 중도파가 '좌'와 '우'로 갈려 버린 상황(이 패턴에서는 흔하게 나타나는)에서 새로운 양극적 구조가 자리잡고, 이탈리아 정당체계가 변화해 나갈 것으로 여겨졌다. 그러려면 독립적인 중도파가 스스로를 재구성하고, 중심으로서의 입지를 최대한 활용하여 우익에 맞서는 광범위한 좌익 진영을 구축할 필요가 있었다. 그럴 경우 행위자가 다르고 그들이 체계 내에서 차지하는 위치도 다르지만, 그것은 결국 1990년대 이전에 있었던 경쟁구조를 재현하는 데 그치는 것으로 보였다(Bartolini and D'Alimonte, 1995). 덴마크에서와 같이 선거 수준에서의 대규모 변화와 정당체계 형식의 변동은 변화보다 연속성이 더 짙은 정당체계로 귀결되었다. 다만 변화의 가능성은 분명 존재했다.

캐나다 정당체계도 1993년 선거 결과 지각변동이 있었지만 실제로 어느 정도나 변화했는지는 의문이다. 이 경우에는 이탈리아와 마찬가지로 유동성 수준이 전례 없이 42%까지 솟구쳤는데, 이러한 수치는 1970년대와 80년대에 비해 거의 다섯 배나 큰 변동이다. 그 결과 또한 매우 의미심장했다. 한때 강력했던 보수당은 총 투표수의 16%를 얻는 데 그쳤으며, 이러한 결과는 1949년 이래 가장 낮은 수치였다. 그리고 더 놀라운 것은 겨우 두 개의 의석만 차지할 수 있었다는 점이다(직전 선거에서는 169석을 확보했다). 뿐만 아니라, 개혁당과 퀘벡연합이라는 두 개의 신생 정당이 의회에 대거 진출했다. 이는 1970년대 중반에 사회신용당이 무너진 이래 의회에 진출한 최초의 비주류 정당이었다(캐나다 정당체계의 최근 변동에 대한 분석으로는, Bakvis, 1988; 1991; Carty, 1994; MacIvor, 1995 참조). 이 두 정당은 명백히 지역당의 성격을 지녔기에, 선거 배열에서도 뚜렷한 변화를 가져왔음을 의미했다. 어느 기준에서 보나 이는 대단한 변화였다.

그러나 동시에 연속성도 보여주었다. 전통적으로 보수당의 숙적이자 대안이었던 자유당이 과반수 의석을 차지하며 정권을 되찾았다. 적어도 지금으로서는, 정권교체의 유형으로 보건대, 혁신의 수준과 신생 정당의 정부 접근성에 있어 캐나다는 수십 년 전과 다를 바가 없다. 다만 그 정당체계는 크게 변했다. 이제 자유당은 하나의 야당이 아닌 두 개의 강력한 야당을 상대한다. 그리고 지역간 대립이 연방 차원으로 불거짐으로써 캐나다가 장래에 영국과 같은 식으로 전면적 정권교체를 해나갈 가능성이 희박해졌다. 하지만 대체로 이탈리아의 경우와 같이, 변화의 잠재력이 아직 실현되지 않고 있기 때문에 아직은 경쟁구조 면에서 근본적 변화가 있었다고 말할 단계가 아니다.

마지막으로, 그리고 완전히 대조적인 예로써, 아일랜드의 사례를 검토할 수 있다(Mair, 1987a, 1993). 분명한 균열구조가 없으며, 확고한 제도적 연속성을 지닌 이 나라의 정당체계는 대체로 엄격한 경쟁구조 덕에 안정되어 왔다. 전후에 정권을 차지한 정당은 대개 아일랜드 공화당 아니면 (아일랜드 통일당과 노동당이 주축인) 경쟁 정당들의 느슨한 연합이었다. 사실 최근에는 이 두 가지 대안 세력이 상당히 정기적으로 여야 역할을 교체해 왔으며, 1973년과 1987년 선거 결과 사실상 전면적인 정권교체가 이루어졌다. 불변하는 경쟁구조는 두 가지 중요한 효과를 가져왔다. 첫째, 공화당은 국민적 지지도가 가장 높은 정당으로, 단독 정부를 구성할 수 있는 유일한 정당이다. 이러한 사실은 선거에서 크게 유리하게 작용하였다. 바로 그런 이유에서, 공화당은 다른 정당과 연합할 기회를 의도적으로, 그리고 매우 공개적으로 회피해왔으며 스스로 과반수 의석을 점할 수 없을 때는 차라리 야당이기를 택했다. 둘째, 이 경쟁구조는 제3당인 노동당이 독자적인, 혹은 반공화당 연합을 재편할 수 있는 전략을 사용할 기회를 차단해왔다. 그 결과 노동당은 거의 영속적으로 야당으로 지내거나 정책 지향성과는 무관하게 반공화당 동맹에서 통일당의 뒤를 따르는 선택만이 남게 되었으며, 다른 선택은 불가능했다.

그러나 1989년, 이 모든 상황이 바뀌었다. 당시 당수의 야망을 포함한 다양한 이유로, 공화당은 방향 전환을 시도하여 자유당과 진보민주당이 최근 결성한 우파 정당연합에 참여하기로 결정했다(Laver and Arkins, 1990). 첫 실험이 실패로 끝나고 4년 뒤, 공화당은 새로운 연합을 구성했다. 이번에는 노동당이 파트너였다. 두 차례에 걸친 공화당의 결정은 정당체계의 실질적인 변화를 가져왔다. 공화당-진보민주당 연합은 전후 아일랜드 정당체계가 세워진 주춧돌을 파괴했고, 공화당-노동당 연합은 과거 아일랜드 정당체계가 가지고 있던 온전성을 붕괴시켰다. 1989년 이전에 아일랜드의 정당체계는 양극적 경쟁구조, 즉 공화당과 여타 정당이라는 구조였다. 공화당이 신생 정당이자 '연합의 대상이 아니었던' 정당과 제휴함으로써, 공화당은 그 양극 중 하나를 훼손했다. 그리고 전통적인 맞수 중 하나, 즉 '여타 정당'의 일원과 제휴함으로써, 두 번째 극 역시 붕괴되어 버렸다. 이는 간단히 말해 구질서의 완전한 파괴였다.

그러나 이 변화의 가장 놀라운 부분은, 적어도 처음에는, 그런 대변혁이 상대적으로 미미한 선거 변화 이후에 일어났다는 점이다(이는 덴마크, 이탈리아, 캐나다와 다른 면모다). 1989년 선거의 유동성은 겨우 7.8%에 불과했고, 전후 아일랜드 선거 결과의 유동성 평균을 밑돌았다(Mair, 1993: 164). 유동성이 발생한 주된 요인은 1987년 성공적으로 출발한 진보민주당의 지지율 급락이었다. 다른 기성 정당들의 지지율은 노동당이 6.4%에서 9.5%로, 통일당이 27.1%에서 29.3%로 증가했으며, 공화당은 44.1%의 지지율을 그대로 유지했다. 따라서 선거 결과가 대체로 지속성을 띠는 가운데 정당체계의 근본적 변혁이 발생한 것이다.

여기서 우리는 선거 결과의 급진적 변화가 중대한 정당체계 변화로 이어지지 않은 사례(덴마크)와 정당체계의 근본적 변화가 선거 결과의 중대한 변화 없이 발생한 사례(아일랜드)를 보았다. 한편 선거 유동성이 컸음에도 불구하고 새로운 유형의 정당체계가 출현할 것인지 아직 알 수 없는 사례도 살펴보았다(캐나다와 이탈리아). 여기서 중요한 점은 이 모든 사례들이 정당체계의 변화/안정과 선거 결과의 변화/안정 사이를 구분해서 볼 필요성이 있음을 보여준다는 점이다.

하지만 그것이 다는 아니다. 두 과정의 분리라는 명제에서, 선거 변화 외의 다른 요인(엘리트 행태의 변화, 정당 전략, 경쟁 패턴의 변화 등등)에 의해 정당체계의 변화가 나타날 수 있다는 점에서 오늘날 통용되는 영향력 관계의 설정을 뒤집을 수 있는 기회를 찾을 수 있다. 즉 정당체계의 안정(또는 변화)이 선거의 안정(또는 변화)을 도출할 가능성을 발견하게 된다.

물론 선거 결과는 다양한 요인에 의해 배열되며, 균열구조는 아마도 가장 중요한 요인일 것이다(Lipset and Rokkan, 1967; Bartolini and Mair, 1990). 그러나 동시에, 유권자의 장기적 안정은 단지 특정 사회집단(가톨릭교도, 농민 등등)이 특정 정당이나 정당 집단에 묶인 결과로만 여길 수 없다. 물론 사회구조는 중요한 안정화 요소이며, 특히 이탈리아나 네덜란드, 스웨덴처럼 뚜렷한 사회적 균열이 있는 나라에서는 그 힘이 강력하다. 그러나 사회구조가 오직 동결 효과만 갖는다면, 우리는 1970년대와 80년대 유럽 선거 결과 배열의 급격한 변화를 설명하기 어려울 것이다. 전체적으로 종교와 계급 정체성이 약화되며 개인주의가 장기적으로 발전하는 중에도 오랜 역사를 가진 유럽의 전통적인 정당들이 아직 활발하게 활동하고 있다는 사실을 상기할 필요가 있다(앞의 4장 참조).

사실 여기에는 허다한 요인이 개입되며, 정당체계와 선거 결과의 배열은 선거체제나 정당 스스로의 조직적 노력과 같은 여타의 제약 요인에 의해서도 동결된다(Bartolini and Mair, 1990). 그러나 이 맥락에서 '동결' 요인 중 하나로 추가할 수 있는 것이 정당 경쟁구조가 주는 제약 요인과 정부구성 과정과의 관련성이다.[11] 앞서 보았듯이(8장), 폐쇄적 경쟁구조는 확실히 유

---

11) 여기서의 논증은 Bakvis(1988: 263)에서도 나타난다. 그는 캐나다 정당체계의 역설, 즉 엄격히 고정되지 않은 선거 결과 배열과 정당체계 안정이라는 역설을 두고 "전체로서의 정당체계에 대한 보다 일반적인 충성"이라는 설명을 제시했다. 같은 설명이

권자의 선호를 제약하며, 이때 미분화된 정당체계에서의 선거 선택지가 제한되듯 정부구성 과정의 선택지가 제한된다. 따라서 폐쇄적 경쟁구조는 확실히 체계 안정성을 높이며, 정당체계가 자체의 동력을 갖고 동결에 이르도록 돕는다. 요컨대, 정당체계의 안정은 적어도 부분적으로는 해당 경쟁구조의 공고화의 산물이다.

물론 여기에는 그런 구조의 변화가 정당체계를 불안정하게 만든다는 의미도 있으며, 아마도 그것이 더 흥미로운 사실일 것이다. 가령 이탈리아에서는 1992년과 1994년에 발생한 전면적인 유권자의 선호 변화가 적어도 부분적으로는 좌파민주당의 '합법화'에서 비롯되었다. 그것은 1940년대 후반부터 이탈리아에서 정당 경쟁을 규율해 온 운영규칙의 파괴였다. 이탈리아의 유권자들은 이탈리아 정당들 스스로와 마찬가지로 오랫동안 기독교민주당 정부 외에는 대안이 없다는 믿음을 가지고 있었다. 그리고 마침내 열외였던 공산당이 체제에 수용되고 있던 좌파민주당에 합병되면서 다른 대안이 현실로 떠오르자 마치 닻 끈이 잘린 듯 유권자들은 유동하기 시작했다. 그리하여 한때 부동의 집권당이던 기독교민주당은 지지 세력을 크게 상실했다. 아일랜드의 경우에도, 정당체계의 선거 판도에 변화가 없는 상황이 수십 년 동안 계속된 뒤, 1989년 마침내 장기적인 안정 기반이 흔들렸다. 다수당인 공화당이 처음으로 다른 정당과 연대하기로 결정한 것이다. 그 이전까지는, 앞서 본 대로, 정당 간 경쟁이 공화당과 여타 군소정당들간의 경쟁이라는 구도로만 진행되었다. 그리고 이는 유권자들의 선호를 극도로 제약했다. 그러나 그런 제약이 사라진 1989년 이후부터는, 변화의 가능성이 크게 늘었다. 공화당의 첫 번째 연대 이전의 선거 유동성은 상대적으로 억눌려 있었으나, 이후 진행된 선거들에서는 유동성이 크게 증가했다. 가령 노동당은 사상 최고치의 두 배에 달하는 지지율을 얻었다. 그 결과 그때까지 선거 결과 유동성을 가장 크게 제약하고 있던 요인이 제거되었다.

아일랜드에도 가능할 것이고(위 내용을 보라), 아마 미국의 경우도 설명이 가능할 것이다. 앞의 1장에서의 논의도 보라.

이는 아마도 경쟁의 구조, 그중에서도 특히 정권 획득 경쟁의 구조가 유권자의 선택에 중대한 제약을 가하며, 결국 선거 결과 배열을 안정시키게 된다는 것을 의미한다. 이런 점에서, 유권자들은 단지 개별 정당에 대한 선호만을 표출하는 게 아니다. 그보다는, 서로 다른 정당체계에서 한결같은 수준은 아닐지라도(그리고 이것은 국가 간, 제도 간 비교의 중요한 근거인데), 가능성 있는 정부에 대한 선호 또한 표출한다. 그리고 대체로 비슷한 식으로, 정권 참여 가능 정당의 범위 변화 역시 기존의 선호 패턴을 뒤바꿀 수 있다.12) 따라서 경쟁의 구조와 정권의 가능한 형태는 모두 유권자의 선호에 영향을 미치며, 선거 결과 안정성을 깨트릴 수 있다.

서유럽의 다수 기성 정당체계에서 그 과정이 목격되는데, 우리는 지금 전통적인 정부구성 패턴의 일대 변화에 직면해 있다. 여기서 두 가지 흐름을 볼 수 있다. 두 흐름 모두 이전에는 폐쇄적이었던 경쟁구조가 개방되기 시작했고, 따라서 장래에는 더 큰 선거 유동성을 촉진하게 될 것임을 보여준다. 첫째, 이 책에서 언급했다시피, 지난 20년 동안 갈수록 정부에 진입하는 정당의 범위가 늘었다. 서유럽의 기성 정당과 신생 정당 중 어느 정도 모양을 갖춘 정당이라면 거의 모두가 한 번 이상 정부에 참여했으며, 모든 정당이 비록 간헐적일망정 집권했던 경험을 공유하게 되었다. 둘째, 정부 수준에서의 변화와 궤를 같이 하여 정당들이 연정 파트너로 삼는 정당의 범위 또한 갈수록 넓어졌으며, 그 결과 원칙 없는 이합집산의 이미지가 강해지고 있다. 그리고 이는 다시 정당체계 내에서의 경쟁구조에 영향을 미치고 있다.

이런 흐름이 계속된다면, 전통적인 정당 경쟁의 패턴이 지속적으로 파괴되는 모습을 보게 될 것이다. 기존에 폐쇄적이었던 패턴이 갈수록 개방적이고 예측 불가능한 패턴으로 바뀌어 가며, 그것은 이미 1990년대에 아일랜드와 이탈리아의 사례에서도 볼 수 있었다. 그 결과 유권자의 선택을 제

---

12) 예를 들어, 경쟁 정당의 숫자와 선거 결과 유동성 수준 사이의 뚜렷한 상관관계가 있다(Pederson, 1983: 48-55; Bartolini and Mair, 1990: 130-45).

약했던 가장 큰 요인 중 하나가 소멸될 것이며, 이는 기존 선거 결과 배열의 안정성에 심각한 결과를 가져올 수 있다. 물론 선거 유동성에 대한 다른 제약들은 건재하다. 가령 제도적 관행이나 균열구조 같은 것들이 그렇다. 그러나 변화는 시작되었고, 경쟁의 구조가 개방되기 시작했으므로, 불확실성의 범위가 넓어질 것임은 분명하다.

| 참고문헌 |

Ágh, Attila (1995). "The East Central European Party Systems: from "movements" to "cartels"." paper presented to the conference on Political Representation: Parties and Parliamentary Democracy, Budapest.
Alford, Robert R. (1963). *Party and Society: The Anglo-American Democracies* (Chicago).
_____, and Roger Friedland (1974). "Nations, Parties and Participation: A Critique of Political Sociology." *Theory & Society*, 1/3: 307-28.
Almond, Gabriel A. (1956). "Comparative Political Systems." *Journal of Politics*, 18/3: 391-409.
_____ Powell, G. Bingham, and Robert J. Mundt (1993). *Comparative Politics: A Theoretical Framework* (New York).
Anderson, Jørgen Goul, and Tor Bjørklund (1990). "Structual Changes and New Cleavages: The Progress Parties in Denmark and Norway." *Acta Sociologica*, 33/3: 195-217.
Andeweg, Rudy B. (1982). *Dutch Voters Adrift: On Explanation of Electoral Change, 1963-1977* (Leiden).
Bakvis, Herman (1988). "The Canadian Paradox: Party System Stability in the Face of a Weakly Aligned Electorate." In Wolinetz (1988), 245-68.

_____ (1991) (ed.). *Representation, Integration and Political Parties in Canada* (Toronto).
Bardi, Luciano, and Leonardo Morlino (1994). "Italy: Tracing the Roots of the Great Transformation." In Katz and Mair (1994), 242-77.
Bartolini, Stefano (1981). "Il Mutamento del Sistema Partitico Francese." *Il Mulino*, 30: 169-219.
_____ (1983a). "The European Left Since World War I: Size, Composition and Electoral Development." In Daalder and Mair (1983), 139-76.
_____ (1983b). "The Membership of Mass Parties: the Social-Democratic Experience." In Daalder and Mair (1983), 177-220.
_____ (1984). "Institutional Constraints and Party Competition in the French Party System." *West European Politics*, 7/4: 103-27.
_____ (1986). "Partiti e Sistemi di Partitio." In Gianfranco Pasquino (ed.). *Manuale di Scienza della Politica* (Bologna), 231-80.
_____, and Roberto D'Alimonte (1995). "Il Sistema Partitico: Una Transizione Difficile." In Stefano Bartolini and Roberto D'Alimonte (eds.). *Maggioritario Ma Non Troppo* (Bologna), 427-66.
_____, and Peter Mair (1990). *Identity, Competition and Electoral Availability: The Stabilsation of European Electorates, 1885-1985* (Cambridge).
Batt, Judy (1991). *East Central Europe from Reform to Transformation* (London).
Beer, Samuel H. (1969). *Modern British Politics*, 2nd edn. (London).
Betz, Hans-Georg (1994). *Radical Right-Wing Populism in Western Europe* (Basingstoke), 37-67.
Beyme, Klaus von (1983). "Governments, Parliaments and the Structure of Power in Political Parties." In Daalder and Mair (1983), 341-68.
_____ (1985). *Political Parties in Western Democracies* (New York).
_____ (1993). *Die politische Klasse im Parteienstaat* (Frankfurt am Main).
Biezen, Ingrid van (1995). "New Democracies in Europe: The Emergence and Institutionalization of Party Organizations." unpublished paper, Leiden University.
Bille, Lars (1990). "Denmark: The Oscillating Party System." In Mair and Smith (1990), 42-58.
_____ (1994). "Denmark: The Decline of the Membership Party?" In Katz and

Mair (1994), 134-57.

Blondel, Jean (1968). "Party Systems and Patterns of Government in Western Democracies." *Canadian Journal of Political Science*, 1/2: 180-203.

Bowler, Sean, and David Farrell (1992) (eds.). *Electoral Strategies and Political Marketing* (Basingstoke).

Budge, Ian, and Dennis Farlie (1983). *Explaining and Predicting Elections* (London).

_____ Derek Hearl, and David Robertson (1987) (eds.). *Ideology, Strategy and Party Change: Spatial Analyses of Post-War Election Programmes in Nineteen Democracies* (Cambridge).

_____ and Hans Keman (1990). *Parties and Democracy* (Oxford).

_____ and David Robertson (1987). "Do Parties Differ, and How? Comparative Discriminant and Factor Analyses." In Budge *et al.* (1987), 387-416.

Butler, David, and Austin Ranney (1992) (eds.). *Electioneering: A Comparative Study of continuity and Change* (Oxford).

Carroll, Lewis (1982). *The Penguin Complete Lewis Carroll* (London).

Carty, R. K. (1994). "Canada." *European Journal of Political Research*, 26/3-4: 255-68.

Castles, Francis G. (1982) (ed.). *The Impact of Parties* (London).

_____, and Peter Mair (1984). "Left-Right Political Scales: Some "Expert" Judgments." *European Journal of Political Research*, 12/1: 73-88.

_____, and Wildenmann, Rudolf (1986) (eds.). *Visions and Realities of Party Government* (Berlin).

Coppedeg, Michael (1992). "(De)institutionalizaion of Latin American Party Sysems." paper presented to the XVII International Congress of the Latin American Studies Association, Los Angeles, September.

Cotta, Maurizio (1995). "La strutturazione dei sistemi partitici nelle nuove democrazie." *Rivista Italiana di Scienza Politica*, 25/2: 267-305.

Cox, Gary W., and Mathew D. McCubbins (1993). *Legislative Leviathan: Party Government in the House* (Berkeley, Calif.).

Crewe, Ivor, and David Denver (1985) (eds.). *Electoral Change in Western Democracies: Patterns and Sources of Electoral Volatility* (London).

Daalder, Hans (1966). "Parties, Elites and Political Developments in Western

Europe." In Joseph LaPalombara and Myron Weiner (eds.). *Political Parties and Political Development* (Princeton, N.J.), 43-77.
____ (1974). "The Consocitional Democracy Theme." *World Politics*, 26/4: 604-21.
____ (1983). "The Comparative Study of European Parties and Party Systems: An Overview." In Daalder and Mair (1983), 1-27.
____ (1984). "In Search of the Centre of European Party Systems." *American Political Science Review*, 78/1: 92-109.
____ (1992). "A Crisis of Party?" *Scandinavian Political Studies*, 15/4: 269-87.
____ and Mair, Peter (1983) (eds.). *Western European Party Systems: Continuity and Change* (London).
Dahl, Robert A. (1956). *A Preface to Democratic Theory* (Chicago).
____ (1966). "Patterns of Opposition." In Robert A. Dahl (ed.). *Political Oppositions in Western Democracies* (New Haven, Conn.), 332-47.
____ (1971). *Polyarchy: Participation and Opposition* (New Haven, Conn.).
D'Alimonte, Roberto (1989). "Democrazia e Competizione." *Rivista Italiana di Scienza Politica*, 19/1: 115-33.
Dalton, Russell J., and Manfred Kuechler (1990) (eds.). *Challenging the Political order: New Social and Political Movements in Western Democracies* (New York).
Dalton, Russell J., Scott C. Flanagan, and Paul Allen Beck (1984a) (eds.). *Electoral Change in Advanced Industrial Democraceis: Realignment or Dealignment?* (Princeton: Princeton, N.J.).
____ (1984b). "Political Forces and Partisan Change." In Dalton *et al.* (1984a), 451-76.
Deschouwer, Kris (1992). "The Survival of the Fittest: Measuring and Explaining Adaptation and Change of Political Parties." paper presented at the ECPR Joint Sessions, University of Limerick.
____ (1994). "The Decline of Consociationalism and the Reluctant Modernization of Belgian Mass Parties." In Katz and Mair (1994), 80-108.
Dittrich, Karl (1983). "Testing the Catch-All Thesis: Some Difficulties and Possibilities." In Daalder and Mair (1983), 257-66.
Dowding, Keith M., and Richard Kimber (1987). "Political Stability and the Science

of Comparative Politics." *European Journal of Political Research*, 15/1: 103-22.

Downs, Athony (1957). *An Economic Theory of Democracy* (New York).

Duverger, Maurice (1954). *Political Parties: Their Organization and Activities in the Modern State* (London).

Eijk, Cees van der, Mark N. Franklin, Tom Mackie, and Henry Valen (1992). "Cleavages, Conflict Resolution and Democracy." In Franklin *et al.* (1992), 406-31.

_____, and Kees Niemoeller (1983). *Electoral Change in the Netherlands: Empirical Results and Methods of Measurement* (Amsterdam).

_____, and Erik Oppenhuis (1988). "Ideological Domains and Party Systems in Western Europe." paper presented to the XIVth World Congress of the International Political Science Association, Washington, D.C.

Einhorn, Eric S., and John Logue (1988). "Continuity and Change in the Scandinavian Party System." In Wolinetz (1988), 159-202.

Epstein, Leon (1986). *Political Parties in the American Mold* (Madison, Wis.).

Ersson, Svante, and Jan-Erik Lane (1982). "Democratic Party Systems in Europe: Dimensions, Change and Stability." *Scandinavian Political Studies*, 5/1: 67-96.

Evans, Geoffrey, and Stephen Whitfield (1993). "Identifying the Bases of Party Competition in Eastern Europe." *British Journal of Political Science*, 23/4: 521-48.

Farrell, David (1993). *The Contemporary Irish Party: Campaign and Organizational Developments in a Changing Environment* (Ph.D. thesis, European University Institute, Florence).

_____ (1994). "Ireland: Centralization, Professionalization, and Competitive Pressures." In Katz and Mair (1994), 216-41.

Finer, S.E. (1984). "The Decline of Party?" In Vernon Bogdanor (ed.). *Parties and Democracy in Britain and America* (New York), 1-6.

Fiorina, Maurice (1981). *Retrospective Voting in American National Elections* (New Haven, Conn.).

Flanagan, Scott C., and Russell J. Dalton (1984). "Parties Under Stress: Realignment and Dealignment in Advanced Industrial Societies." *West European*

Politics, 7/1: 7-23.

Flora, Peter (1986). "Introduction." In Peter Flora (ed.). *Growth to Limits: The Western European Welfare States Since World War II. Vol. 1: Sweden, Norway, Finland, Denmark* (Berlin), v-xxxvi.

Franklin, Mark N., and Thomas T. Mackie (1983). "Familiarity and Inertia in the Formation of Governing Coalitions in Parliamentary Democracies." *British Journal of Political Science*, 13/2: 275-98.

_____, Henry Valen et al. (1992). *Electoral Change: Responses to Social and Attitudinal Structures in Western Countries* (Cambridge).

Friedrich, Carl J. (1968). *Constitutional Government and Democracy: Theory and Practice in Europe and America*, 4th edn. (Waltham, Mass.).

Gallagher, Michael, Michael Laver, and Peter Mair (1995). *Representative Government in Modern Europe*, 2nd edn (New York).

Ganpas, Pilar (1994). *El Desarrollo Oganizativo de Los Partidos Politicos Espanoles de Implementacion Nacional* (Ph.D. thesis, Universitat Autonoma de Madrid).

Garrett, Geoffrey (1995). "Capital Mobility, Trade and the Domestic Politics of Economic Policy." *International Organizations*, 49/4: 657-87.

Geddes, Barbara (1995). "A Comparative Perspective on the Leninist Legacy in Eastern Europe." *Comparative Political Studies*, 28/2: 239-74.

Gould, Stephen Jay (1985). *The Flamingo's Smile: Reflections in Natural History* (New York).

_____ (1991). *Bully for Brontosaurus: Further Reflections in Natural History* (London).

Graetz, Brian, and Ian McAllistr (1987). "Popular Evaluations of Party Leaders in the Anglo-American Democracies." In Harold D. Clarke and Moshe M. Czudnowski (eds.). *Political Elites in Anglo-American Democracies* (Williston, Ill.) 44-63.

Hecksher, Gunnar (1953). *The Study of Comparative Government and Politics* (Westport, Conn.).

Hildebrandt, Kai, and Russell J. Dalton (1978). "The New Politics: Political Change or Sunshine Politics?" In Max Kaase and Klaus von Beyme (eds.). *Elections and Parties* (London), 69-96.

Huber, John, and Ronald Inglehart (1995). "Expert Interpretations of Party Space and Party Location in 42 Societies." *Party Politics*, 1/1: 73-111.

Ignazi, Piero (1992). "The Silent Counter-Revolution: Hypotheses on the Emergence of Extreme Right-Wing Parties in Europe." *European Journal of Political Research*, 22/1: 3-34.

_____ (1994). *L'Estrema Destra in Europa* (Bologna).

Inglehart, Ronald (1977). *The Silent Revolution: Changing Values and Political Styles Among Western Publics* (Princeton, N.J.).

_____ (1984). "The Changing Structure of Political Cleavages in Western Society." In Dalton *et al.* (1984a), 25-69.

_____ (1987). "Value Change in Industrial Societies." *American Political Science Review*, 81/4: 1289-303.

Irwin, Galen A., and J. J. M. van Holsteyn (1989). "Decline of the Structured Model of Electoral Competition." In Hans Daalder and Galen A. Irwin (eds.). *Politics in the Netherlands: How Much Change?* (London), 21-41.

Janda, Kenneth (1980). *Political Parties: A Cross-National Survey* (New York).

_____ (1993). "Comparative Political Parties: Research and Theory." In Ada W. Finifter (ed.). *The State of the Discipline II* (Washington, D.C.), 163-92.

Jasiewicz, Krzystof (1995). "Poland." *European Journal of Political Research*, 28/3-4: 449-57.

Katz, Richard S. (1986). "Party Government: A Rationalistic Conception." In Francis G. Castles and Rudolf Wildenmann (eds.). *Visions and Realities of Party Governments* (Berlin), 31-71.

_____ (1987) (ed.). *Party Governments: European and American Experiences* (Berlin).

_____ (1990). "Party as Linkage: A Vestigial Function?" *European Journal of Political Research*, 18/1: 143-61.

_____, and Robin Kolodny (1994). "Party Organization as an Empty Vessel: Parties in American Politics." In Katz and Mair (1994), 23-50.

_____, and Peter Mair (1992a) (eds.). *Party Organization: A Date Hand-book on Party Organization in Western Democracies, 1960-90* (London).

_____ (1992b). "Introduction: The Cross-National Study of Party Organizations." In Katz and Mair (1992a), 1-20.

_____ (1993). "The Evolution of Party Organizations in Europe: Three Faces of Party Organization." In William Crotty (ed.). *Political Parties in a Changing Age, Special issue of the American Review of Politics*, 14, 593-617.

_____ (1994) (eds.). *How Parties Organize: Change and Adaptation in Party Organizations in Western Democracies* (London).

_____ *et al.* (1992). "The Membership of Political Parties in European Democracies, 1960-1990." *European Journal of Political Research*, 22/3: 329-45.

Katzenstein, Peter J. (1985). *Small States in World Markets: Industrial Policy in Europe* (Ithaca, N.Y.).

_____ (1987). *Policy and Politics in West Germany: The Growth of a Semi-Sovereign State* (Philadelphia).

King, Anthony (1969). "Political Parties in Western Democracies: Some Sceptical Reflections." *Polity*, 2/2: 111-41.

Kirchheimer, Otto (1966). "The Transformation of West European Party Systems." In Joseph LaPalombara and Myron Weiner (eds.). *Political Parties and Political Development* (Princeton, N.J.), 177-200.

Kitschelt, Herbert (1988). "Left-Libertarian Parties: Explaining Innovation in Competitive Party Systems." *World Politics*, 40/2: 127-54.

_____ (1992). "The Formation of Party Systems in East Central Europe." *Politics and Society*, 20/1: 7-50.

_____ (1995). "Patterns of Competition in East Central European Party Systems." paper presented to the annual meeting of the American Political Science Association.

Kleinnijenhuis, Jan, and Ewald M. Rietberg (1995). "Parties, Media, the Public and the Economy: Patterns of Societal Agenda-Setting." *European Journal of Political Research*, 28/1: 95-118.

Koole, Ruud (1994). "The Vulnerability of the Modern Cadre Party in the Netherlands." In Katz and Mair, 278-303.

_____, and Peter Mair (1992 *et seq.*) (eds.). *Political Data Yearbook, Vol 1: 1 January 1991-1 January 1992 et seq.* (Dordrecht).

_____, and Philip van Praag (1990). "Electoral Competition in a Segmented Society: Campaign Strategies and the Importance of Elite Perceptions." *European*

Journal of Political Research, 18/1: 51-70.

Kopecký, Petr (1995). "Developing Party Organizations in East-Central Europe." *Party Politics*, 1/4: 515-34.

Krasner, Stephen D. (1984). "Approaches to the State: Alternative Conceptions and Historical Dynamics." *Comparative Politics*, 16/2: 223-46.

Krouwel, André (1993). "The Organizational Dimension of the Catch-All Party." paper presented to the Workshop on Inter-Party Relationships in National and European Parliamentary Arenas, ECPR Joint Sessions, University of Leiden.

Kriesi, Hanspeter, Ruud Koopmans, Jan Willem Duyvendak, and Mario C. Giugni (1995). *New Social Movements in Western Europe: A Comparative Analysis* (London).

Lane, Jan-Erik, and Svante Ersson (1987). *Politics and Society in Western Europe* (London).

Laver, Michael (1976). "Strategic Campaign Behaviour for Electors and Parties: The Northern Ireland Assembly Elections of 1973." In Ian Budge, Ivor Crewe and Dennis Farlie (eds.). *Party Identification and Beyond: Representations of Voting and Party Competition* (London), 315-44.

_____ (1989). "Party Competition and Party System Change." *Journal of Theoretical Politics*, 1/3: 301-24.

_____, and Audrey Arkins (1990). "Coalition and Fianna Fáil." In Michael Gallagher and Richard Sinnott (eds.). *How Ireland Voted 1989* (Galway), 192-207.

_____, and Ian Budge (1992) (eds.). *Party Policy and Government Coalitions* (Basingstoke).

_____, and Sydney Elliott (1987). "Northern Ireland 1921-1973: Party Manifestos and Platforms." In Budge *et al.* (1987), 160-77.

_____, and Norman Schofield (1990). *Multiparty Government* (Oxford).

Lawson, Kay (1980) (ed.). *Political Parties and Linkage: A Comparative Perspective* (New Haven, Conn.).

_____ (1988). "When Linkage Fails." In Lawson and Merkl (1988b), 13-38.

_____, Peter H. and Merkl (1988a). "Alternative Organizations: Environmental, Supplementary, Communitarian, and Antiauthoritarian." In Lawson and

Merkl (1988b), 3-12.
_____, and Peter Merkl (1988b) (eds.). *When Parties Fail: Emerging Alternative Organizations* (Princeton, N.J.).
Lehmbruch, Gerhard (1974). "A Non-Competitive Pattern of Conflict Management in Liberal Democracies: The Cases of Switzerland, Austria, and the Lebanon." In Kenneth McRae (ed.). *Consociational Democracy* (Toronto), 90-7.
_____ (1977). "Liberal Corporatism and Party Government." *Comparative Political Studies*, 10/1: 91-126.
Lewis, Paul G. (1996). "Introduction and Theoretical Overview." In Paul G. Lewis (ed.). *Party Structure and Organization in East-Central Europe* (Cheltenham), 1-19.
Lijphart, Arend (1968). "Typologies of Democratic Systems." *Comparative Political Studies*, 1/1: 3-44.
_____ (1977). *Democracy in Plural Societies: A Comparative Exploration* (New Haven, Conn.).
_____ (1984). *Democracies: Patterns of Majoritarian and Consensus Government in Twenty One Countries* (New Haven, Conn.).
_____ (1991). "Constitutional Choices in New Democracies." *Journal of Theoretical Politics*, 4/2: 72-84.
Lipset, S. M., and Stein Rokkan (1967). "Cleavage Structures, Party Systems and Voter Alignments: an Introduction." In S. M. Lipset and Stein Rokkan (eds.). *Party Systems and Voter Alignments* (New York), 1-64.
Lovenduski, Joni, and Joyce Outshoorn (1986) (eds.). *The New Politics of Abortion* (London).
Lybeck, Johan A. (1985). "Is The Lipset-Rokkan Hypothesis Testable?" *Scandinavian Political Studies*, 8/1-2: 105-13.
McAlister, Ian (1977). *The Northern Ireland Social Democratic and Labour Party* (London).
_____, and Stephen White (1995). "Democracy, Political Parties and Party Formation in Post Communist Russia." *Party Politics*, 1/1:49-72
McDonald, Ronald H., and J. Mark Ruhl (1989). *Party Politics and Elections in Latin America* (Boulder, Colo.).

MacIvor, Heather (1995). "Do Canadian Parties From a Cartel?" unpublished manuscript.

Mackie, Thomas T. (1991). "General Elections in Western Nations During 1989." *European Journal of Political Research*, 19/1: 157-62.

_____ (1992). "General Elections in Western Nations During 1990." *European Journal of Political Research*, 21/3: 317-32.

_____, and Richard Rose (1982 and 1991). *The International Almanac of Electoral History*, 2nd edn. and 3rd edn. (London).

Maguire, Maria (1983). "Is there Still Persistence? Electoral Change in Western Europe, 1948-1979." In Daalder and Mair, 67-94.

Mainwaring, Scott, and Matthew Shugart (1994). "Electoral Rules, Institutional Engineering, and Party Discipline." paper presented to the conference on Political Parties: Changing Roles in Contemporary Democracies, Madrid, December.

Mair, Peter (1983). "Adaptation and Control: Towards an Understanding of Party and Party System Change." In Daalder and Mair, 405-30.

_____ (1984). "Party Politics in Western Europe: A Challenge to Party?" *West European Politics*, 7/4:170-83.

_____ (1987a). *The Changing Irish Party System: Organization, Ideology and Electoral Competition* (London).

_____ (1987b). "Policy Competition." In Michael Laver, Peter Mair, and Richard Sinnott (eds.). *How Ireland Voted: the Irish General Election 1987* (Dublin), 30-47.

_____ (1987c). "The Irish Republic and the Anglo-Irish Agreement." In Paul Teague (ed.), *Beyond the Rhetoric: Politics, the Economy and Social Policy in Northern Ireland* (London), 81-110.

_____ (1990a) (ed.). *The West European Party System* (Oxford).

_____ (1990b). "The Electoral Payoffs of Fission and Fusion." *British Journal of Political Science*, 20/1: 131-42.

_____ (1991). "The Electoral Universe of Small Parties in Postwar Western Europe." In Ferdinand Mueller-Rommel and Geoffrey Pridham (eds.). *Small Parties in Western Europe: Comparative and National Perspectives* (London), 41-70.

_____ (1993). "Fianna Fáil, Labour and the Irish Party System." In Michael Gallagher and Michael Laver (eds.). *How Ireland Voted 1992* (Dublin), 162-73.

_____ (1994). "The Correlates of Consensus Democracy and the Puzzle of Dutch Politics." *West European Politics*, 17/4: 97-123.

_____, and Smith, Gordon (1990) (eds.). *Understanding Party System Change in Western Europe* (London).

Marcet, Joan, and Jordi Argelaguet (1994). "Regionalist Parties in Catalonia." unpublished paper, Universitat Autònoma de Barcelona.

Mayhew, David R. (1974). *Congress: The Electoral Connection* (New Haven, Conn.).

Michels, Robert (1962[1911]). *Political Parties: A Sociological Study of the Oligarchial Tendencies of Modern Democracies* (New York).

Morlino, Leonardo (1995). "Political Parties and Democratic Consolidation in Southern Europe." In Richard Gunther, P. Nikiforos Daimandouros and Hans- Jürgen Puhle (eds.). *The Politics of Democratic Consolidation: Southern Europe in Comparative Perspective* (Cambridge), 315-88.

Mudde, C. E. (1995). "Right-Wing Extremism Analysed." *European Journal of political Research*, 27/2: 203-24.

Müller, Wolfgang C. (1993). "The Relevance of the State for Party System Change." *Journal of Theoretical Politics*, 5/4: 419-54.

_____ (1994). "The Development of Austrian Party Organizations in the Postwar Period." In Katz and Mair, 51-79.

Neumann, Sigmund (1956). "Towards a Comparative Study of Political Parties." In Sigmund Neumann (ed.). *Modern Political Parties* (Chicago), 395-421.

Offe, Claus (1992). "Capitalism by Democratic Design? Democratic Theory Facing the Triple Transition in East-Central Europe." In György Lengyl, Claus Offe, and Jochen Tholen (eds.). *Economic Institutions, Actors and Attitudes: East Central Europe in Transition* (Budapest and Bremen), 11-22.

Ostrogorski, M. I. (1902). *Democracy and the Organization of Political Parties* (London).

Panebianco, Angelo (1988). *Political Parties: Organization and Power* (Cambridge).

Pappalardo, Adriano (1981). "The Conditions for Consociational Democracy: A

Logical and Empirical Critique." *European Journal of Political Research*, 9/3: 365-90.

Pederson, Mogens N. (1979). "The Dynamics of European Party Systems: Changing Patterns of Electoral Volatility." *European Journal of Political Research*, 7/1: 1-26.

_____ (1983). "Patterns of Electoral Volatility in European Party Systems: Explorations in Explanation." In Daalder and Mair, 29-66.

_____ (1987). "The Danish "Working Multiparty System": Breakdown or Adaptation?" In Hans Daalder (ed.). *Party Systems in Denmark, Austria, Switzerland, The Netherlands and Belgium* (London), 1-60.

_____ (1988). "The Defeat of All Parties: The Danish Folketing Election of 1973." In Lawson and Merkl, 257-81.

Pellikaan, Huib (1994). *Anarchie, staat en het Prisoner's Dilemma* (Delft).

Pempel, T. J. (1990). "Exclusionary Democracies: the Postauthoritarian experience." In Peter Katzenstein, Theodore Lowi and Sidney Tarrow (eds.). *Comparative Theory and Political Experience: Mario Einaudi and the Liberal Tradition* (Ithaca, N.Y.), 97-118.

Pierre, Jon, and Anders Widfeldt (1994). "Party Organizations in Sweden: Colossuses With Feet of Clay or Flexible Pillars of Government?" In Katz and Mair, 332-56.

Pizzorno, Allesandro (1981). "Interests and Parties in Pluralism." In Suzanne Berger (ed.). *Organizing Interests in Western Europe: Pluralism, Corporatism, and the Transformation of Politics* (Cambridge), 249-84.

Poguntke, Thomas (1987). "New Politics and Party Systems." *West European Politics*, 10/1: 76-88.

_____ (1994a). "Parties in a Legalistic Culture: The Case of Germany." In Katz and Mair, 185-215.

_____ (1994b). "Explorations into a Minefield: Anti-Party Sentiment Conceptual Thoughts and Empirical Evidence." paper presented to the Joint Sessions of the European Consortium for Political Research, Madrid.

_____ (1995). "Parties and Society in Western Democracies." unpublished manuscript.

Pomper, Gerald M. (1992). "Concepts of Political Parties." *Journal of Theoretical*

Politics, 4/2: 143-59.
Pridham, Geoffrey (1986) (ed.). *Coalitional Behavior in Theory and Practice: An Inductive Model for Western Europe* (Cambridge).
Przeworski, Adam, and John Sprague (1986). *Paper Stones: A History of Electoral Socialism* (Chicago).
Rae, Douglas (1971). *The Political Consequences of Electoral Laws*, rev. edn. (New Haven, Conn.).
Randall, Vicky (1988) (ed.). *Political Parties in the Third World* (London).
Ranney, Austin (1962). *The Doctrine of Responsible Party Government* (Urbana, Ill.).
Rokkan, Stein (1968). "The Growth and Structuring of Mass Politics in Smaller European Democracies." *Comparative Studies in Society and History*, 10/2: 173-210.
_____ (1970). *Citizens, Elections, Parties* (Oslo).
_____ (1977). "Towards a Generalized Concept of Verzuiling." *Political Studies*, 25/4: 563-70.
Rose, Richard (1974) (ed.). *Electoral Behavior: A Comparative Handbook* (New York).
_____ (1984). *Do Parties Make a Difference?*, 2nd edn. (Chatham, N.J.).
_____ (1990). "Inheritance Before Choice in Public Policy." *Journal of Theoretical Politics*, 2/3: 263-91.
_____ (1995). "Mobilizing Demobilized Voters in Post-Communist Societies." *Party Politics*, 1/4: 549-63.
_____ and Ian McAllister (1986). *Voters Begin to Choose: From Closed-Class to Open Elections in Britain* (London).
_____ and Thomas T. Mackie (1988). "Do Parties Persist or Fail? The Big Trade-off Facing Organisations." In Lawson and Merkl (1988b), 533-58.
_____ and Toni Makkai (1995). "Consensus or Dissensus About Welfare in Post-Communist Societies." *European Journal of Political Research*, 28/2: 203-44.
_____ and Derek W. Urwin (1970). "Persistence and Change in Western Party Systems Since 1945." *Political Studies* 18/3: 287-319.
Sainsbury, Diane (1990) (ed.). *Party Strategies and Party-Voter Linkages*, special

issue of the *European Journal of Political Research*, 18/1, 1-161.
Sani, Giacomo, and Giovanni Sartori (1983). "Polarization, Fragmentation and Competition in Western Democracies." In Daalder and Mair, 307-40.
Sartori, Giovanni (1966). "European Political Parties: The Case of Polarized Pluralism." In Joseph LaPalombara and Myron Weiner (eds.), *Political Parties and Political Development* (Princeton, N.J.), 137-76.
_____ (1968). "Political Development and Political Engineering." *Public Policy*, 17, 261-98.
_____ (1969). "From the Sociology of Politics to Political Sociology." In S. M. Lipset (ed.), *Politics and the Social Sciences* (New York), 65-100.
_____ (1970). "The Typology of Party Systems: Proposals for Improvement." In Erik Allardt and Stein Rokkan (eds.), *Mass Politics: Studies in Political Sociology* (New York), 322-52.
_____ (1976). *Parties and Party Systems: A Framework for Analysis* (Cambridge).
_____ (1986). "The Influence of Electoral Systems: Faulty Laws or Faulty Method?" In Bernard Grofman and Arend Lijphart (eds.), *Electoral Laws and Their Political Consequences* (New York), 43-68.
_____ (1987). *The Theory of Democracy Revisited, Part One: The Contemporary Debate* (Chatham, N.J.).
_____ (1994). *Comparative Constitutional Engineering: An Inquiry into Structures, Incentives and Outcomes* (Basingstoke).
Scarrow, Susan E. (1994a). "The "Paradox of Enrollment": Assessing the Costs and Benefits of Party Memberships." *European Journal of Political Research*, 25/1: 41-60.
_____ (1994b). "The Consequences of Anti-Party Sentiment: Anti-Party Arguments as Instruments of Change." paper presented to the Joint Sessions of the European Consortium for Political Research, Madrid.
Scharpf, Fritz (1988). *Crisis and Choice in European Social Democracy* (Ithaca, N.Y.).
Schattschneider, E. E. (1942). *Party Government* (New York).
_____ (1960). *The Semi-Sovereign People* (New York).
Schmitt, Hermann (1989). "On Party Attachment in Western Europe and the Utility of Eurobarometer Data." *West European Politics*, 12/2: 122-39.

Scholten, Ilya (1987) (ed.). *Political Stability and Neo-Corporatism* (London).
Seiler, Daniel-Louis (1980). *Parties et Familles politiques* (Paris).
Seyd, Patrick, and Paul Whiteley (1992). *Labour's Grass Roots* (Oxford).
Shaddick, Matthew (1990). "New Political Parties in West European Party Systems." (BA thesis, University of Manchester).
Shamir, Michael (1984). "Are Western European Party Systems "Frozen"?" *Comparative Political Studies*, 17/1: 35-79.
Sjöblom, Gunner (1981). "Notes on the Notion of Party Adaptation." paper presented to workshop on Party Adaptation, ECPR Joint Sessions, University of Lancaster.
____ (1987). "The Role of Political Parties in Denmark and Sweden." In Richard S. Katz (ed.). *Party Government: European and American Experiences* (Berlin), 155-211.
Smith, Gorden (1988). "A System Perspective on Party System Change." paper presented to the Workshop on Change in Western European Party Systems, ECPR Joint Sessions, Rimini.
____ (1990). "Core Persistence, System Change and the "People's Party"." In Mair and Smith, 157-68.
Spruyt, Hendrik (1994). *The sovereign State and Its Competitors: An Analysis of Systems Change* (Princeton, N.J.).
Stubbs, Richard, and Geoffrey R. D. Underhill (1994). "Introduction: State Policies and Global Changes." In Richard Stubbs and Geoffrey R. D. Underhill (eds.). *Political Economy and the Changing Global Order* (Basingstoke), 421-4.
Sundberg, Jan (1987). "Explaining the Basis of Declining Party Membership in Denmark: a Scandinavian Comparison." *Scandinavian Political Studies*, 10/1: 17-38.
____ (1994). "Finland: Nationalized Parties, Professionalized Organizations." In Katz and Mair, 158-84.
Svåsand, Lars (1994). "Change and Adaptation in Norwegian Party Organizations." In Katz and Mair, 304-31.
Tocqueville, Alexis de (1966[1856]). *The Ancien Régime and the French Revolution*, trans. Stuart Gilbert (Glasgow).

Tóka, Gábor (1993). "Parties and Electoral Choices in East Central Europe." paper presented to the conference on The Emergence of New Party Systems and Transitions to Democracy, University of Bristol.
Truman, David (1951). *The Governmental Process* (New York).
Urmanič, Martin (1994). *Transformácia Politických Strán a Huntí na Slovenska po Novembri 1989*. MA thesis Univerzita Komenského Bratislava.
Valen, Henry (1976). "National Conflict Structures and Foreign Politics: The Impact of the EEC Issue on Perceived Cleavages in Norwegian Politics." *European Journal of Political Research*, 4/1: 47-82.
Veen, Hans-Joachim, Norbert Lepszy, and Peter Mnich (1993). *The Republikaner Party in Germany: Right-Wing Menace or Protest Catchall?* (Westport, Conn./Washington Papers no. 162).
Waller, Michael (1994). *The End of the Communist Power Monopoly* (Manchester).
_____ (1995) (ed.). *Party Politics in Eastern Europe, special issue of Party Politics*, 1/4: 443-618.
Ware, Alan (1987) (ed.). *Political Parties: Electoral Change and Structural Response* (Oxford).
_____ (1996). *Political Parties and Party Systems* (Oxford).
Waxman, Chaim I. (1968) (ed.). *The End of Ideology Debate* (New York).
Webb, Paul D. (1994). "Party Organizational Change in Britain: The Iron Law of Centralization?" In Katz and Mair (1994), 109-33.
Weber, Max (1946). "Politics as a Vocation." in H. H. Gerth and C. Wright Mills (eds.). *From Max Weber: Essays in Sociology* (New York), 77-128.
Whyte, John H. (1974). "Ireland: Politics Without Social Basis." In Richard Rose (ed.). *Electoral Behaviour: A Comparative Handbook* (New York), 619-51.
Wildenmann, Rudolf (1986). "The Problematic of Party Government." In Castles and Wildenmann (1986), 1-30.
Williamson, Peter J. (1989). *Corporatism in Perspective* (London).
Woldendorp, Jaap, Hans Keman, and Ian Budge (1993). *Political Data 1945-1990: Party Governments in Twenty Democracies*, special issue of the *European Journal of Political Research*, 24/1, 1-119.
Wolinetz, Steven B. (1979). "The Transformation of Western European Party Systems Revisited." *West European Politics*, 2/1: 4-28.

_____ (1988) (ed.). *Parties and Party Systems in Liberal Democracies* (London).
Ysmal, Colette (1989). *Les Partis politiques sous la Ve République* (Paris).
_____ (1992). "France." *European Journal of Political Research*, 22/4: 401-8.
Zielonka, Jan (1994). "Institutional Uncertainty in Post-Communist Democracies." *Journal of Democracy*, 5/2: 87-104.
Zielonka-Goei, Mei Lan (1992). "Members Marginalising Themselves? Intra-Party Participation in the Netherlands." *West European Politics*, 15/2: 93-106.

【부록】

본문에 수록된 각국의 정당 소개
(현존하는 정당과 소멸된 정당 모두를 포함함)

〈네덜란드〉

- 가톨릭인민당(KVP: Catholic People's Party): 1945년 창당된 정당으로 가톨릭 민주주의를 이데올로기적 기반으로 하고 있으며, 1980년 기독교민주당으로 통합되었다. 2차 대전 이전 존재하던 로마 가톨릭 정당(Roman-Catholic State Party)을 계승한 정당으로 대중정당을 표방하였으나 가톨릭 신자들이 주된 지지층이었다.

- 개신교 역사연합(CHU: Protestant Christian Historical Union): 1908년 창당된 보수적인 개신교 정당으로 1980년 기독교민주당으로 통합되었다.

- 공산당(Communist Party): 1909년 창당된 공산주의 이데올로기에 기초한 정당으로 1991년 좌파 녹색당(Green Left)으로 흡수 통합되었다.

- 기독교민주당(CDA: Christian Democratic Appeal): 기독교 민주주의 계열의 중도 우파 정당. 기독교를 기반으로 하는 정당들에 대한 지지율이 점차 낮아지면서 1980년 가톨릭인민당(KVP), 기독교 반혁명당(ARP: Protestant Anti Revolutionary Party), 개신교 역사연합(CHU) 세 정당이 통합하여 기독교민주당을 창당했다.

- 네덜란드 노동당(PvdA: Partij van de Arbeid): 1894년 창당한 사민주의 노동당 (SDAP: Social Democratic Labour Party)이 전신으로 2차 대전 이후 1946년 네덜

란드 노동당으로 당명 개정후 현재에 이르고 있다.

- 민주 66당(Democrats 66): 자유주의적 사회주의에 기반한 진보 정당으로 1966년 특정 정당에 가입되지 않은 진보적인 젊은 지식인층을 중심으로 결성되었다. 주로 대도시와 대학가에서 많은 표를 얻고 있다.

- 반혁명 정당(ARP: Anti-Revolutionary Party): 1879년 창당된 네덜란드의 대표적인 기독교 민주주의 계열 정당으로 강한 영향력을 가진 정당이다. 1980년 가톨릭 인민당, 개신교 역사연합과 더불어 기독교민주당(CDA)을 만들면서 해산했다.

- 평화사회당(Pacifist Socialist Party): 1957년 창당된 좌파 사회주의 정당으로 1991년 좌파 녹색당(Green Left)으로 통합되었다. 평화주의, 사회주의, 민주주의의 세 가지 가치를 중심 이데올로기로 하고 있다.

- DS 70(Democratic Socialist '70): 사민주의 계열 정당으로 1970년 창당했으며, 1983년 해산되었다.

〈노르웨이〉

- 노동당(Labour Party): 1887년 창당된 사회민주주의 이념의 정당으로 현재 녹색당과 함께 연정을 구성하고 있다.

- 보수당(Conservative Party): 1884년 창당된 보수주의 성향의 정당으로 1920년대 이후 제2당의 자리를 지켜왔으나, 90년대 후반 이후 진보당(Progress Party)의 약진으로 당세가 다소 약화되었다.

〈뉴질랜드〉

- 국민당(National Party): 1936년 창당된 보수적 성향의 정당으로 현재 뉴질랜드에서 가장 큰 정당이다.

- 노동당(Labour Party): 1916년 창당된 중도 좌파 정당으로 현재 뉴질랜드 제2당이다.

〈덴마크〉

- 공산당(Communist Party): 1919년 창당된 공산주의 이데올로기의 정당으로 1989년 다른 사회주의 정당들과 통합하여 적녹연합(Red-Green Alliance)을 구성했다.

- 기독국민당(Christian People's Party): 종교적 보수주의 정당으로 2003년 기독교민주당으로 당명을 개정했다.

- 기독교민주당(KRF: Christian Democrats): 1970년 창당된 정당으로 2003년까지는 기독 국민당(Christian People's Party)이라는 명칭으로 활동했으며, 유럽형 기독교 민주주의 정당이라기보다는 종교적 보수주의 정당이다.

- 보수당(Conservatives/Conservative People's Party): 1915년 창당된 보수주의 성향의 정당으로 여러 차례 연정에 참여했으며, 1982~1993년에는 수상을 배출했다.

- 사회민주당(Social Democrats): 1871년 창당된 사회민주주의 계열의 정당으로 1993~2001년 집권당으로 재분배 정책을 추진했다.

- 사회인민당(SF: Socialist People's Party): 1959년 창당된 에코-소셜리즘(eco-socialism)을 기반으로 하는 좌파 정당으로 꾸준히 의회에 진출하고 있다.

- 사회주의 좌파연합(Left Socialists): 1967년 사회인민당의 분파로 출발했으며, 1989년 공산당, 사회주의 노동자당(Socialist Worker's Party)과 함께 적녹연합으로 통합되었다.

- 자유당(Liberal): 1870년 창당된 덴마크 최대 정당으로 자유 시장 자유주의를 주장하는 중도 우파 정당이다.

- 중도민주당(Centre Democrats): 1973년 창당된 중도파 정당으로 1980년대와 90년대에 연정에 참여했으나 득표율 감소로 인해 2001년 이후 의회에 진출하지 못하고 2008년 해산했다.

- 진보당(Progress Party): 1972년 창당된 우파 정당으로 경제적 자유주의와 감세를 주장한다. 1973년 선거에서 제2당으로 의회에 진출하였으나 이후 점차로 당세가 축소되어 2001년 이후 의회에 진출하지 못하고 있다.

〈독일〉

- 기독교민주당(CDU: Christian Democratic Party): 1945년 창당된 자유주의적 보수주의 정당이다. 총선에서는 기사련과 함께 기민/기사련(CDU/CSU)으로 활동한다.

- 기사련(CSU): 기독교 민주주의 성향의 지역정당으로 바이에른 지역에서 활동하는 기독교민주당의 자매정당이다.

- 녹색당(Green Party): 1979년 창당된 환경정당으로 80년대 후반 이후 연방의회에 진출하였으며, 1998년에서 2005년까지 연정에 참여하였다.

- 사회민주당(SPD: Social Democratic Party): 1875년 창당된 사회민주주의 계열의 정당으로 기독교민주당과 더불어 독일의 양대 정당이다.

- 자유민주당(Free Democratic Party): 1948년 창당한 정당으로 경제적 자유주의를 주장하는 군소정당이다. 녹색당 창당 이전에는 기독교민주당이나 사회민주당의 연정 파트너로 중요한 역할을 했으나 녹색당 창당 이후 그 지위나 세력이 약화되었다.

〈멕시코〉

- 제도혁명당(PRI: Institutional Revolutionary Party): 1946년 창당되어 70년 이상 집권당의 지위를 유지하고 있다. 1929년 창당된 민족혁명당(PNR)을 기원으로 하고 있으며, 멕시코 혁명(1910~1917) 정신을 계승했다고 주장하는 사회민주주의 이념의 정당이다.

〈미국〉

- 공화당(Republican Party): 1854년 창당된 보수주의 이념의 중도 우파 정당으로 민주당과 더불어 양대 정당의 하나이다.

- 민주당(Democratic Party): 1828년 창당된 자유주의 성향의 중도 좌파 정당으로 2011년 현재 집권당이다.

【부록】 본문에 수록된 각국의 정당 소개 • 277

〈벨기에〉

- 기독사회당(PCS: Christian Social Party): 1945~1968년까지 존재했던 가톨릭계열의 정당

- 보수민족당(Volksunie): 1954년 "플랑드르계 기독연합(Christian Flemish People's Union)"을 계승하여 창당된 플랑드르 지역의 민족주의 정당

- 브뤼셀 프랑스계 민주전선(Front Démocratique des Bruxellois Francophones): 브뤼셀 지역의 프랑스어권 정당

- 사회당(Socialist Party): 프랑스어 사용자를 중심으로 한 사회민주주의 계열의 정당으로 1978년 창당했으며, 2010년 총선에서 두 번째로 많은 득표를 하였다.

- 왈룬자유당(Resemblement Walloon): 왈룬 지역의 프랑스어권 정당

- 자유개혁당(PRL: Liberal Reformist Party): 왈룬과 브뤼셀 지역에서 활동했던 자유주의 성향의 정당으로 현재는 다른 4개의 지역 정당과 연합하여 개혁운동(Mouvement Réformateur)이라는 정당연합체로 활동하고 있다.

- 자유당(Liberal Party): 1846년 창당된 벨기에 최초의 정당으로 1961년 자유진보당(Party for Freedom and Progress)으로 당명을 개정했다.

- 플랑드르 연합(Vlaams Blok): 반이민정책을 주장하는 극우정당으로 1979년 창당하여 2004년 해산했다.

- 플랑드르 자유민주당(VLD: Vlaamse Liberalen en Democraten): 1846년 창당된 자유당(Liberal Party)이 기원이며, 1992년 자유진보당(PVV: Party for Freedom and Progress)과 일부 정치인들이 연합하여 플랑드르 자유민주당을 창당하였다.

〈스웨덴〉

- 녹색당(Green Party): 1981년 창당되었으며, 1988년 처음으로 의회에 진출한 환경정당

- 사회민주당(Social Democratic Party): 사회민주주의 이념에 기반한 좌파 정당으로 1889년 창당했으며, 현재 제1당의 위치에 있다.

- 신민주주의당(New Democracy): 1991년 창당하여 2000년 해산한 정당으로 경제적 자유주의에 기반한 중도우파 정당이다. 2002년 재창당하여 선거에 참여하였으나 전국적으로 100여 표만을 얻었을 뿐이며, 현재 정당활동을 하지 않고 있다.

- 자유당(Liberal): 1923년 창당된 자유주의 성향의 중도우파 정당으로 1934년 다른 분파와 통합하여 자유국민당(Liberal People's Party)을 창당하였다.

- 중도당(Moderates): 자유주의적 보수주의 성향의 중도우파 정당으로 1904년 창당되었다.

〈스위스〉

- 국민행동(National Action): 유명한 기자였던 슈바르쯔바흐가 이끌던 지식인 중심의 극우주의 정치단체로 90년대 후반 스위스의 제1당인 스위스 국민당(UDC: Swiss People's Party)으로 통합되었다.

- 기독교 민주인민당(Christian Democratic People's Party): 1912년 가톨릭 보수당으로 출범했으며, 1970년 현재의 당명으로 개정하였다. 스위스 내각을 구성하는 4개 주요정당 가운데 하나로 현재 제4당이다.

〈아일랜드〉

- 공화당(Fianna Fáil): 1926년 창당된 중도 성향의 정당으로 전통적으로 노동당보다는 우파이고 통일당보다는 좌파 정당으로 인식된다. 전형적인 포괄정당으로 좌파 및 우파 정당과의 연정 경험이 있다.

- 게일 연합(Cumann na nGaedheal): 영어 이름은 "Society of Gael." 1900년 민족주의 및 분리주의 단체들의 연합으로 창당되었으며, 아일랜드 통일당의 전신이다.

- 노동당(Labour Party): 1912년 창당된 사회 민주주의 계열의 중도좌파 정당

- 좌파 민주당(Democratic Left): 1992년에서 1999년까지 존재했던 사회 민주주의 계열의 정당

- 진보민주당(Progressive Democrats): 1985년 창당된 중도우파 성향의 정당으로 2009년 해산했다.

- 통일당(Fine Gael): 1933년 창당된 중도우파 정당으로 보수주의와 기독교 민주주의에 기반하고 있다.

〈영국〉

- 노동당(Labour Party): 1900년 창당된 정당으로 전통적으로 노동자와 노동조합, 사회주의자를 대변하는 정당으로 보수당과 더불어 양대 정당 가운데 하나이다.

- 보수당(Conservative Party): 그 기원이 17세기 중반(토리파)으로까지 소급되며, 대중적인 정당으로 창당된 것이 아니라 의회활동 속에서 자연스럽게 생성된 정당이다. 자유민주주의를 정치원리로 삼고 있는 친기업적, 반규제적인 보수정당이다.

- 사회민주당(Social Democrats): 1981년 노동당에서 떨어져 나온 일부 의원들을 중심으로 결성된 정당으로 1988년 자유당과 합당하여 자유민주당(Liberal Democrats)을 창당했다.

- 자유당(Liberal Party): 1859년 창당된 자유주의 정당으로 17세기 후반의 휘그파를 기원으로 하며, 1988년 사민당과 합당하여 자유민주당을 창당했다.

- 자유당-사회민주당 연합(Liberal/SDP Alliance): 자유당과 사회민주당이 1983년과 1987년 총선에서 연합공천을 통해 형성한 선거연합으로 총선에서 20% 이상 득표하는 등 선전했다. 이후 양당은 1989년 합당하여 자유민주당(Liberal Democrats)을 창당했다.

〈오스트리아〉

- 국민당(ÖVP: Austrian People's Party): 1945년 창당된 기독교 민주주의 성향의 보수주의 정당으로 2008년 총선 결과 제2당이 되었다.

- 사회민주당(SPÖ: Social Democratic Party of Austria): 1888년 창당된 오스트리아에서 가장 오래된 정당으로 사회민주주의 이데올로기를 기반으로 하고 있다. 2008년 총선 결과 제1당이다.

- 자유당(Freedom Party): 오스트리아 제3의 정당으로 1856년 창당한 우파 포퓰리즘 정당

〈이탈리아〉

- 공산주의재건당(PRC: Communist Refoundation Party): 1991년 공산당이 좌파 민주당으로 전환할 때 이에 반대하여 공산당의 재건을 주장하는 분파가 구성한 정당

- 기독교민주당(Christian Democratic Party): 1943년 창당되어 1994년 해산한 포괄 정당으로 1944년 이후 약 50년 동안 이탈리아 정치에서 주도적인 정당이었다.

- 민족연합(AN: National Alliance): 1995년 창당된 보수주의 정당으로 전진 이탈리아당(Forza Italia)과 통합하여 2009년 "자유의 사람들(The People of Freedom)"을 창당하였다.

- 사회당(PSI: Socialist Party): 2007년 창당된 사회 민주주의 계열의 군소정당

- 이탈리아공산당(PCI: Italian Communist Party): 1921년 창당되어 1991년 해산된 공산주의 이념에 기초한 정당

- 인민당(PPI: Italian People's Party): 1994년 창당된 기독교 민주주의 계열의 정당으로 2002년 중도 우파 정당연합인 데이지(Democracy is the Freedom- the Daisy)로 통합되었다.

- 좌파민주당(PDS: Democratic Party of the Left): 1991년 공산당이 해산되고 새로 창당된 정당으로 사회 민주주의 이념에 기초한 정당이다.

【부록】본문에 수록된 각국의 정당 소개 • 281

〈인도〉

- 국민회의당(National Congress): 1885년에 창당되었으며, 인도의 독립이후 패권적인 집권당의 지위를 유지하였다.

〈캐나다〉

- 개혁당(Reform Party): 1987년에서 2000년까지 존재했던 정당으로 대중영합적인 보수주의 정당이다.

- 보수당(Conservative Party): 2003년 창당한 보수주의 성향의 정당으로 2008년 총선결과 166석을 보유한 제1당이 되었다.

- 사회신용당(Social Credit): 1935년에서 1993년까지 존재했던 보수주의적 대중영합 정당

- 자유당(Liberal Party): 캐나다에서 가장 오래된 정당으로 1867년 창당했다. 자유주의에 기반한 중도성향의 정당이다.

- 퀘벡연합(Bloc Québécois): 1991년 창당한 정당으로 퀘벡 지역의 이해관계를 반영한다.

〈프랑스〉

- 공산당(PCF: Communist Party): 1920년 창당된 사회주의 정당으로 제2차 세계대전 이후 제1당의 지위을 차지하였으나 90년대 이후 지지기반이 약화되어 최근 선거에서는 5% 미만의 득표율을 보이고 있다.

- 공화국연합(RPR): 드골주의 정당의 하나로 1977년 시락 대통령이 주도하여 창당하였다. 2002년 총선을 계기로 다수파연합(UMP)으로 당명을 개정하였다.

- 국민전선(National Front): 1972년 창당된 극우파 정당. 유럽통합 반대, 이민노동자 추출 등의 주장을 통해 지속적인 지지율 상승을 보이고 있으며, 2002년 대선에서 르펜 후보가 사회당의 조스팽 후보를 물리치고 결선투표에 진출하기도

하였다.

- 프랑스 민주연합(UDF): 1978년 창당된 우파정당연합세력으로 1990년대 이후 그 세력이 점차 약화되고 있다.

〈핀란드〉

- 공산당(Communist Party): 1918년 창당된 유서 깊은 정당으로 1992년 좌파연합으로 통합되었다.

- 국민연합(KOK: National Coalition Party): 1918년 창당된 자유주의적 보수정당으로 2011년 선거에서 44석을 획득하며 의회 제1당이 되었다. 현재 6개 정당으로 연정을 구성한 집권당이다.

- 농민당(Rural Party): 1959년 창당된 정당으로 1970~1980년대에 총선에서 10% 정도의 득표율을 보이며 가장 많은 지지를 받았다. 1990년대 이후 당세가 쇠락하여 1995년에 사실상 정당활동을 중단하였으며, 2003년에 공식적으로 해산했다.

〈헝가리〉

- 청년민주연합(Fidesz): 1988년 창당된 자유주의적 반공정당. 창당 이후 1990년에는 8.95%, 1994년에는 7.02%로 낮은 수준의 지지율에 머물러 있었으나 1998년 선거에서 29.48%를 득표하면서 집권당이 되었다. 2010년 총선에서 52.75%의 득표율을 기록하며 2011년 현재 집권당이다.

| 색 인 |

/ ㄱ /

간부정당(cadre party)　61, 69, 82, 130, 131, 139, 141, 142, 147, 174, 188
계급 정체성(class identity)　187, 195, 196, 199, 251
공공기관에서의 정당(party in public office)　152, 153, 165, 170, 178
공산당　45, 54, 56, 59, 67, 68, 73, 74, 95, 142, 162, 163, 165, 199, 202, 208, 215, 235, 238, 241, 243, 245, 247, 252
국고보조금(state subvention)　136, 138, 147, 164, 169-171, 174, 175, 216
균열구조　25, 37, 38, 45-47, 53, 83-86, 90, 105, 106, 117, 118, 212-214, 217, 220, 223, 249, 251
그리스　153, 202, 213

극단적 다당제　233
극우정당　73, 147, 148
기독교민주당　37, 45, 47, 49, 53, 59, 73-75, 77, 163, 174, 238-240, 242, 243, 247, 252

/ ㄴ /

남부 유럽　203
네덜란드　47, 54, 77, 108, 110, 114, 142, 147, 157, 162, 169, 170, 173, 177, 191, 192, 194, 231, 238, 240, 242, 251
노르웨이　47, 74, 81, 108, 138, 147, 156, 161, 165, 169, 175, 176, 194-199, 238

녹색당   33, 73, 74, 81, 116, 147
농민정당   46, 47, 82
뉴질랜드   235, 237, 241

/ ㄷ /

다당제   53, 153, 227, 230-236, 241
당내 민주화   176, 177
당원   125, 126, 129, 131, 132, 134,
    141, 143, 144, 150-152, 154,
    157, 158, 163, 171-178, 180,
    197, 215, 216
대중정당(mass party)   34, 60-62, 66,
    70, 82, 86, 123-125, 127, 129-
    134, 139, 141, 142, 147, 148,
    150-154, 172, 173, 175, 178,
    188, 189, 201, 215
대중통합정당(mass integration party)
    63, 67, 82, 188, 189
대통령제   244
덴마크   54, 98, 99, 108-111, 114,
    138, 147, 157, 162, 172, 174,
    176, 192, 194-200, 233, 241-
    243, 245, 250
독일   49, 74, 81, 108, 109, 111, 139,
    156, 157, 165-167, 169, 170,
    172, 174-176, 195-197, 202, 213,
    228, 232, 239
동결 가설   26, 27, 90-92, 95, 106,
    114, 117, 120
동원(mobilization)   45, 47, 57, 60, 62,
    65, 70, 75, 86, 102, 125, 126,
    141, 175, 176, 186, 189, 206,
    207, 210, 214
뒤베르제(Duverger, M)   61, 63, 69, 82,
    119, 124, 215, 231, 234, 236

/ ㄹ /

로슨(Lawson, K.)   107
로칸(Rokkan, S.)   25-27, 29, 30, 62,
    85-94, 104-106, 108, 109, 111,
    114, 117, 118, 120, 141, 207,
    209, 210, 215, 232, 236
루마니아   202
룩셈부르크   111, 238
립셋(Lipset, S.M.)   25-27, 30, 62, 85-
    94, 104, 106, 108, 111, 117,
    118, 141, 210, 215
립셋-로칸 명제(Lipset-Rokkan thesis)
    92

/ ㅁ /

매스미디어   66, 70
멕시코   239, 244
미국   28, 34, 37, 124, 135, 142, 169,
    170, 179, 188, 200, 230, 234,
    244
민주화   36, 85, 153, 154, 176-178,
    202, 203, 206-210, 212, 216, 244

/ㅂ/

바르톨리니(Bartolini) 109, 110
반정당 정서 128, 159, 181
반체제 정당 81, 235, 241
베네수엘라 235, 244
벨기에 74, 77, 113, 114, 147, 157, 169-173, 178, 187, 191, 194, 235, 238
보통선거제(universal suffrage) 130, 211
브로커(brokers) 133, 134
블론델(Blondel, J.) 82, 231, 232

스웨덴 37, 74, 112, 139, 147, 157, 165, 167, 170, 175, 177, 186, 194-199, 220, 238, 251
스위스 74, 113, 142, 147, 186, 191, 198, 200, 239, 244
스페인 202, 213, 215, 216, 219, 223, 228, 244
신사회운동(new social movement) 33, 36, 107, 119, 151, 155
신생정당 96, 213, 216
신조합주의(neo-corporatism) 32, 107, 119, 146, 154

/ㅅ/

사르토리(Sartori, G.) 27, 32, 48, 51, 61, 62, 80-82, 118, 214, 219, 222, 227, 233-237, 239, 241, 247
사회민주당 37, 49, 54, 66, 73, 74, 79, 116, 134, 147, 163, 165, 174, 175, 202, 240, 246
샤츠슈나이더(Schattschneider, E.E.) 31, 36, 60, 223, 225
선거 시장(electoral market) 58, 59, 62, 86, 108, 164, 185-189, 193, 195, 196, 198-203, 224, 225
선거 유동성(electoral change) 54, 83, 90, 96, 100, 104, 106-110, 120, 189, 191, 195, 200, 202, 213, 250, 252, 253, 254

/ㅇ/

아이슬란드 110, 111
아일랜드 28, 37, 46, 73, 104, 111, 138, 147, 157, 163, 166, 167, 169, 171, 172, 187, 189, 199, 206, 207, 211, 213, 238-240, 243, 252, 253
양당제 185, 230-237, 243, 244
영국 28, 37, 49, 67, 73, 114, 124, 138, 139, 147, 156, 165, 166, 169-171, 176, 187, 189, 195, 232, 233, 235-237, 239, 243
오래된 정당(old parties) 47, 107, 111, 114, 120, 154, 216
오스트리아 73-75, 112-114, 139, 147, 156, 157, 161, 163, 165, 167, 169-172, 174-178, 188, 192, 194,

198, 199, 236, 240
온건 다당제 233, 234, 236
원내정당(parliamentary party) 131, 169, 170, 173, 178, 214
원외정당(extra-parliamentary party) 125, 130, 170
유권자(voter) 26, 30, 47-49, 51, 53, 57-59, 61-64, 70, 75, 76, 82, 84-86, 102, 106-108, 117, 127, 130-132, 135, 141, 143-146, 154, 164, 173-176, 180, 185-189, 206, 207, 211-215, 225, 251-253
2와 1/2 정당제 231
이탈리아 38, 67, 68, 73-75, 93, 111, 142, 157, 167-171, 195, 206, 207, 213, 228, 230, 238-240, 243, 246-253
인도 233, 239
일본 233, 238, 239, 243
잉글하트(Inglehart, R.) 52, 58, 87

/ ㅈ /

자유주의 정당 172
전당대회(party congress) 125, 131, 143, 177, 178
정권교체 230, 237-242, 244, 246, 247, 249
정당 모델(models of party) 126, 127, 134, 139, 178, 179
정당 정체성(party identification) 45, 46, 48, 189, 198, 202
정당 지도자(party leaders) 66, 70, 126, 134, 142, 243
정당연합(party coalition) 34, 125, 162, 236, 238-240, 250
정당의 쇠퇴(decline of party) 148, 151, 153-155, 157, 172
정당의 위기(crisis of party) 57, 68, 70, 71, 114
정당정치(party politics) 50, 67, 145, 154, 155
정당조직(party organization) 29, 31, 34, 57, 59-61, 64, 65, 68-70, 75, 76, 93, 94, 106, 127, 131, 136, 144, 150, 151, 157, 164, 167, 169, 170, 172, 176, 215
정치 정체성(political identity) 187-190, 214
정치문화 139, 193, 194, 199
조직으로서의 정당(parties as organizations) 58, 119, 135, 150, 222, 225
종교정당 74, 75, 177, 187, 189
중앙당 143, 144, 152, 153, 165, 169, 172-179
지역당 143, 144, 178, 249
지역조직 143
지지기반으로서의 정당(party on the ground) 152, 153, 155, 156, 158, 172-174, 176-179, 214
집단 정체성(collective identity) 187, 188, 201, 207

/ ㅋ /

카르텔정당(cartel party) 124, 138, 139, 141-144, 146-148
카첸스타인(Katzenstein, P.J.) 193, 194, 199
카츠(Katz, R. S.) 35, 178
캐나다 248-251
키르크하이머(Kirchheimer, O) 63-65, 69, 70, 82, 89, 101, 119, 124, 126, 151, 167, 189
키트쉘트(Kitschelt, H) 107, 212, 225

/ ㅌ /

탈공산주의 민주화(post-communist democratization) 208

/ ㅍ /

파네비안코(Panebianco, A.) 124, 151, 167, 173

포괄정당(catch-all party) 33, 63, 67, 69, 70, 82, 89, 124, 126, 127, 132, 134, 137, 139, 141-144, 147, 151, 164, 167, 178
포군트케(Poguntke, T) 107, 170
포르투갈 153, 202, 206, 207, 213, 215, 216, 219, 223, 228, 244
폴란드 208, 213-215
프랑스 37, 73, 74, 81, 93, 94, 109, 147, 156, 157, 180, 189, 195-198, 220, 230, 238, 241
핀란드 74, 112, 139, 157, 165, 169, 170, 173, 175, 177, 192, 199, 238

/ ㅎ /

합당 218, 219
헝가리 213-215
협의민주주의(consociational democracy) 190-193, 195, 196, 198-200
후기산업사회(postindustrial societies) 123

| 지은이 소개 |

❖ **피터 메이어(Peter Mair)**
아일랜드 출신의 비교정치학자로 네덜란드의 라이덴 대학교(Leiden University)에서 "아일랜드 정당체계의 변화(The changing Irish party system)"라는 주제로 박사학위를 받았다. 연구 분야는 정당, 정당체계, 유럽정치, 비교 민주주의로 2001년부터 유럽정치 전문 저널인 『서유럽정치(*West European Politics*)』의 공동 편집인을 맡고 있다. 현재 플로렌스에 있는 유럽대학연구소(the European University Institute in Florence)에서 비교정치학 교수로 재직 중이다.

저서로는 *Representative Government in Modern Europe: Institutions, Parties, and Governments*(2005, 공저), *Political Parties and Electoral Change: Party Responses to Electoral Markets*(2004), *The Enlarged European Union: Diversity and Adaptation*(2002), *Party System Change: Approaches and Interpretations*(1997), *Identity, Competition, and Electoral Availability: the Stabilisation of European Electorates 1885-1985*(1990, 공저) 등이 있다.

| 옮긴이 소개 |

❖ 김일영

성균관대학교 사회과학연구소장, 미국 하버드대학교 옌칭연구소 초빙교수, 일본 규슈대학교 법학부 객원교수 등을 역임했다. 연구분야는 현대한국정치사, 한국외교사, 법정치학으로 성균관대학교 정치외교학과 교수를 역임 중에 2009년 지병으로 별세했다.

주요 저서로는 『해방전후사의 재인식』, 『건국과 부국』, 『주한미군』, 『박정희시대와 한국정치사』, 『자주냐 동맹이냐』, 『한미동맹 50년』 등이 있다.

❖ 이정진

성균관대·세명대·대전대 강사, 성균관대학교 연구교수를 역임했으며, 현재 국회입법조사처 입법조사관으로 일하고 있다.

"17대 국회의원선거와 지역정당체계의 재편", "재편성 개념으로 분석한 한국정당체계의 변화", "한국의 선거와 세대갈등", "지구당 폐지를 둘러싼 담론구조와 법개정 논의" 등의 논문이 있다.

❖ 함규진

성균관대·성신여대·용인대학교 강사를 역임했으며, 현재 성균관대학교 국가경영전략연구소 연구원으로 재직 중이다.

저서로 『왕의 투쟁』, 『108가지 결정』, 『만약에 한국사』, 역서로 『마키아벨리』, 『유동하는 공포』, 『물에 빠진 아이 구하기: 어떻게 세계의 절반을 가난으로부터 구할 것인가』 등이 있다.

정당과 정당체계의 변화
접근과 해석

인 쇄: 2011년 11월 5일
발 행: 2011년 11월 11일

지은이: 피터 메이어
옮긴이: 김일영·이정진·함규진
발행인: 부성옥
발행처: 도서출판 오름
등록번호: 제2-1548호(1993. 5. 11)

주 소: 서울특별시 서초구 서초동 1420-6
전 화: (02) 585-9122, 9123 / 팩 스: (02) 584-7952
E-mail: oruem@oruem.co.kr
URL: http://www.oruem.co.kr

ISBN 978-89-7778-363-8 93340

※ 잘못된 책은 교환해 드립니다.
※ 값은 뒤표지에 있습니다.